Armin Kunz · Der Weg zum erfolgreichen Studium

R. v. Decker's FACHBÜCHEREI
Öffentliche Verwaltung

Begründet von Dr. Herbert Vogt und
Professor Dr. Manfred Lepper

Herausgegeben von

Dr. Hubert Minz
Präsident der Fachhochschule
des Bundes für öffentliche Verwaltung

Michael Streffer
Ministerialrat im Bundesministerium
der Verteidigung

Der Weg zum erfolgreichen Studium

Studenten lernen studieren — Organisation und Methoden geistiger Arbeit

von

Armin Kunz

Dozent an der Fachhochschule des Bundes für öffentliche Verwaltung
Fachbereich Post- und Fernmeldewesen

R. v. Decker's Verlag, G. Schenck
Heidelberg 1986

Satz: Roman Leipe GmbH, Hagenbach
Druck: Neumann Druck, Heidelberg
ISBN 3-7685-3183-X

Meinen Kindern
German, Gundelinde, Gerfried und Guntram

Geleitwort

Die Fachbücherei „Öffentliche Verwaltung“ hat sich zum Ziel gesetzt, den Nachwuchskräften des gehobenen Dienstes aller Verwaltungen geeignete Ausbildungsliteratur anzubieten. Dabei soll insbesondere den erhöhten Anforderungen — bedingt durch die ab 1. 1. 1980 verbindlich vorgeschriebene Fachhochschulausbildung für den gehobenen nichttechnischen Verwaltungsdienst — Rechnung getragen werden. Inhalt und Gestaltung der Fachbücherei sind deshalb zunächst ausbildungsorientiert. Jedoch findet auch der Praktiker in den Schriften der Fachbücherei Hinweise und Antworten auf Fragen des Verwaltungsalltags.

Kunz wendet sich mit seiner Methodenlehre in erster Linie an die Studierenden der Fachhochschule, darüber hinaus aber sollten auch die Lehrenden angesprochen werden. Der Verfasser hat wissenschaftstheoretische Ausführungen auf das Notwendige beschränkt und den Schwerpunkt seiner Ausführungen auf praktische Hinweise, Ratschläge und Anleitungen gelegt. Dies ist angesichts der übergroßen Zahl einschlägiger wissenschaftlicher Veröffentlichungen zu begrüßen.

Richtiges Lernen will gelernt sein! Daß dazu der Verfasser mit seinem Buch erfolgreich beitragen möge, wünschen ihm die Herausgeber.

Bonn, im August 1986

Dr. Hubert Minz
Michael Streffer

Vorwort

Lernmethoden, Arbeitstechniken, persönliche und soziale Bedingungen sind die entscheidenden Einflußfaktoren auf Verlauf und Erfolg oder Mißerfolg eines Studiums. Vom ersten Semester an bestimmen sie wesentlich unser gesamtes Verhalten an der Hochschule. Methodisches Vorgehen — das bedeutet planmäßiges, dem Studienfach angemessenes und dem Lerntyp angepaßtes Arbeiten — erleichtert nicht nur den Weg zum Erwerb der für den angestrebten Beruf erforderlichen Kenntnisse, Fähigkeiten und Fertigkeiten, sondern prägt entscheidend unsere spätere berufliche Arbeit und Einstellung. Schließlich ist Methodik für die Wissenschaft als Tätigkeit schlechthin unabdingbar.

Bei der Darstellung von Methoden, Techniken und Bedingungen des Studierens stellten sich dem Verfasser vor allem zwei Problembereiche:

— Zum einen war das sehr komplexe Feld einer solchen „Methodenlehre" auf das für Studenten notwendige Maß zu beschränken. Der wissenschaftstheoretische Aspekt mußte deshalb außer Betracht bleiben, damit wissenschaftliche Arbeitstechniken, physiologische, psychologische (besonders lernpsychologische) und soziale Bedingungen eines Studiums aufgezeigt werden konnten.

— Zum anderen ist die mittlerweile kaum noch zu übersehende Anzahl einschlägiger Veröffentlichungen sehr uneinheitlich und zum Teil widersprüchlich, auch in den Empfehlungen für das formale wissenschaftliche Arbeiten. Der Verfasser orientierte sich deshalb

  — was die Formalien betrifft —

  ○ an den Empfehlungen der Literatur, welche die häufigsten Gemeinsamkeiten aufweisen und, soweit möglich,

  ○ an allgemeinverbindlichen Vorgaben, z. B. solchen des Deutschen Instituts für Normung (DIN) oder des Bibliographischen Instituts (Dudenverlag);

  — was die Arbeitstechnik betrifft —

  ○ an relevanten empirischen Erhebungen der letzten Jahre, vor allem aus dem deutschen Hochschulbereich, und schließlich

  ○ an den Ergebnissen langjähriger persönlicher Erfahrung in der Aus- und Weiterbildung.

Das vorliegende Fachbuch ist als Arbeitsprogramm gedacht. Der Studierende sollte es erst einmal „querlesen“, um zu erfahren, für welche Teilbereiche seines Lernverhaltens Hilfen angeboten werden. Er kann sich dann immer wieder diejenigen Kapitel vornehmen, die ihm Möglichkeiten aufzeigen, augenblickliche Probleme beim Studieren zu lösen und ihm sein Studium erleichtern. Diese Arbeitsmethodik beschränkt sich deshalb nicht auf die formale Darstellung von Arbeitstechniken, sondern will den Leser aktiv in den Stoff einbeziehen, weil er gerade für die Studienanfänger von fundamentaler Bedeutung ist. Lernerfolgskontrollen, die jeweils nach kurzen Zusammenfassungen kompakter Abschnitte angeboten werden, sollen zum „Verarbeiten“ der Inhalte besonders anregen.

Speyer, im August 1986 *Armin Kunz*

Einleitung

Die vielen Kriterien, die an wissenschaftliches Arbeiten zu stellen sind, erfordern nicht nur in der Gedankenführung, sondern in allen Phasen, auch in der Darstellung, ein sehr hohes Maß an geistiger Konzentration und Disziplin. Und studieren bedeutet: wissenschaftlich arbeiten.

Noch im vorigen Jahrhundert gab es an deutschen Gymnasien und Universitäten zwei Studienfächer, deren eines heute kaum noch dem Namen, geschweige denn seinem Inhalt nach bekannt ist: Propädeutik und Hodegetik.

Unter Propädeutik verstand man ursprünglich die Vorkenntnisse, theoretischen Einführungen und allgemein den vorbereitenden Unterricht, der zum eigentlichen Studium hinführt. Heute werden auch die wissenschaftlichen Hilfsdisziplinen als propädeutische Fächer bezeichnet, z. B. die Statistik für die Volks- und Betriebswirtschaft.

Weniger bekannt ist der Begriff Hodegetik. Ein Hodeget (aus dem Griechischen) ist ein Wegweiser, der in ein Arbeitsgebiet einführt. Hodegetik bedeutet demnach soviel wie: Einführung in ein Wissens- oder Arbeitsgebiet. Darunter sind die pragmatischen Anleitungen und Hilfen zu verstehen, die zum Studieren befähigen und es erleichtern, Studier- und Arbeitstechniken.

Mehr denn je beklagen Studienanfänger die Hilflosigkeit und Orientierungslosigkeit in den ersten Semestern, die vor allem auf den Mangel solcher Arbeitstechniken zurückzuführen sind. Erfahrungen der Professoren bestätigen dies.

Hochschullehrer und Studenten leiden heute gleichermaßen unter dem Fehlen dieser beiden Unterrichtsfächer: Die Hochschullehrer, weil sie den Studienanfängern zunächst einmal „hodegetische“ und „propädeutische“ Hilfen anbieten müssen, wenn ihnen an der Motivation und am Lernerfolg der Studenten gelegen ist. Die Studenten, weil sie „hodegetische“ und „propädeutische“ Hilfen brauchen, um von Anfang an in den entsprechenden Disziplinen Fuß fassen und auch ökonomisch arbeiten zu können. Bleiben solche Hilfen aus, besteht die Gefahr, daß das Studium zu einem reinen rezeptiven (= nur aufnehmenden und nicht verarbeitenden) Lernen, also zum bloßen „Pauken“ auf Klausuren oder Scheine wird. Studium bedeutet aber immer „reflektierendes“ Lernen, d. h. kritisch durchdachtes Verarbeiten der Studieninhalte. Der Erfolg eines solchen Studiums hängt von sehr unterschiedlichen Faktoren ab, die sich zu folgenden Enflußfeldern zusammenfassen lassen:

1. Intelligenz
2. Persönlichkeitsstruktur
3. Motivation
4. Persönliche Arbeitstechnik

Das Hochschul-Informations-System (HIS) Hannover hat in einer Befragung bei Studienanfängern in den Jahren 1981 und 1982 festgestellt, daß sich nur etwa die Hälfte der Studenten „teilweise" zufriedenstellend auf das Studium vorbereitet fühlt. Ein Viertel der Befragten ist der Meinung, daß in der Schule für das spätere Studium kaum etwas gelernt wird. Nur 18 % meinten, daß sie in der Schule die Grundzüge der wissenschaftlichen Methoden vermittelt bekamen.

Bei aller Unterschiedlichkeit der hochschuldidaktischen Diskussion besteht weitgehend Übereinstimmung darüber, daß die Studenten von der Schule zwar eine — wenn auch nicht immer ausreichende — fachliche Vorbereitung auf die Hochschule erfahren, aber in aller Regel auf die neue Lernorganisation „Hochschule" weder pragmatisch noch psychologisch ausreichend vorbereitet sind. Auch das plötzliche Ausbleiben der sozialen Einbettung und des Geführtwerdens im Lernprozeß des Schulbereichs sowie die Konfrontation mit einem neuen, völlig ungewohnten sozialen Umfeld erschweren das Hineinwachsen in die Eigenverantwortung des Hochschul-Lernens ganz erheblich. Das vorliegende Handbuch will hierfür Wege aufzeigen und Hilfen anbieten.

Inhaltsübersicht

Geleitwort VII
Vorwort IX

Einleitung XI

1 **Begriffsbestimmungen** 1
1.1 *Methode als wissenschaftlicher Begriff* 1
1.2 *Methode als wissenschaftliche Arbeitstechnik* 2

2 **Studium und wissenschaftliche Arbeitstechnik** 4
2.1 *Kognitive Bedingungen* 6
2.1.1 Gedächtnis 6
2.1.1.1 Gedächtnisbegriff 6
2.1.1.2 Gedächtnismodelle 9
2.1.2 Die Intelligenz 13
2.1.2.1 Intelligenz und Intelligenzquotient 13
2.1.2.2 Intelligenz und Studienerfolg 16
2.1.2.3 Einflußfaktoren auf die intellektuelle Leistungsfähigkeit 18
2.2 *Affektive Bedingungen* 22
2.2.1 Grundsätzliches 23
2.2.2 Die Motivation 26
2.2.2.1 Wesen der Motivation 26
2.2.2.2 Intrinsische und extrinsische Motivation 28
2.2.2.3 Habituelle und aktuelle Motivation 29
2.2.2.4 Motivation und Arbeitsstimmung 30
2.2.3 Leistungsmotivation und Anspruchsniveau 32
2.3 *Soziale Bedingungen* 37
2.3.1 Soziales Umfeld 37
2.3.2 Imitationslernen 37
2.3.3 Konflikte im sozialen Umfeld 38
2.4 *Arbeitstechnische Bedingungen* 39
2.4.1 Allgemeines 39
2.4.2 Der Arbeitsraum 40
2.4.3 Die Arbeitsmittel 46
2.4.4 Die Karteien 48

2.4.4.1 Grundsätze für das Anlegen von Karteien 48
2.4.4.2 Arten von Karteien 49
2.4.5 Die eigene Bibliothek 55

3 Die organisierten Lernveranstaltungen 58
3.1 *Unterschiede des Unterrichts an Schulen und Hochschulen* ... 58
3.2 *Akademische Lernveranstaltungen* 59
3.2.1 Die Vorlesung 59
3.2.2. Das Kolloquium 64
3.2.3 Die Übung 64
3.2.4 Das Seminar 64
3.2.5 Das Tutorium 65
3.2.6 Die Arbeitsgemeinschaften 65

4 Die persönliche Lernorganisation 70
4.1 *Lernstrategie* 71
4.1.1 Körperliche Voraussetzungen 71
4.1.1.1 Physische Bedingungen 72
4.1.1.2 Psychische Bedingungen 75
4.1.2 Zielklarheit 81
4.1.2.1 Ziele setzen 81
4.1.2.2 Ziele ansteuern 82
4.1.3 Planorientierung 84
4.1.3.1 Bedeutung eines Arbeitsplans 84
4.1.3.2 Anfangsschwierigkeiten 85
4.1.3.3 Lernblöcke bilden 85
4.1.3.4 Zeit einteilen 86
4.1.3.5 Grobplanung 87
4.1.3.6 Feinplanung 87
4.2 *Methoden des Lernens* 91
4.2.1 Lernverhalten 91
4.2.1.1 Lernarten 91
4.2.1.2 Lerntypen 95
4.2.1.3 Lernfähigkeit Erwachsener 96
4.2.2 Lerntechnik 99
4.2.2.1 Das Ebbinghaus-Gesetz 99
4.2.2.2 Die Wiederholung 102
4.2.2.3 Das Vorschlaflernen 104
4.2.2.4 Das Strukturieren 105
4.2.2.5 Die Pausen 109

4.3 *Erinnern und Vergessen* 111
4.3.1 Störende Faktoren 112
4.3.1.1 Retroaktive Hemmung 112
4.3.1.2 Proaktive Hemmung 113
4.3.1.3 Affektive Hemmung 114
4.3.1.4 Weitere Gedächtnishemmungen 115
4.3.2 Vergessen während der Ruhepausen 116
4.3.3 Massiertes Lernen und verteiltes Lernen 118
4.3.4 Die Gedächtnisspanne 119

5 Lesetechnik 122
5.1 *Informationsflut* 122
5.2 *Einstiegsübung* 123
5.3 *Lesegeschwindigkeiten* 126
5.4 *Hinderliche Lesegewohnheiten* 127
5.4.1 Buchstabieren 127
5.4.2 Inneres Mitsprechen 128
5.4.3 Regression 129
5.5 *Trainingsmethoden* 130
5.5.1 Peripheres Sehen 130
5.5.2 Erkennen der Redundanz 135
5.5.3 Vermeiden der Regression 135
5.5.4 Diagonales und kursorisches Lesen 136
5.5.5 SQ3R-Methode 136
5.5.6 Lesen und markieren 139
5.5.7 Zeitschriften und Zeitungen 140

6 Verfassen wissenschaftlicher Arbeiten 142
6.1 *Allgemeine Anforderungen* 142
6.2 *Sprachliche Darstellung* 143
6.2.1 Sprachstil 143
6.2.2 Rechtschreibung und Zeichensetzung 144
6.2.3 Grammatik und Syntax 144
6.2.4 Fremdwörter 145
6.3 *Äußere Form* 146
6.3.1 Grundregeln 147
6.3.2 Gliederungstechnik 150
6.3.2.1 Grundsätze 150
6.3.2.2 Abschnittsnummern 150

6.3.2.3 Überschriften 151
6.3.2.4 Unterteilungen und Aufzählungen 151
6.3.2.5 Inhaltsverzeichnis 153
Dezimalsystem 153
Alphanumerische Gliederung 154
6.3.3 Zitieren 155
6.3.3.1 Funktion und Quelle 155
6.3.3.2 Genauigkeit 157
6.3.3.3 Allgemeine Regeln 157
6.3.3.4 Besondere Regeln 159
6.3.3.5 Literaturnachweis 161
6.4 *Arbeitsstufen* 173
6.4.1 Einstieg 173
6.4.2 Materialsuche 174
6.4.3 Stoffsammlung 175
6.4.4 Materialverarbeitung 179
6.4.4.1 Grundsätze 179
6.4.4.2 Exzerpieren 179
6.4.4.3 Entwurf 180
6.4.5 Materialdarstellung in der Reinschrift 181
6.4.5.1 Grundsätze 181
6.4.5.2 Einleitung 182
6.4.5.3 Hauptteil 183
6.4.5.4 Schluß 184

7 Wissenschaftliche Informationsstellen 187
7.1 *Überblick* 187
7.2 *Bibliotheken* 188
7.2.1 Funktionsstufen 188
7.2.2 Wissenschaftliche Bibliotheken 189
7.2.2.1 Bibliothekstypen 189
7.2.2.2 Dienstleistungsangebot 191
7.2.2.3 Bibliotheksbenutzung 192
7.2.2.4 Ordnungssysteme 197
7.3 *Archive* 198
7.4 *Bildstellen* 199
7.5 *Informations- und Dokumentationszentren* 199
7.5.1 Funktion und Begriff 199
7.5.2 System 200
7.5.3 Benutzung der Informationszentren 215

8	**Prüfung und Prüfungsangst**	219
8.1	*Notwendigkeit von Prüfungen*	219
8.1.1	Historische Beispiele	219
8.1.2	Begründungsansatz und Begriff	220
8.2	*Fragwürdigkeit von Prüfungen*	220
8.3	*Funktionen von Prüfungen*	221
8.4	*Prüfungsvorbereitung*	224
8.5	*Prüfungsangst*	225
8.5.1	Wesen der Prüfungsangst	225
8.5.2	Symptome der Prüfungsangst	227
8.5.2.1	Hormonale Veränderungen	227
8.5.2.2	Äußere Erscheinungsbilder	227
8.5.3	Auswirkungen der Prüfungsangst	228
8.5.3.1	Negative Folgen	228
8.5.3.2	Positive Folgen	229
8.5.4	Abbau der Prüfungsangst	230
8.5.4.1	Strategien im Vorfeld	230
8.5.4.2	Prüfungstraining	231
8.5.4.3	Gespräche	232
8.5.4.4	Angst während der Prüfung	232
9	**Schlußgedanke**	237
Literaturverzeichnis		239
Glossar		245
Stichwortverzeichnis		249

1 Begriffsbestimmungen

Lernziele:

Sie sollen

— *erläutern können, was in der Wissenschaft unter Methode und Methodenlehre zu verstehen ist und*

— *die Notwendigkeit von Arbeitstechniken im Rahmen der Methodenlehre begründen können!*

1.1 Methode als wissenschaftlicher Begriff

Wissenschaftliches Arbeiten unterscheidet sich vom nichtwissenschaftlichen Arbeiten u. a. durch die Arbeitsmethoden, d. h. durch Planmäßigkeit und Ordnung. Schon in der Antike gab es methodische Vorgaben für die Wissenschaft. Methodisches Arbeiten wurde über Jahrhunderte auch im akademischen Unterricht intensiv eingeübt. Die „Chrie" z. B. war die Anweisung für das Abfassen von Aufsätzen. Diese waren nach einem alten lateinischen Vers zu konzipieren, der den Schülern und Studenten die methodischen Schritte der Bearbeitung aufzeigte[1].

Unter „Methode" wollen wir ein planmäßiges Vorgehen verstehen, bei dem wir mit bestimmten Mitteln bestimmte Ziele zu erreichen versuchen. Auf die Wissenschaft bezogen ist Methode das System oder die Verfahrensweise, nach der Denkoperationen ablaufen und die Handlungen ausgeführt werden.

Es gibt jedoch auch in der Wissenschaft Denkprozesse und Aktionen, die sich zunächst nicht methodisch entwickeln, sondern willkürlich, unstrukturiert und unkontrolliert. Daraus kann sich dann eine neue wissenschaftliche Methode entwickeln, bzw. die wissenschaftliche Operation läßt sich später methodisch nachvollziehen.

Die Vorgehens- und Verfahrensweisen sind immer den jeweiligen wissenschaftlichen Disziplinen angepaßt. Sie können dabei hinsichtlich der Nachvollziehbarkeit und Genauigkeit ihres Ergebnisses sehr unterschiedlich sein. Die Methode der Denk- und Beweisführung einer naturwissenschaftli-

---

1 „Quis quid, cur, contra, simile et paradigmata, testes". (Wer, was, warum, Gegenargumente, Ähnliches und Beispiele, Beweise.)

chen Theorie z. B. ist für einen Fachwissenschaftler eher nachvollziehbar und einsehbar als eine philosophische Theorie.

Alle Disziplinen arbeiten jedoch nach spezifischen Methoden.

Methodisches Vorgehen bezieht sich in der Wissenschaft immer
— auf einen komplexen Prozeß, der
— ein Ziel ansteuert,
— systematisch abläuft und
— in seinen Schritten folgerichtig ist.

Methodenlehre

Die Methodenlehre, die auch als Methodologie bezeichnet wird, ist ein selbständiger Wissenschaftsbereich innerhalb der Philosophie. Im engeren Sinn ist sie die Lehre von den Methoden, die wissenschaftstheoretische Auseinandersetzung mit Methodenfragen. Sie untersucht die Verfahrensweisen zur Gewinnung wissenschaftlicher Aussagen, z. B. Beobachtung, Befragung, Experiment, Statistik.

Im weiteren Sinne verstehen wir unter Methodenlehre bzw. Methodologie die formalen Aussagen, wie wissenschaftliches Arbeiten ablaufen soll und welche Methoden bei welchen wissenschaftlichen Disziplinen anwendbar sind. Die Methodenlehre strukturiert deshalb auch die wissenschaftlichen Disziplinen. Sie ist die Theorie von der Wissenschaft schlechthin. In diesem Zusammenhang können wir die Begriffe Methodenlehre, Methodologie und Wissenschaftstheorie synonym verwenden[2].

1.2 Methode als wissenschaftliche Arbeitstechnik

„Wissenschaft" bezeichnet nicht nur ein wie auch immer zu definierendes Wissen, sondern betrifft vor allem auch die Frage, wie dieses Wissen zustande gekommen ist und wie es angewendet wird. Wir können also davon ausgehen, daß neben der abstrakten Wissenschaftstheorie die Methodenlehre ganz nüchterne Arbeits- bzw. Studiertechniken einschließt, also das, was in der Einleitung als „Hodegetik" bezeichnet wurde. Dieser Bereich bildet den Schwerpunkt des vorliegenden Handbuches.

Für den Studienerfolg ist das Beherrschen bestimmter Methoden eine wichtige Voraussetzung. Sie sind so wichtig wie die intellektuelle Veranlagung.

---

2 Vgl. hierzu Ströker, S. 4.

Arbeitstechniken und Arbeitsmethoden sind im Rahmen der wissenschaftlichen Arbeit nicht Selbstzweck, sondern nur Mittel zum Zweck. Als solche sind sie aber unabdingbar. Für das Studium sollen sie einen höchstmöglichen Erfolg gewährleisten. Sie bieten eine günstige Ausgangsposition für das Studienziel. Studieren wird dadurch nicht zum rezeptiven, mechanischen Aneignen von Wissen, sondern zum Prozeß, der nach effektiven (Lern-)Methoden und (Lern-)Techniken abläuft, Probleme zu erkennen, nach Lösungen zu suchen und die Wissensinhalte kritisch zu überprüfen. Nur so können schließlich die Ergebnisse verinnerlicht (internalisiert) und zum Wesensbestandteil der eigenen Persönlichkeit werden.

Die meisten Studiengänge sind heute mit einer Fächervielfalt, mit einer Stoffülle und mit einer Wochenstundenzahl derart überladen, daß der Student zum eigentlichen wissenschaftlichen Arbeiten kaum noch kommt. Er vergißt das „Studieren“, weil er Lerninhalte „büffeln“ muß, deren Nutzen er nicht erkennt. Nur durch konsequentes methodisches Vorgehen kann er solchen ungünstigen Bedingungen wirksam begegnen.

Fassen wir zusammen:

- Methode bezeichnet Planmäßigkeit und Ordnung.
- Methodenlehre ist die Theorie von der Wissenschaft.
- Wissenschaftliches Arbeiten ist methodisches Arbeiten.
- Methodenlehre beinhaltet auch pragmatische wissenschaftliche Arbeitstechniken.
- Arbeitsmethode und Arbeitstechnik sind wesentliche Voraussetzungen für ein erfolgreiches Studium.

Prüfen sie Ihren Lernerfolg!

1. Was verstehen Sie unter „Methode“ im Rahmen der wissenschaftlichen Methodenlehre?
2. Erläutern Sie den Begriff „Methodologie“!
3. Begründen Sie die Notwendigkeit von Lern- und Arbeitstechniken im Studium!

2 Studium und wissenschaftliche Arbeitstechnik

Lernziel:

Sie sollen
— *kognitive (= das Gedächtnis, die Erkenntnis betreffend),*
— *affektive (= die Einstellung, die Gefühle betreffend),*
— *soziale (= das gesellschaftliche Umfeld betreffend) und*
— *arbeitstechnische Einflußfaktoren*
auf das Studienverhalten erläutern können!

Bei einer Repräsentativerhebung an einer deutschen Hochschule hielten weit mehr als die Hälfte der befragten Studenten ihre persönliche Arbeitstechnik für wenig effektiv und den Anforderungen nicht entsprechend. Dabei ist noch zu berücksichtigen, daß sich viele Befragte ihres unzureichenden Studienverhaltens überhaupt nicht bewußt waren und daher auch keinen Mangel darüber empfanden. Die meisten Studenten sehen jedoch in ihrer unzureichenden Arbeitstechnik ein Hauptproblem des Studiums. Die daraus resultierenden Schwierigkeiten haben aber in den häufigsten Fällen viele Ursachen. Sie lassen sich im wesentlichen auf vier Einflußfelder zurückführen, die mit wechselnder Intensität das Studium positiv oder negativ beeinflussen und auch den persönlichen Arbeitsstil prägen:

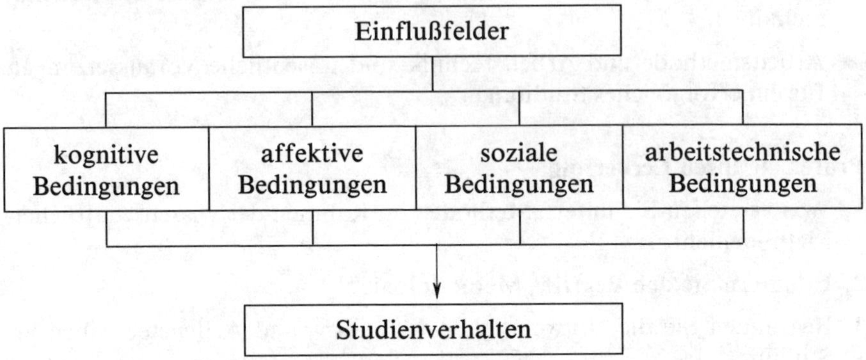

Abb. 1: Einflußfelder auf das Studienverhalten

Die „Bedingungen“ heißen in der Wissenschaftssprache „Variablen“, weil sie „variabel“, also veränderbar sind und nicht immer gleichbleiben.

— Unter den kognitiven Variablen sind vor allem die intellektuellen Veranlagungen zu verstehen, sich mit den Lerninhalten auseinanderzusetzen, das Vorwissen und die Fähigkeit, sich weiteres Wissen anzueignen.
— Bei den affektiven Variablen sind besonders die Motivation zu nennen, das Interesse, das für den Lernstoff aufgebracht wird, das Bedürfnis, etwas zu leisten, die Einstellung zum angestrebten Berufsbild, die vielfältigen Persönlichkeitsfaktoren des Temperaments, die augenblickliche seelische Verfassung (z. B. Ausgeglichenheit oder Gereiztheit, Zuversicht oder Angst, Freude oder Resignation).
— Die sozialen Variablen können das Studienverhalten sehr widersprüchlich beeinflussen, weil sich studentisches Lernen immer in Abhängigkeit gesellschaftlicher Bindungen vollzieht: Familie, Studienveranstaltungen, Lerngemeinschaften, Freundes- und Bekanntenkreis und viele andere soziale Einbettungen.
— Die arbeitstechnischen Variablen umfassen die Lernmethoden, die Medien, die zum Verarbeiten der Lerninhalte eingesetzt werden, aber auch die didaktische Darbietung und Aufbereitung der Studieninhalte in den organisierten Lernveranstaltungen, die Technik des wissenschaftlichen Arbeitens schlechthin.

Jeder Student hat seine eigene Lernvergangenheit, in der die vier Gruppen von Variablen eine ganz bestimmte Prägung erfahren haben. Die Ausformung der Einflußfaktoren — die Lernvergangenheit — bestimmt das Lernverhalten. Das heißt aber nicht, daß diese Persönlichkeitsmerkmale unveränderbar wären. Es bedarf jedoch nicht nur guter Vorsätze, sondern auch eines festen Willens, Schwachstellen innerhalb der Einflußfelder anzugehen, zumal keine der aufgezeigten Variablen für sich allein gesehen werden kann. Die Einflußfaktoren sind interdependent, d. h., sie beeinflussen sich gegenseitig und sind voneinander abhängig. Das macht ihre Veränderbarkeit einerseits sehr viel schwieriger, andererseits sind aber positive Veränderungen innerhalb dieses Komplexes um so wirkungsvoller. Die folgende Abbildung soll die gegenseitige Abhängigkeit und Beeinflussung (= Interdependenz) verdeutlichen.

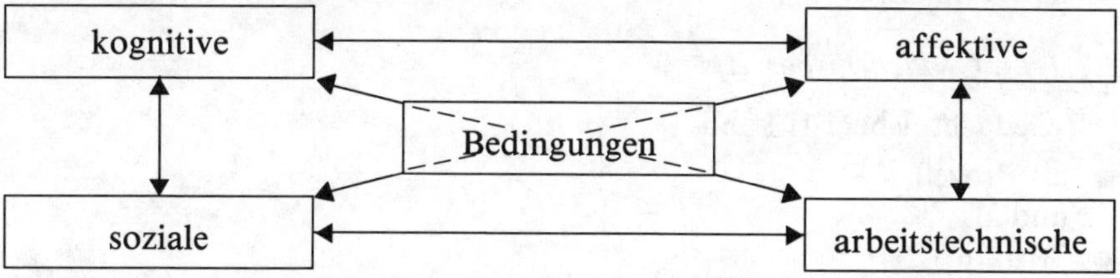

Abb. 2: Interdependenz der Einflußfelder auf das Studienverhalten

Fassen wir zusammen:

- Das Studienverhalten wird durch
  — kognitive,
  — affektive,
  — soziale und
  — arbeitstechnische

  Bedingungen bestimmt.
- Diese Variablen sind durch die Lernvergangenheit geprägt und lassen sich durch Lernverhalten weiter beeinflussen.
- Die Einflußfaktoren sind interdependent.

Prüfen Sie Ihren Lernerfolg!

Erläutern Sie die vier Einflußfelder des Studienverhaltens!

2.1 Kognitive Bedingungen

Im Feld der kognitiven Einflußfaktoren wenden wir uns zwei Aspekten zu, die für das Lernen von besonderer Bedeutung sind: Der Funktion des Gedächtnisses und der Intelligenz.

2.1.1 Gedächtnis

Lernziel:

Sie sollen

— *Gedächtnis als Prozeß und Struktur erklären,*

— *den Einfluß des Vorwissens sowie der Lernvergangenheit auf neue Lernprozesse bewerten und*

— *die Auswirkungen neuer Lerninhalte auf die Gedächtnisstruktur erläutern können!*

2.1.1.1 Gedächtnisbegriff

Der Gedächtnisbegriff kann

- als Prozeß
  und als
- Struktur

verstanden werden.

Wenn wir das Gedächtnis als „Prozeß" bezeichnen, meinen wir den Vorgang des Ein- und Ausspeicherns von Informationen, bei dem das Gedächtnis „aufgebaut" wird. Aufgrund neuerer Forschungsergebnisse können wir annehmen, daß jede Information, die wir aufnehmen, als biologische Substanz in der Form unzähliger Eiweißmoleküle (Proteine) entlang der Nervenfasern des Gehirns abgelagert und „codiert" wird. Unter 2.1.1.2 werden wir darauf näher eingehen. Es bilden sich regelrechte Informationskanäle bzw. -strukturen. Je mehr in einem Fach gelernt wird, desto ausgeprägter werden die entsprechenden Proteine. Für jede neue Information, die einer vorhandenen Struktur ähnelt, wirkt diese wie ein Anker, an dem sich der neue Lernstoff festmachen kann. Er wird „assoziiert", d. h., mit dem bereits Bekannten verknüpft. Das Vorwissen, das wir zu einem Lernstoff besitzen, beeinflußt den Lernerfolg deshalb ganz entscheidend.

Je mehr Vorwissen vorhanden ist, desto leichter fällt der Erwerb des neuen Wissens. Da die im Gehirn ankommenden Informationen mit den bereits vorhandenen „kognitiven Gedächtnisstrukturen" verbunden (assimiliert oder assoziiert) werden können, wird auch die Lernbereitschaft dadurch positiv beeinflußt. Fehlen solche „Vorstrukturen" für den neuen Lernstoff, fällt uns die kognitive Einordnung viel schwerer, weil eine Assoziation und damit eine Verankerung kaum möglich ist und neue Strukturen erst aufgebaut werden müssen.

Wird nur mechanisch auswendig gelernt (rezeptiv), ist die „Verankerung" im Gedächtnis zunächst nur sehr oberflächlich und von kurzer Dauer. Der gleiche Effekt tritt auch ein, wenn zwar kognitive Vorstrukturen vorhanden sind, Zusammenhänge aber nicht erkannt oder der neue Lernstoff als nicht wichtig angesehen wird.

Auswirkungen des Lernens auf die Gedächtnisstruktur

Jeder Lernstoff, mit dem wir uns auseinandersetzen, hat eine vertikale und eine horizontale Auswirkung.

- Unter der vertikalen Auswirkung verstehen wir das Anwachsen unserer Kompetenz innerhalb des Faches, für das wir lernen und die damit verbundene weitere Lernbereitschaft für die entsprechenden Lerninhalte.
- Unter der horizontalen Auswirkung verstehen wir die Ausweitung der *allgemeinen* kognitiven Bereitschaft und Fähigkeiten, die durch jeden Lernstoff beeinflußt werden. Dazu gehören vor allem die Steigerung unserer Denkfähigkeit und die stärkere Ausprägung der kognitiven Gedächtnisstrukturen, wodurch wiederum die intellektuellen Fähigkeiten trainiert und ausgebildet werden.

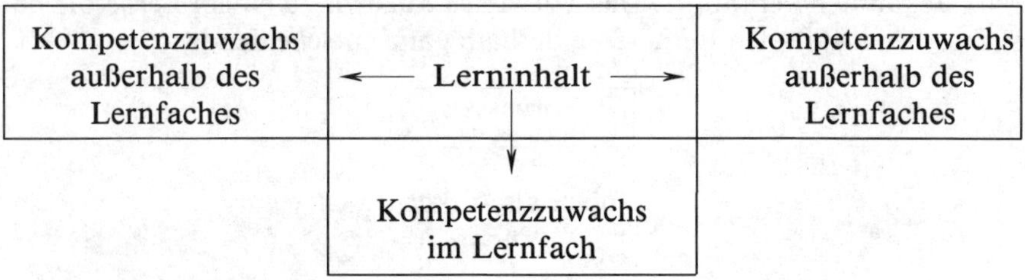

Abb. 3: Horizontale und vertikale Auswirkung des Lernens auf die Gedächtnisstruktur

Darüber hinaus wird die kognitive Gedächtnisstruktur sowohl in ihrer vertikalen als auch in ihrer horizontalen Dimension durch jeden Lerninhalt nochmals in zweifacher Hinsicht ausgeprägt:

1. Das Verständnis von Begriffen, Zusammenhängen und Problemen einer Disziplin hat integrative Auswirkungen, d. h. die biologischen „Gedächtnisschemata", wie sie von dem 1980 verstorbenen Biologen und Psychologen Piaget bezeichnet wurden, vervollständigen sich und erleichtern dadurch nicht nur das Erinnern, sondern vor allem den intellektuellen Umgang mit diesen Informationen.
2. Die Methoden der Auseinandersetzung in einem Fach, das Probieren („Studieren" des Faches), trainiert und integriert das gesamte lernstrategische Verhalten. Damit werden nicht nur unersetzliche Transferqualifikationen wissenschaftsmethodischer Arbeit erreicht, sondern durch diese Kompetenz wird auch die Motivation ganz wesentlich beeinflußt.

Aus dieser Sicht ist kein Lerninhalt, auch wenn er den Studenten noch so überflüssig erscheint, für „die Katz".

Fassen wir zusammen:

- Gedächtnis kann als Prozeß und als Struktur verstanden werden.
- Vorwissen dient neuen Informationen als Anker.
- Alle Lerninhalte haben vertikale und horizontale Auswirkung.
- Durch Lernen werden sowohl vorhandene Gedächtnisstrukturen (Schemata) vervollkommnet, als auch die Fähigkeit der Lernstrategie trainiert.

Prüfen Sie Ihren Lernerfolg!

1. Wie kann Gedächtnis als Prozeß erklärt werden?
2. Begründen Sie, warum das Vorwissen, das wir von einem Lerninhalt besitzen, für den neuen Lernstoff von Bedeutung ist!
3. Was verstehen Sie unter horizontaler und vertikaler Auswirkung eines Lerninhalts?
4. Erläutern Sie die zweifache Ausprägung der Gedächtnisstruktur durch einen Lerninhalt!

2.1.1.2 Gedächtnismodelle

Lernziel:

Sie sollen die Funktion von

— *Ultrakurzzeitspeicher,*
— *Kurzzeitspeicher und*
— *Langzeitspeicher*
als Gedächtnismodell erklären können!

Wir können uns das Gedächtnis als hypothetisches Modell vorstellen, in dem unsere Informationen, Fähigkeiten und unser gesamtes Verhaltensrepertoire gespeichert werden.

Nach den bisherigen Ergebnissen der Gedächtnisforschung sind mehrere Modelle über den Aufbau des Gedächtnisses denkbar. So wie wir den Lernprozeß nicht durch eine einzige Theorie erklären können, gibt es auch immer noch mehrere Vorstellungen darüber, wie die Struktur des Gedächtnisses aufgebaut sein könnte. Wir wollen uns hier auf den kleinsten gemeinsamen Nenner vieler solcher Modelle beschränken[3].

---

3 Vgl. die Gedächtnismodelle von Atkinson/Shiffrin; Gage/Berliner; F. Vester; das Adressen-Register-Modell von Broadbent; das modale Gedächtnismodell von Murdock; das Analysis-Level-Modell von Craik/Lockhart; das Organisationsmodell von Bower/Deese und Tulving.

Danach können wir das Gedächtnis in einen
— Ultrakurzzeitspeicher (Ultrakurzzeitgedächtnis = UZG),
— Kurzzeitspeicher (Kurzzeitgedächtnis = KZG) und einen
— Langzeitspeicher (Langzeitgedächtnis = LZG)
einteilen.

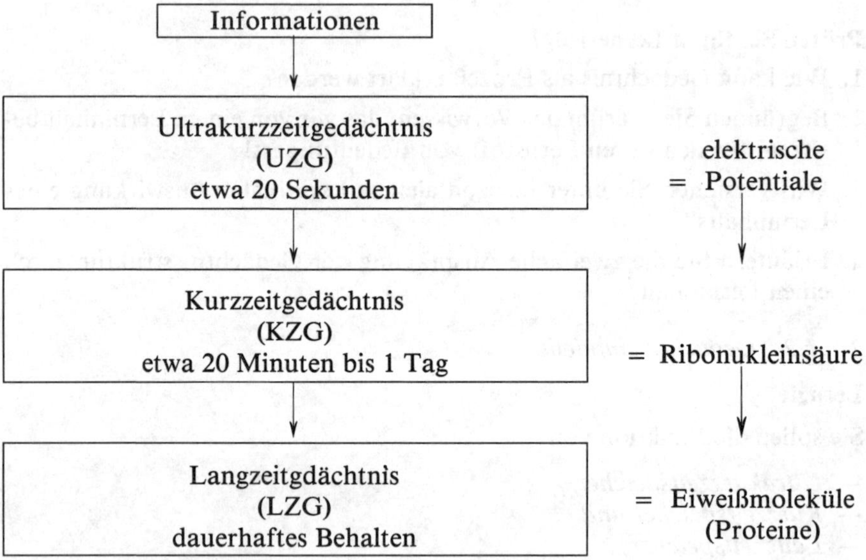

Abb. 4: Gedächtnismodell

Für unseren Lernprozeß ist die Funktion der einzelnen Speichereinheiten unseres Gedächtnisses interessant sowie die Frage, ob Gedächtnisinhalte tatsächlich ganz verloren gehen können und wie die Dauer der „Haftbarkeit" der Lerninhalte beeinflußt werden kann.

Alle Umweltreize, z. B. Geräusche, Licht, Geruch, Druck und dergleichen werden von unseren Sinnen (Ohren, Augen, Nase usw.), die wir als sensorische Register bezeichnen, wahrgenommen und an die erste Speichereinheit, das Ultrakurzzeitgedächtnis, weitergeleitet. Hier haften diese Eindrücke höchstens 20 Sekunden, wenn sie nicht mit bereits im Gedächtnis gespeicherten Informationen verknüpft (assoziiert) werden können, oder wenn nicht ein besonderes Interesse dafür besteht. (Vgl. hierzu auch 2.1.1.1 Gedächtnisbegriff.) Die Information verläuft in dieser kurzen Zeit als elektrische Potentiale (elektrische Impulse), die durch die sensorischen Register (= Augen, Ohren usw.) ausgelöst werden.

Damit wir nicht von den ständig auf uns einwirkenden Reizen der Umwelt „erdrückt" werden, sortiert das UZG alles Überflüssige aus. Es wirkt als lebensnotwendiger Selektionsfilter. Die elektrischen Impulse der uninteressanten Informationen klingen ab.

Die „assoziierbaren" und die „interessanten" Informationen werden an das KZG weitergeleitet. Diesen Teil können wir uns vorstellen als eine Art Verarbeitungsspeicher, in dem die aufgenommenen Eindrücke mit bereits vorhandenen Kenntnissen, Verhaltensdispositionen, Motivationen und Interessen verknüpft werden. Jede Nachricht wird dabei chemisch umgesetzt in Ribonukleinsäure (RNS). Die Verweilzeit im KZG beträgt etwa 20 Minuten bis einen Tag. Danach zerfällt die RNS.

Die für uns so wichtige dauernde Bereitstellung von Lerninhalten erfolgt aber erst durch die Übernahme in das Langzeitgedächtnis. Hier werden alle Informationen nochmals chemisch umgewandelt, und zwar in dauerhafte Eiweißmoleküle. Diese Proteine können grundsätzlich nicht mehr zerfallen. Das bedeutet, daß eine einmal gespeicherte Information auch immer abrufbar sein müßte. Trotzdem erleben wir es so oft, daß wir uns an vieles nicht mehr erinnern können. Wie läßt sich das erklären?

Im Gegensatz zum UZG, in dem Umwelteindrücke schon durch leichte Reize völlig gelöscht werden können, z. B. durch Ablenkung infolge interessanterer oder zu schneller Informationsabfolge, vertragen Informationen im Kurzzeitgedächtnis schon größere Störungen. Aber auch hier ist eine völlige Auslöschung noch möglich, etwa durch einen Schock. Solche Situationen kennen wir z. B. von Unfällen.

Wenn jedoch die im Langzeitgedächtnis gespeicherte Information grundsätzlich nicht mehr zerfällt und trotzdem nicht abgerufen werden kann, läßt sich das biologisch folgendermaßen erklären:

Wir haben oben darauf hingewiesen, daß eine „gelernte" Information in Form von Proteinen im Gehirn abgelagert wird. Sie steht somit im Langzeitgedächtnis dauernd zur Verfügung. Ständig nehmen wir aber neue Informationen auf, lernen Neues hinzu. Bereits vorhandene „Informationsstrukturen" im LZG können dadurch überlagert werden. Das trifft besonders dann zu, wenn bei einem ersten Lernprozeß die Information im Gehirn nicht deutlich genug „ausgeprägt" wird. Beim Abruf dieser nur oberflächlich gelernten Information tritt dann durch spätere intensivere Informationsverarbeitung, die die schwächeren überlagern können (interferieren), eine

Erinnerungshemmung ein. Durch experimentelle Versuche läßt sich diese Theorie bestätigen: Versuchspersonen konnten in Hypnose Erlebnisse aus der Schulzeit, an die sie sich bei vollem Bewußtsein nicht erinnern konnten, zum Teil wieder genauestens beschreiben.

Für den Lernprozeß kommt es also entscheidend darauf an, daß wir unseren Lernstoff intensiv und vor allem mehrere Male erarbeiten. Bei jedem Lerndurchgang erfolgt — sofern die Lerninhalte im LZG angelangt sind — erneut eine chemische Umwandlung der Information in Proteine. Die bereits vorhandene Informationsstruktur durch diese Eiweißmoleküle wird dadurch verstärkt, deutlicher ausgeprägt und das Wiederauffinden (Erinnern) erleichtert.

Die Verankerung der Lerninhalte im Langzeitgedächtnis ist um so intensiver, je mehr Wahrnehmungskanäle unseres „sensorischen Registers" dabei aktiviert werden. Die Behaltenswerte der Informationsaufnahme durch die verschiedenen Eingangskanäle sollen dies verdeutlichen:

Im Durchschnitt kann der Mensch nur etwa

— 10 % des Gelesenen,
— 20 % des Gehörten,
— 30 % des Gesehenen und
— 50 % des Gehörten und Gesehenen

für längere Zeit behalten.

Dies sind die mehr passiven Informationsaufnahmen, z. B. aus dem Unterricht und den Vorlesungen an Hochschulen. Die Behaltensquote steigt aber deutlich an, wenn der Lernende bei der Informationsaufnahme selbst aktiv wird. So behalten wir im allgemeinen bis zu

— 80 % dessen, was wir selbst sagen und sogar bis zu
— 90 % dessen, was wir selbst tun.

Deutlicher kann die Notwendigkeit eines aktiven Lernens nicht herausgestellt werden.

Fassen wir zusammen:

- Als Gedächtnismodell kann ein funktionaler Aufbau in UZG—KZG—LZG angenommen werden.
- Die Rezeptoren setzen die Informationen in elektrische Impulse um. Das UZG wirkt als Filter und leitet nur assoziierbare Informationen an das KZG weiter.

- Im KZG werden ankommende Informationen mit vorhandenen assoziiert und in chemische Substanz (RNS) umgewandelt. Interesse und Motivation sind entscheidend für die Weiterleitung an das LZG.
- Die Gedächtnisforschung geht davon aus, daß die Langzeitspeicherung im Gedächtnis durch Eiweißmoleküle (Proteine) erfolgt.
- Lerninhalte müssen wiederholt aufgenommen werden, damit sich die „Gedächtnisspuren" tief genug im LZG einprägen.

Prüfen Sie ihren Lernerfolg!

1. Erläutern Sie das Gedächtnismodell, das von einem UZG, KZG und LZG ausgeht!
2. Wie läßt es sich erklären, daß ein Lernstoff, der so erarbeitet war, daß er im LZG gespeichert wurde, nicht erinnert werden kann?
3. Welche Verhaltensweisen begünstigen die dauerhafte Verankerung von Lerninhalten im LZG und die ständige Abrufbarkeit?

2.1.2 Die Intelligenz

Lernziele:

Sie sollen

— *den Begriff „Intelligenz" definieren,*

— *die Intelligenzverteilung innerhalb der Gesamtpopulation erläutern,*

— *Einflußfaktoren auf die Intelligenz nennen und ihre gegenseitige Abhängigkeit begründen,*

— *die Bedeutung der Intelligenz für den Studienerfolg bewerten,*

— *die Begriffe „Studierfähigkeit" und „intellektuelle Leistungsfähigkeit" erläutern, Einflußfaktoren nennen sowie deren Interdependenz aufzeigen können!*

2.1.2.1 Intelligenz und Intelligenzquotient

Intelligenz, was ist das eigentlich? Nicht wenige glauben, sie zu besitzen, obwohl sie gar nicht wissen, was das ist. Eine gewisse Vorstellung haben wir wohl alle davon, was es bedeutet, sehr intelligent — oder weniger intelligent zu sein. Und doch gibt es bis heute keine allgemein anerkannte Definition über das, was wir Intelligenz nennen. Sie ist ein sehr komplexes Phänomen, das wir weder eindimensional erfassen noch in seiner Quantität oder Qualität dauerhaft bewerten können.

Als Intelligenz wird gemeinhin die geistige Denk- und Erkenntnisfähigkeit bezeichnet, Informationen aufzunehmen und umzusetzen. Sie beruht auf der Sinneswahrnehmung, dem logischen Denken und der Vorstellungskraft. Ein Fachlexikon erklärt Intelligenz folgendermaßen: „Intelligenz ist die Befähigung zu einer denkenden Erfassung und Bewältigung von Problemen"[4].
Intelligenz wird vielfach von der Begabung unterschieden, die teils umfassender gesehen wird, weil sie auch praktische Fähigkeiten, musische Veranlagung, reine Gedächtnisfunktionen usw. einschließt, die andererseits aber auch Erziehungs- und Umwelteinflüsse nicht berücksichtigt.

Nach dem derzeitigen Stand der Forschung ist Intelligenz ein Produkt aus Anlage plus Umwelt — zu welchen Anteilen auch immer — und schließt Begabung, soweit sie überhaupt erfaßbar ist, in allen Funktionsbereichen ein. Aus dieser Erkenntnis könnten wir dann den Begriff Intelligenz weiter fassen, nämlich als

die Fähigkeit, bestimmte kognitive, affektive, psychomotorische und auch soziale Leistungen zu erbringen.

Intelligenz umfaßt also nicht nur reine Denkoperationen und besteht auch nicht aus einer allgemeingültigen globalen Fähigkeit. Sie setzt sich aus vielen Einzelqualifikationen zusammen, die bei jedem Menschen in sehr unterschiedlichen Kombinationen vorhanden und ausgeprägt sind. Sie lassen sich jederzeit in allen Bereichen steigern, sofern sie „trainiert" werden.

Der Ausprägungsgrad der Intelligenz wird durch Intelligenztests gemessen. Sie bestehen aus kurzen Aufgaben, die als Items bezeichnet werden. In der Kombination von Item-Gruppen, den „Subskalen", werden Fragen gestellt oder Probleme verbal und nonverbal vorgegeben. Die richtigen Antworten dienen als Grundlage zur Schätzung der entsprechenden Leistungsfähigkeit (= Intelligenz). Das Ergebnis wird in einer Punktzahl, dem Intelligenzquotienten (IQ), ausgedrückt. Trotz der vielen Unzulänglichkeiten und der Problematik, die mit solchen Intelligenztests verbunden sind, spielt der IQ nicht nur im sozialen Bereich eine wichtige Rolle.
Der IQ-Meßwert sollte ausschließlich als ein augenblickliches, keineswegs absolutes Maß für Fähigkeiten angesehen werden, vorgegebene Probleme zu lösen, nicht aber als festliegende angeborene und unveränderbare Kapazität. Es ist mehr denn je umstritten, ob Intelligenztests nicht eher schaden als nützen. So wurden in den USA bereits in mehreren Städten Intelligenztests in Schulen verboten.

---

4 Horney u. a., Bd. 1 S. 1328.

Die Intelligenzverteilung innerhalb der Gesamtpopulation wird durch die folgende Wahrscheinlichkeitskurve aufgezeigt. Danach sind etwa 68 % der Bevölkerung „normal“ intelligent, wobei man davon ausgeht, daß der Durchschnitts-IQ etwa bei 100 Punkten (mit einer Standardabweichung von ± 15) liegt. Je 13 % sind unterdurchschnittlich und 13 % überdurchschnittlich intelligent. Etwa 3 % haben einen sehr niedrigen und ebenso viele einen sehr hohen IQ.

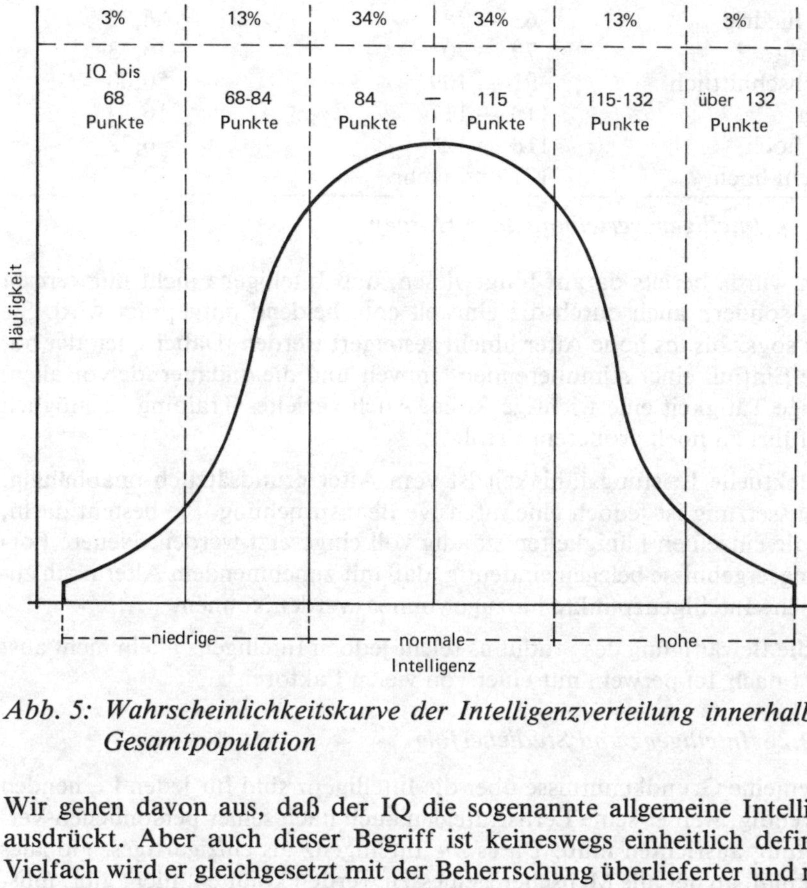

Abb. 5: Wahrscheinlichkeitskurve der Intelligenzverteilung innerhalb der Gesamtpopulation

Wir gehen davon aus, daß der IQ die sogenannte allgemeine Intelligenz ausdrückt. Aber auch dieser Begriff ist keineswegs einheitlich definiert. Vielfach wird er gleichgesetzt mit der Beherrschung überlieferter und meist in der Schule verfeinerter Kulturtechniken. Auch daran wird die „Intelligenzproblematik“ deutlich. Über eine spezifische Begabung und Entfaltungsmöglichkeit, geschweige denn über die Einzigartigkeit eines jeden Menschen sagt der IQ nichts aus. Jeder Mensch ist anders, jeder hat seine Stärken, und jeder hat sie in anderen Kombinationen. Nur wenn wir das in unserem Lernverhalten berücksichtigen, können wir unsere persönlichen Fähigkeiten nutzen und unsere Chancen wahrnehmen.

Eine differenziertere Aufteilung der Gesamtpopulation nach dem IQ zeigt folgende Tabelle[5]:

Klassifizierung	IQ-Grenze	% der Population
Schwachsinn	62 und weniger	2,2
Sehr niedrig	63 — 78	6,72
Niedrig	79 — 90	16,13
Durchschnittlich	91 — 109	50,00
Hoch	110 — 117	16,13
Sehr hoch	118 — 126	6,72
Extrem hoch	127 und mehr	2,2

Abb. 6: Intelligenzverteilung nach Horney

Oben wurde bereits darauf hingewiesen, daß Intelligenz nicht nur vererbt wird, sondern auch durch die Umwelt entscheidend mitgeprägt wird. Sie kann sogar bis ins hohe Alter hinein gesteigert werden. Dabei spielt der positive Einfluß einer stimulierenden Umwelt und die andauernde vor allem geistige Tätigkeit eine wichtige Rolle. Auch gezieltes Training ist möglich und führt zu noch größerem Erfolg[6].

Intellektuelle Leistungsfähigkeit ist vom Alter grundsätzlich unabhängig. Voraussetzung ist jedoch eine intensive Beanspruchung. Sie besteht darin, daß die einzelnen Fähigkeiten ständig voll eingesetzt werden. Neuere Forschungsergebnisse belegen eindeutig, daß mit zunehmendem Alter noch zusätzliche Intelligenzpunkte hinzugewonnen werden können.

Für die Bewältigung des Studiums reicht jedoch Intelligenz allein nicht aus. Sie ist nach Tepperwein nur einer von vielen Faktoren[7].

2.1.2.2 Intelligenz und Studienerfolg

Allgemeine Grundkenntnisse über die Intelligenz sind für jeden Lernenden notwendig, weil er seine Lernstrategien auch nach seiner persönlichen Veranlagung ausrichten muß. Da es *die* Intelligenz als einzigartiges, globales Merkmal, an der alle Menschen gemessen werden könnten, nicht gibt, müssen wir unsere ganz spezifische Ausprägung zu erkennen suchen, voll ein-

5 Vgl. Horney u. a. S. 1329.
6 Das Literaturverzeichnis enthält solche Trainingsprogramme.
7 Vgl. Tepperwein, S. 27 f.

setzen und nützen. Wir können davon ausgehen, daß bei jedem Menschen eine Kombination von mehr allgemeinen Fähigkeiten und solchen ganz persönlicher Art vorhanden ist, die dann als persönliche Intelligenz bezeichnet werden kann.

Die grundsätzliche Eignung zu einem Studium wird ohne Zweifel durch die derart beschriebene Intelligenz wesentlich bestimmt. Sie allein reicht aber in keinem Falle aus, ein Studium erfolgreich zu Ende zu führen. Es gibt eine Theorie, die davon ausgeht, daß Intelligenz nur zu einem Drittel den Studienerfolg beeinflußt, die übrigen zwei Drittel aber von der Motivation und den Persönlichkeitszügen des Temperaments abhängen[8]. Diese Auffassung ist nicht unbestritten. Es ist jedoch unerheblich, ob sich die Studienleistung durch einen genauen Anteil der Einflußfaktoren erklären läßt oder nicht. Bedeutsam ist vor allem die Erkenntnis, daß die Intelligenz zwar eine entscheidende Kraft zur Studienbewältigung ist, aber bei weitem nicht die alleinige.

Es läßt sich empirisch sicher nicht genau belegen, welchen prozentualen Anteil die Intelligenz selbst am Studienergebnis hat. Wir müssen aber davon ausgehen, daß andere Einflußfaktoren ebenso bedeutsam sind.

An dieser Stelle sollen die Begriffe Intelligenz — Begabung — Denken voneinander abgegrenzt werden. Alle drei Faktoren zusammen bilden das „intellektuelle Potential“ für den Studienerfolg.

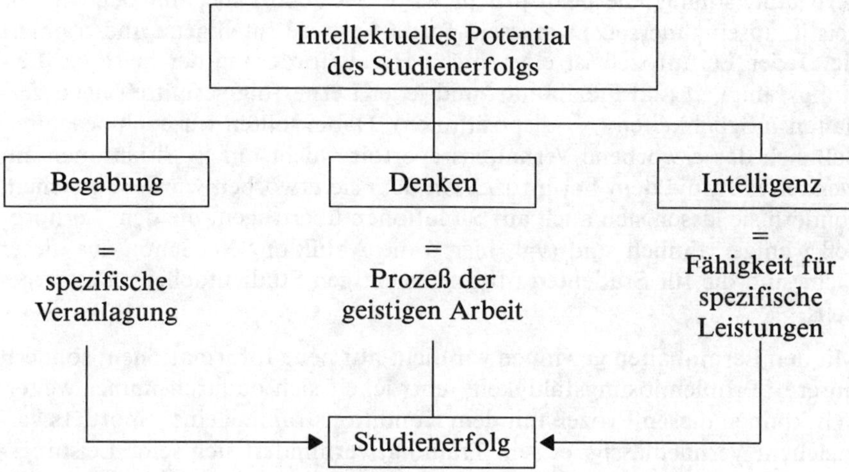

Abb. 7: Einflußfelder auf den Studienerfolg

8 Vgl. Hammer, S. 34.

Vielfach wird „Intelligenz“ und „Begabung“ synonym verwendet (z. B. Ebbinghaus, Binet u. a.). Wir wollen aber zur Unterscheidung von der Intelligenz die Begabung mehr als besondere Fähigkeit im Sinne einer persönlichen Veranlagung verstehen, etwa die Eignung für Sprachen, Musik oder dergleichen, die bei jedem Menschen anders ausgeprägt ist. Insofern erscheint es ganz natürlich, daß der Student nicht für alle Fächer gleiches Interesse, gleiche Motivation und damit gleichen Studieneifer aufbringen kann. Die Leistungsergebnisse (der intellektuelle Output) werden demnach auch in den verschiedenen Disziplinen verschieden sein. Jeder Pädagoge — auch der Hochschullehrer sollte sich seiner pädagogischen Funktion bewußt sein — wird das berücksichtigen.

Im Gegensatz zur Intelligenz und Begabung verstehen wir unter „Denken“ den *Prozeß* der geistigen Arbeit. Begabung, Intelligenz und Denkvermögen stellen somit das „geistige“ Potential für den Studienerfolg dar.

2.1.2.3 Einflußfaktoren auf die intellektuelle Leistungsfähigkeit

Wir haben bereits festgestellt, daß die Intelligenz keine unabänderliche Größe ist, die uns als Erbgut auf unseren Lebensweg mitgegeben wurde. Umwelteinflüsse sind bei ihrer Ausprägung wesentlich beteiligt. Dazu kann und muß jeder seinen eigenen Anteil beitragen, zumal Intelligenz sich steigern läßt, solange sie beansprucht wird. Jede Aufgabe, mit der wir uns geistig auseinandersetzen müssen, fordert unsere Intelligenz und trainiert sie. Jeder Lernprozeß ist eine solche Herausforderung der geistigen Leistungsfähigkeit und Flexibilität, und jeder Lernerfolg vermittelt neue Verhaltensmöglichkeiten (= -dispositionen). Dabei sollten wir auch beachten, daß sich das erworbene Verhaltensrepertoire nicht nur in Situationen anwenden läßt, die dem Lernprozeß, in dem sie erworben wurden, gleichen, sondern sie lassen sich auch auf Situationen übertragen, die dem Lernprozeß weniger ähnlich sind (vgl. hierzu die Abbildung 3). Schon aus dieser Sicht sind die für Studenten oft uneinsichtigen Studienfächer nicht vergebens.

Mit den Lerninhalten gewinnen wir nicht nur neue Informationen, sondern unsere „Problemlösungsfähigkeit“ entwickelt sich dadurch immer weiter. Wir können diesen Prozeß mit dem Konditionstraining eines Sportlers vergleichen: Vernachlässigt er sein Training, vermindert sich seine Leistungsfähigkeit. Wenn wir unser Gehirn nicht ständig intensiv beanspruchen, läßt unsere geistige Spannkraft nach. Der Begriff „Training“ bezieht sich dabei sowohl auf die Systematik als auch auf die Planmäßigkeit. Ein „Zuviel“ und auch ein „Zuwenig“ ist von Übel.

Von der intellektuellen Leistungsfähigkeit soll in unserer Betrachtung die „Studierfähigkeit" unterschieden werden. Sie wird amtlich attestiert durch das Reifezeugnis. Nach unserem Bildungssystem scheint es, als ergebe sie sich aus der Summe von Schulnoten oder Rangpunkten. Die Erfahrungen zeigen aber, daß spätere Examensnoten nicht sehr stark korrelieren mit den Abiturnoten[9]. Nur auf diese bezogen ergibt sich Studierfähigkeit aus der ganzen Bandbreite von sehr guten bis ausreichenden Leistungen. Die eigentliche Studierfähigkeit hat aber eine wesentlich breitere Grundlage, wie die Abbildung 8 zeigt. Im Rahmen der intellektuellen Leistungsfähigkeit werden wir darauf näher eingehen.

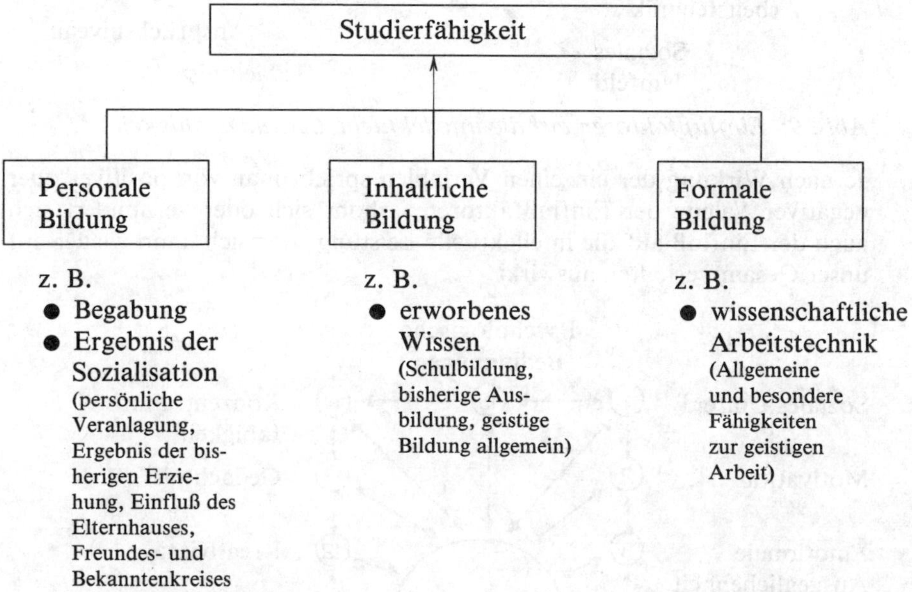

Abb. 8: Studierfähigkeit

Unsere intellektuelle Leistungsfähigkeit schließlich wird von einer Vielzahl sehr unterschiedlicher Variablen beeinflußt, die sich nicht immer eindeutig dem personalen, materialen oder formalen Bildungsbereich zuordnen lassen. Viele Faktoren haben ihre Prägung aus zwei oder gar aus allen drei Bildungsbereichen erfahren. In der Abbildung 9 sind sie deshalb auch nicht nach einem bestimmten System dargestellt.

---

9 Vgl. Heldmann, S. 58 ff.

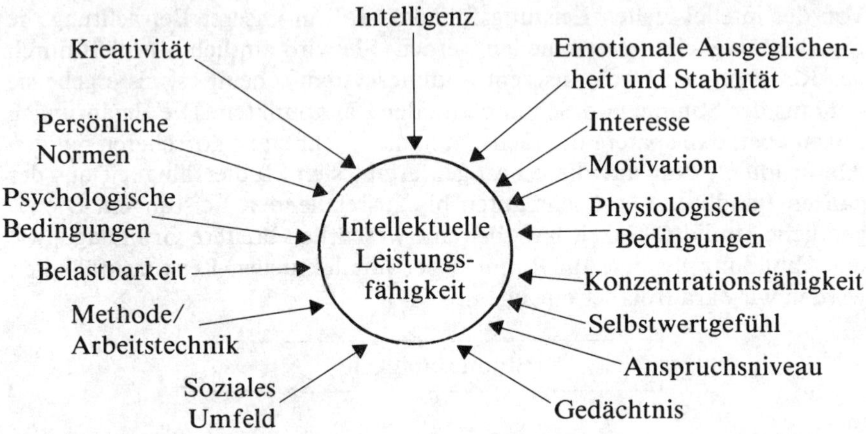

Abb. 9: Einflußfaktoren auf die intellektuelle Leistungsfähigkeit

Je nach Wirkung der einzelnen Variablen spricht man von positiver oder negativer Valenz der Einflußfaktoren, erhöht sich oder vermindert sich auch der Einfluß auf die intellektuelle Leistung, was sich dann wieder auf unser Gesamtverhalten auswirkt.

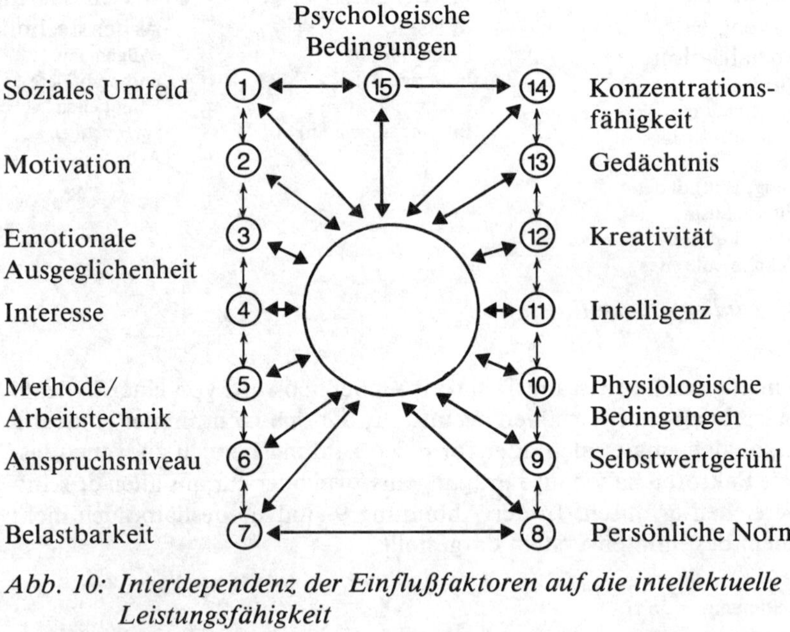

Abb. 10: Interdependenz der Einflußfaktoren auf die intellektuelle Leistungsfähigkeit

Die Abbildung 10 soll verdeutlichen, daß die einzelnen Faktoren nicht nur unmittelbar auf die intellektuelle Leistungsfähigkeit wirken, sondern sich auch gegenseitig beeinflussen und dadurch weiter geformt werden. Es ist ein ständiger Prozeß, der keinen endgültigen statischen Zustand erreichen kann, solange der Organismus lebt.

Erläuterung:

Um die gegenseitige Beeinflussung und Abhängigkeit (Interdependenz) aufzuzeigen, könnten wir jeden der aufgeführten Einflußfaktoren als Ausgangspunkt nehmen, als Quelle negativer oder positiver Art. Wir wollen das beispielhaft erläutern am Einfluß eines konkreten Faktors innerhalb des sozialen Umfeldes. Sehr viele Lernschwierigkeiten ergeben sich gerade in diesem Bereich. Das liegt daran, weil er sehr komplex ist, von der Familie bis zum Dozenten im Hörsaal alles umfaßt, was vom Studenten wahrgenommen wird — bewußt und auch unbewußt — und ihn nachhaltig beinflußt.

Aus diesem Umfeld nehmen wir einen Faktor als negative Störquelle an (Sorgen in der Familie, Schwierigkeiten mit einem Dozenten o. ä.). Das kann zu folgender Kettenreaktion führen: Die daraus entstehende psychische Belastung beeinträchtigt in erheblichem Maße die Motivation ② und die emotionale Stabilität ③. Das Interesse läßt nach ④, es fehlt die Energie, Ziele planvoll anzusteuern ⑤, ⑥; der Organismus ist kaum belastbar ⑦. Persönliche Wertvorstellungen treten in den Hintergrund, werden möglicherweise als nicht mehr relevant angesehen ⑧. Das Selbstbewußtsein schwindet, Selbstbemitleidung tritt in den Vordergrund ⑨. Nicht selten kommt es zu organischen Störungen, die den Studenten auf das Krankenlager zwingen ⑩. Unter solchen Voraussetzungen können keine besonderen geistigen Leistungen erwartet werden ⑪—⑮. Das Verhalten des Individuums wirkt wieder auf das soziale Umfeld und der Teufelskreis dreht sich weiter. Je höher aber der Ausprägungsgrad einzelner Einflußfaktoren ist, desto weniger lassen sie sich von den anderen beeinflussen und desto stärker ist deren Gegensteuerung.

Natürlich gibt es keine bestimmte Reihenfolge der Abhängigkeiten und Beeinflussungen, wie sie etwa in der Abbildung 10 beispielhaft dargestellt ist. Die einzelnen Faktoren wirken meistens gleichzeitig auf mehrere andere und werden direkt auch wieder von diesen beeinflußt, wodurch die Kettenreaktion um so intensiver abläuft.

Analog zur Abbildung 10 zeigt sich bei positiver Wirkung der Faktoren der notwendige leistungsfördernde Reihungseffekt. Wir müssen uns deshalb immer wieder bemühen, günstige Faktorenfelder als Startlöcher für unsere Arbeit zu schaffen.

Eine in allen Feldern gleichzeitig vorhandene optimale positive Valenz ist sicher nicht immer möglich — aber auch nicht notwendig. Entscheidend ist, daß besonders die Motivation und das Interesse ein Mindestmaß nicht unterschreiten und die positiven Valenzen insgesamt überwiegen. Trotzdem müssen wir immer nach einer Optimierung aller Bedingungsfelder streben.

Fassen wir zusammen:

- Intelligenz kann definiert werden als die Fähigkeit, Probleme rational zu lösen.
- Der Intelligenzquotient (IQ) mißt die „allgemeine Intelligenz", er sagt nur beschränkt etwas über spezifische Begabungen aus.
- Intelligenz wird sowohl vererbt als auch durch Umwelt beeinflußt.
- Durch Training kann Intelligenz bis ins hohe Alter hinein gesteigert werden.
- Intellektuelle Leistungen werden auch von einer Vielzahl sehr unterschiedlicher affektiver, psychomotorischer und sozialer Variablen beeinflußt, die interdependent sind.
- Intelligenz allein reicht zum Studienerfolg nicht aus.

Prüfen Sie Ihren Lernerfolg!

1. Erläutern Sie den Begriff „Intelligenz"!
2. Welche Bedeutung hat die Intelligenz für den Studienerfolg?
3. Was verstehen Sie unter dem Begriff „Intelligenzquotient"?
4. Erläutern Sie die „Intelligenzverteilung" innerhalb der Gesamtpopulation!
5. Erklären Sie die Auswirkungen von Lernprozessen auf die intellektuellen Fähigkeiten!
6. Prüfen Sie, ob und gegebenenfalls welche Einflüsse sich in letzter Zeit besonders positiv bzw. besonders negativ auf Ihr Studienverhalten auswirkten! Wie können Sie die Faktoren mit positiver Valenz verstärken bzw. diejenigen mit negativer Valenz ausschalten oder minimieren?
7. Erläutern Sie die Interdependenz der Einflußfaktoren auf die intellektuellen Leistungen, indem Sie analog zur Abbildung 10 den Einflußfaktor „soziales Umfeld" als positive Valenz darstellen!

2.2 Affektive Bedingungen

Lernziele:

Sie sollen

- *erkennen, daß die affektiven Bedingungen unser Verhalten sehr wesentlich beeinflussen,*

- *dieses Einflußfeld auf Ihr Studium bewerten und*
- *Möglichkeiten zur Verstärkung einer positiven Grundeinstellung nutzen können!*

2.2.1 Grundsätzliches

Die affektiven Bedingungen bilden einen sehr vielschichtigen Bereich unmittelbar und mittelbar wirksamer Einflußfaktoren unseres Verhaltens und spielen deshalb auch beim Studium eine wesentliche Rolle. Das Gefühlsleben, die Emotionalität, das Temperament, unser Selbstwertgefühl sind dabei bestimmende Größen, die wir in uns erkennen, akzeptieren, aber auch ständig kontrollieren müssen. Wir können und sollen unsere Gefühle nicht verdrängen und so tun, als ob unser Intellekt beim Studium die alleinige Rolle spiele. Gefühle sind in uns immer präsent, auch und gerade bei unserer Leistungsbereitschaft. Sie sind in unseren Wertvorstellungen enthalten, beeinflussen unsere Zielsetzungen und sind substantieller Bestandteil unserer Persönlichkeit. Wir können auf sie nicht verzichten. Eine positive Einstellung dazu ist auch für das körperliche Wohlbefinden unabdingbar. Der Organismus würde irgendwann dagegen rebellieren und die angestauten Affekte bei passender oder unpassender Gelegenheit entladen, weil er einen solchen Spannungszustand auf Dauer nicht ertragen kann.

Das Emotionale wird in unserer Zeit, die gerne als nüchtern und sachlich bezeichnet wird, vielfach abgelehnt und aus dem Bewußtsein verdrängt. Man beschränkt sich auf das sogenannte „Rationale". Dabei wird übersehen, daß das innere Gleichgewicht eines jeden Menschen mehr emotional als rational geprägt ist. Eine positive Lebenseinstellung, d. h. vor allen Dingen, daß wir uns selbst und unsere Umwelt mit allen Mängeln akzeptieren, ist Voraussetzung für diese innere Ausgeglichenheit.

Auf das Studium bezogen bedeutet das, daß wir uns zwar über die Probleme und Schwierigkeiten, die uns erwarten und die wir zu meistern haben, im klaren sein müssen, davor aber keine Angst haben oder gar in Panik geraten dürfen. Wir können dabei die Möglichkeiten der bewußten — und auch unbewußten — Selbstbeeinflussung unseres Verhaltens durch „Selbsteinredung" einsetzen und sollten deren Wirkung nicht unterschätzen. Diese „Autosuggestion" verursacht affektbetonte Erwartungen, Einstellungen und Überzeugungen, die sich auf das Verhalten auswirken. K. Merton hat 1957 dafür die Bezeichnung „Self-fulfilling-prophecy" (= sich-selbst-erfüllende Prophezeihung) verwendet. Danach bestätigen sich Erwartungen, Befürchtungen, Hoffnungen usw. oft aus sich selbst heraus. Das läßt sich so erklären:

Unsere Einstellungen führen zu entsprechendem Verhalten, das wiederum zu analogen Reaktionen der Umwelt führt, wie wir sie erwartet oder befürchtet haben.

Positives Beispiel:

Ein Student hat eine positive Einstellung zu seinem Studium. Er ist hochmotiviert. Dadurch gewinnt er auch Zuversicht, die Hürden auf dem Weg zu seinem Berufsziel zu nehmen und das Examen zu bestehen. Motivation und Zuversicht wirken sich positiv auf die Leistungsbereitschaft aus. Der Erfolg wird sich einstellen, wodurch das Vertrauen, das er hatte, bestätigt wird.

Negatives Beispiel:

Ein anderer ist ängstlich, traut sich wenig zu und zweifelt, ob er sein Studienziel erreicht. Eine solche innere Haltung beeinträchtigt die Motivation oder läßt sie erst gar nicht aufkommen. Sie löst Angst aus, die neurotische Züge annehmen kann. Das Studium wird zur Qual, weil mangelnde Zuversicht Lernbarrieren aufbaut. Jeder noch so kleine Mißerfolg wird als Bestätigung ursprünglicher Befürchtungen angesehen. Der Teufelskreis schließt sich immer enger, wenn es nicht gelingt, aus einer solchen negativen Grundeinstellung herauszukommen. Dabei können positive Suggestionen durchaus hilfreich gegen das mangelnde Selbstvertrauen eingesetzt werden.

Die Einstellung zum Studium — die Arbeitshaltung — ist wesentlicher Teil der Gesamtpersönlichkeit. Diese Haltung umfaßt nicht nur die intellektuelle und emotionale Veranlagung, sondern wird auch entscheidend geprägt von den normativen Vorstellungen eines Menschen.

Die Erfahrung zeigt, daß sich Studenten hinsichtlich ihrer Einstellung zum Studium und ihres Anspruchsniveaus in folgende Kategorien einteilen lassen:

— Die eine Gruppe nimmt die Studieninhalte interessiert, aktiv, bereitwillig und gar begeistert auf. Die wissenschaftliche Neugier, die als „epistemische“ Neugier bezeichnet wird, ist der Motor ihres Studiums. Die Freude an der Arbeit überwiegt und kompensiert auch die notwendigen weniger interessanten Lerninhalte. Ihre Grundeinstellung ist positiv.

— Einer zweiten Gruppe fehlt das grundsätzliche Interesse. Sie hat wenig Lust, sich mit den Studieninhalten auseinanderzusetzen und nimmt sie nur widerwillig auf. Sie geht eher Neigungen nach, die das Studium beeinträchtigen. Die Arbeit mit den Lerninhalten ist „notwendiges Übel“.

— Die dritte Gruppe schließlich sperrt sich schlechthin — aus welchen Gründen auch immer — gegen die Lerninhalte. Sie weiß selbst nicht, warum sie das Fach studiert und würde sich wohl überall so destruktiv verhalten wie im augenblicklichen Studium.

Es bedarf wohl keiner besonderen Erläuterung, welche Gruppe das ideale Studienverhalten zeigt und welche möglicherweise auf der Strecke bleibt.

Folgende Maxime könnten zu einer positiven Studienhaltung hinführen und sie erhalten:

- In Zukunftsperspektiven seine Selbstverwirklichung sehen und anstreben
- Bereitschaft, die Verantwortung für seine Zukunft selbst in die Hand zu nehmen
- Bereitschaft zu lebenslangem Lernen, zur Kommunikation, Interaktion und Kooperation
- Erworbene Kenntnisse auf andere Bereiche und in die Praxis übertragen (transferieren)
- Sich in seiner Lernhaltung nicht nur an Dozenten und Ausbildern, sondern vor allen Dingen am Studienplan orientieren
- Erkennen, daß die eigene Leistungsmotivation und die der Kommilitonen sich beeinflussen
- Studieren nicht als rezeptives Aufnehmen, sondern als Auseinandersetzung mit Theorien, Methoden und Menschen auffassen
- Wissenschaft nicht als endgültige, sondern als vorläufige Wahrheit akzeptieren und offen sein für immer neue Erklärungen

Damit wird Lernen als ständiger Prozeß bezeichnet, der sich als Wesensmerkmal mit der Persönlichkeit bis zum Lebensende fortentwickelt.

Fassen wir zusammen:

- Unser Verhalten wird immer beeinflußt von einer Vielzahl affektiver Variablen.
- Gefühle sind substantielle Bestandteile des Menschen, die auch die Leistungsbereitschaft stark beeinflussen.
- Eine positive Lebenseinstellung wirkt positiv auf Leistungsbereitschaft und Leistungsfähigkeit.
- Nach den Erkenntnissen der „self-fulfilling-prophecy“ wird sich Vertrauen in die eigene Leistungsfähigkeit bestätigen.

Prüfen Sie Ihren Lernerfolg!

1. Erläutern Sie den Einfluß der affektiven Variablen auf die Lernbereitschaft!

2. Was verstehen Sie unter „self-fulfilling-prophecy“? Erklären Sie diese Theorie am Beispiel einer positiven Einstellung eines Studenten zu einem Studienfach!
3. Nennen Sie im vorstehenden Text aufgeführte Maxime, die Ihnen persönlich für eine positive Grundeinstellung zum Studium besonders hilfreich scheinen!

2.2.2 Die Motivation

Lernziele:

Sie sollen

- *Motivation als einen der wesentlichsten Einflußfaktoren für den Studienerfolg erkennen,*
- *die Notwendigkeit der Motivation für ein erfolgreiches Studium einsehen,*
- *den Begriff Motivation erläutern und zwischen verschiedenen Motivationsarten unterscheiden,*
- *die Arbeitsstimmung richtig einschätzen und Ihr Lernverhalten adäquat darauf einstellen können!*

2.2.2.1 Wesen der Motivation

Studienerfolg und Motivation sind unabdingbar miteinander verbunden. Dabei kann die Motivation eine größere Rolle spielen als die Intelligenz. Wenn wir wirklich motiviert sind, braucht es uns um den Erfolg nicht bange zu sein — und nichts spornt so sehr an, wie der Erfolg, sagt ein Sprichwort. Die Ziele, die wir uns stecken, müssen deshalb in kurzen Abständen erreichbar sein, damit wir die Etappensiege immer wieder erleben können. Die dadurch erneut verursachte Motivation beflügelt zum Fernziel.

Wir wissen alle, was Motivation ist, oder besser, wir können uns alle etwas darunter vorstellen. Einmal sind wir an einem Studienfach brennend interessiert, ein andermal kämpfen wir mit „tödlicher Langeweile“. Die einzelnen Beweggründe, die Anreize für ein bestimmtes Verhalten, nennen wir Motive. Vorhandene Motive verursachen in uns ein gewisses Unbehagen. Je ausgeprägter die Motive sind, desto stärker empfinden wir dieses Unbehagen. Wenn wir vollkommen zufrieden sind, können wir nicht mehr motiviert werden.

In konkreten Situationen werden die Motive aktiviert, wirken zusammen und veranlassen uns zu einem bestimmten Verhalten. Das Zusammenspiel der Motive nennen wir Motivation. Sie kann aber auch das Ergebnis eines einzigen Motivs sein. Wie das Auto ohne Motor nicht fährt, werden wir ohne Motivation nicht handeln. (Ein guter Motor bringt gute Leistung!)

Beispiel:

Wenn wir sehr hungrig sind, werden wir es an unserem Schreibtisch wohl nicht mehr lange aushalten. Wir werden zunächst einmal das Hungermotiv zu befriedigen suchen. Je größer der Hunger, desto stärker das Bedürfnis, etwas zu essen. Aus diesem Beispiel können zwei Grundeigenschaften für die Motivation abgeleitet werden:

1. Die Motivation hat Intensitätsfunktion: Je motivierter wir sind, um so mehr streben wir danach, das entsprechende Ziel zu erreichen.
2. Die Motivation hat Richtungsfunktion: Sie steuert unser Verhalten immer in Richtung des angestrebten Ziels.

Ohne Motivation gibt es also keine Lernbereitschaft. Sie ist eine grundlegende Erfolgsbedingung.

Mit der Motivation sehr eng verbunden ist das Interesse, das wir an der Arbeit zeigen. Wenn wir die Arbeit akzeptieren und bejahen, können wir uns mit ihr identifizieren. Das schlechte Gedächtnis, das oft vorgeschoben wird, liegt oft nur daran, daß wir gegen die Arbeit — gegen einen bestimmten Lerninhalt — eine Abneigung hegen. Solche emotionalen Widerstände sind nicht zu unterschätzen. Sie sind Lernbarrieren, die wir abbauen müssen. Ein gewisses Maß an Gelassenheit kann uns ein gutes Stück weiterhelfen. Oft reicht schon eine Pause, um auch unliebsame Lerninhalte wieder in einem anderen Licht erscheinen zu lassen.

Der Student, der an seinen Fächern Interesse hat, wird auch die Vorlesungen besuchen und die Lerninhalte aufarbeiten. Nun ist aber in aller Regel während des Studiums ein breites Spektrum an Fächern abzudecken. Da jeder Mensch als Individuum ausgeprägt ist und ganz persönliche Kombinationen von Interessen hat, ist es auch selbstverständlich, daß jeder für verschiedene Lerninhalte auch verschieden stark motiviert ist. In jedem Studium finden sich beliebte und weniger beliebte Fächer. Dies dürfen wir getrost zur Kenntnis nehmen und müssen es so akzeptieren. Aber auch für die unbeliebten Fächer brauchen wir ein Mindestmaß an Motivation, um physische und psychische Kräfte nicht zu vergeuden. Es gibt während des Studiums kaum äußere Schwierigkeiten, die der motivierte Student nicht meistern könnte. Eine empirische Erhebung an einer deutschen Universität hat ergeben, daß das Motivationsproblem das Zentralproblem der erfolglosen Studenten ist.

2.2.2.2 Intrinsische und extrinsische Motivation

In Literatur und Praxis werden verschiedene Motivationstheorien und -modelle diskutiert. Wir wollen uns auf die Überlegungen beschränken, die uns bei unserem Lernverhalten unmittelbar hilfreich sein können. In Ursachen und Zielrichtungen wird vor allem unterschieden zwischen extrinsischer und intrinsischer Motivation:

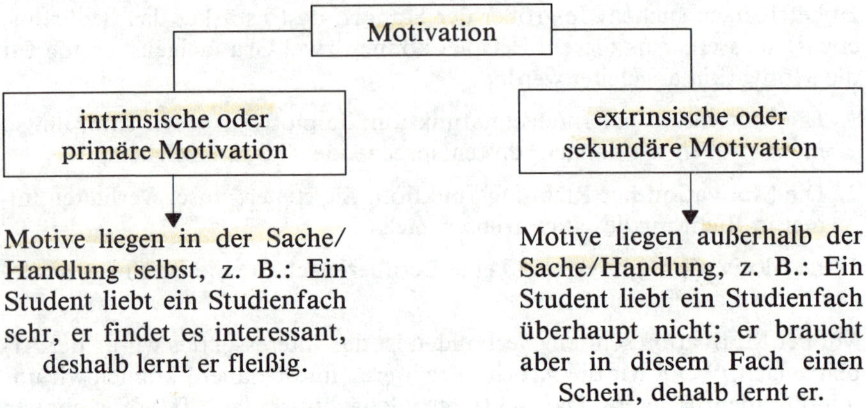

Abb. 11: Intrinsische und extrinsische Motivation

Auch wenn einige Autoren unter Primär- und Sekundärmotivation etwas anderes verstehen als intrinsische und extrinsische, schließen wir uns den Psychologen an, die diese Begriffe synonym verwenden. Wir gehen davon aus, daß Motivation sowohl eine angeborene als auch eine anerziehbare Verhaltensbereitschaft des Menschen ist, in unseren Überlegungen also eine Verhaltensbereitschaft zum Lernen.

Den intrinsisch motivierten Studenten interessiert die Sache an sich; er hat gewissermaßen eine angeborene Neigung zum Lernstoff. Er bedarf weniger des äußeren Ansporns. Die Lösung seiner Lern- oder Studienprobleme ist für ihn eher Selbstzweck, Erfolgserlebnis in sich. Seine Beweggründe liegen im Studienfach selbst. Die intrinsische Motivation bietet nicht nur die Möglichkeit der Identifikation mit dem Lernstoff, sondern ist die beste Voraussetzung für die Akzeptanz des gesamten Lebensfeldes.

Der extrinsisch motivierte Student lernt aus „sekundären" Motiven heraus. Er wird geleitet von äußeren Zwängen: Klausur, Prüfung, Prestige, Anerkennung, Einkommen, Lebensstandard, Auto, Haus usw. In der Erwachsenenbildung, also auch für den Studenten, ist die extrinsische Motivation trotzdem von großer Bedeutung — und nicht selten auch der einzige Beweggrund. Die intrinsische Motivation muß aber als die günstigere Lernvoraussetzung angesehen werden.

2.2.2.3 Habituelle und aktuelle Motivation

Da die Motivierbarkeit sowohl anlagebedingt ist als auch von den Umweltfaktoren abhängt, verdichtet sie sich mit fortschreitender Entwicklung zu einem Wesensmerkmal des Menschen. Bei der jeweiligen augenblicklichen Aktivierungsintensität und Leistungsbereitschaft ist sie jedoch großen Schwankungen unterworfen und hängt von folgenden Motivationsarten ab:

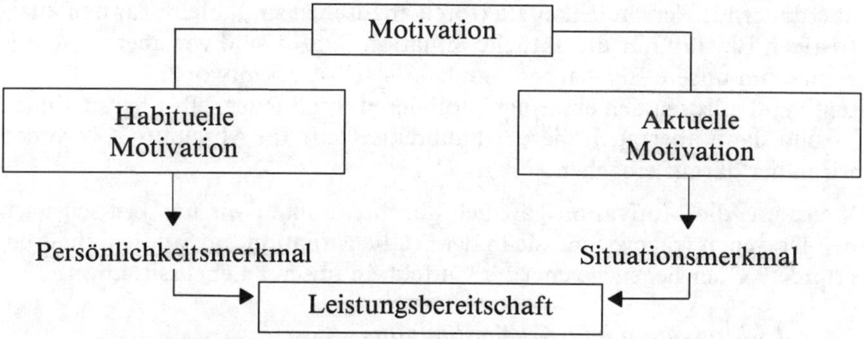

Abb. 12: Motivation und Leistungsbereitschaft

Unter der habituellen Motivation ist der Grad der Motivierbarkeit zu verstehen, der in uns bereits zum Persönlichkeitsmerkmal geworden ist. Es ist die Bereitschaft, uns grundsätzlich selbst zu motivieren oder motivieren zu lassen. Sie ist das Ergebnis unserer Veranlagung und unserer bisherigen Sozialisation. Sie ist Teil unseres „Habitus" (habitus (lat.) = Haltung, Gestalt, Kleid).

Da die Motivation auch umweltbedingt ist und die Umwelteinflüsse nie aufhören, kann sich dieser „Habitus" natürlich auch verändern — zum Guten und Schlechten.

Augenblickliche, die Motivation beeinflussende Faktoren sind bei jedem Verhalten und damit auch beim Studieren mit entscheidend. Erst das Zusammenwirken beider Motivationsfelder,

- der habituellen oder anlagebedingten und der
- aktuellen stimulierenden bestimmen die
  = Intensität der Lernbereitschaft und damit der Leistungsfähigkeit.

Nach Heckenhausen[10] sind für ein Lernergebnis drei Bedingungsfelder entscheidend:

1. Kenntnisse und Fertigkeiten, die gleichsam als Eingangsbedingungen vorhanden sind,
2. die intellektuellen Fähigkeiten der Informationsverarbeitung und
3. die Variablen der Motivierung.

Das dritte Bedingungsfeld unterscheidet sich von den ersten beiden u. a. dadurch, daß es als einziges kurzfristig in größerem Ausmaß beeinflußt werden kann. Da es sich bei der Motivation nicht nur um aktuelle, sondern auch um habituelle Faktoren handelt, die nach Heckhausen als relativ überdauernde Persönlichkeitsfaktoren anzusehen sind, bleibt für den kurzfristigen Einfluß nur die aktuelle Situation. Dafür sind wir aber — soweit es sich um unsere Eigenarbeit handelt — selbst verantwortlich. Welche situativen Faktoren den einzelnen motivieren, muß jeder selbst herausfinden — und dann aber auch diese Stimuli einsetzen! Im Abschnitt 2.3 werden wir näher darauf eingehen.

Wenn uns die Motivation gänzlich abgeht, müßten wir uns kritisch nach den Ursachen fragen: Sind sie in der Studiensituation, im Studieninhalt begründet? Oder liegen sie eher im Umfeld, in unserer Lebenssituation?

2.2.2.4 Motivation und Arbeitsstimmung

Kein Studium kann Selbstzweck sein. Nur aus dem Studium allein kann auf Dauer keine anhaltende Motivation erwachsen. Es ist deshalb wichtig, auch die übergeordneten Ziele im Auge zu haben. Wir sollten uns deshalb auf die beiden folgenden Komplexe konzentrieren:

- auf das angestrebte Berufsbild und
- auf die Persönlichkeitsformung.

In dieser Einstellung lassen sich sogar weniger interessante Aufgaben, die es auch im späteren Berufsleben gibt, bewältigen. Unsere Arbeitsstimmung spielt dabei keine unwesentliche Rolle.

Wir erleben es immer wieder, daß wir für eine Sache im Grunde zwar motiviert sind, aber trotzdem kommen wir nicht voran. Wir sind nicht in Stimmung. Es fehlt die Lust.

Motivation und Stimmung sind zwar nicht dasselbe, sie beeinflussen sich aber gegenseitig. Für ein effizientes Arbeiten brauchen wir beides.

---

10 Vgl. Knörzer, S. 140 f.

Sehen wir einmal von besonderen seelischen Belastungen ab, die eine Arbeitsstimmung erst gar nicht aufkommen lassen: familiäre Sorgen, wirtschaftliche Not oder irgendeine andere Bürde, die wir tragen müssen. Es ist äußerst mühevoll und oft wenig erfolgreich, sich in solchen Fällen mit aller Gewalt auf das Studium konzentrieren zu wollen. Wir müssen diese Belastungen zunächst „aufarbeiten“ und mit uns selbst wieder ins Gleichgewicht kommen. Wenn wir aber öfter darunter leiden, daß uns die Stimmung zum Studium fehlt, sollten wir doch den Ursachen auf den Grund gehen.

Unter der Voraussetzung, daß es an der Grundmotivation nicht fehlt, kann eine mangelnde Arbeitsstimmung oft von Kleinigkeiten abhängen: physische Müdigkeit, situative Bedingungen (Arbeitsraum, Temperatur, Licht, Arbeitsplatz, Ordnung, Medien) und vieles andere mehr. Wir sollten nur einmal eine jener Arbeitssituationen analysieren, in der wir „richtig in Stimmung“ waren, um die stimulierenden Faktoren zu erkennen und wieder entsprechend einzusetzen.

Sehr oft brauchen wir auch künstliche „Stimmungsmacher“: Belohnungen, die wir uns selbst für ein bestimmtes Arbeitspensum aussetzen. Solche „Verstärker“ können — je nach Arbeitsumfang — eine Kaffee- oder Zigarettenpause sein, eine Fernsehsendung, die Tageszeitung, ein Spaziergang, Spiel, Sport und anderes.

Wir haben oben auf die Bedeutung der Autosuggestion hingewiesen. Sie kann sehr hilfreich sein. Wir können uns auch mit einem bestimmten Wortlaut in eine positive Stimmung hineinsuggerieren, z. B.: „So eintönig ist dieser Stoff gar nicht“, „Mit der Kompetenz wächst auch die Freude an der Sache“, „Eigentlich komme ich doch ganz gut voran“ oder ähnliches.

Fassen wir zusammen:

- Unter Motivation verstehen wir das Zusammenspiel aller Motive, die uns in bestimmten Situationen zu einem Verhalten aktivieren.
- Ohne Motivation gibt es keine Lernbereitschaft.
- Ein Minimum an Motivation ist auch für weniger beliebte Studienfächer notwendig und möglich.
- Intrinsische Motivation (primäre) ist in einer Sache oder Handlung in sich begründet. Extrinsische Motivation (sekundäre) ist durch Ziele begründet, die außerhalb der Sache oder der Handlung selbst liegen.
- Motivation ist zum Teil anlage- und zum Teil umweltbedingt. Als habituelle Motivation ist sie Persönlichkeitsmerkmal, als aktuelle Motivation ist sie auch situationsabhängig.

- Motivation und Arbeitsstimmung beeinflussen sich gegenseitig.
- Die Ursachen einer negativen Arbeitsstimmung müssen „aufgedeckt“ und „verarbeitet“ werden.
- Selbstbelohnungen haben für das Lernen stimulierende Wirkung.

Prüfen Sie Ihren Lernerfolg!

1. Erläutern Sie die Begriffe Motive und Motivation!
2. Warum ist Motivation für das Lernen notwendig?
3. Welche Möglichkeiten sehen Sie, sich für die Erarbeitung von Lerninhalten, die Ihnen nicht liegen, zu motivieren?
4. Erläutern Sie die Begriffe
   — habituelle,
   — aktuelle,
   — intrinsische und
   — extrinsische

   Motivation!
5. Nennen Sie Einflußfaktoren auf Ihre persönliche aktuelle Motivation in Lernsituationen!
6. Erklären Sie die gegenseitige Abhängigkeit von Motivation und Arbeitsstimmung!
7. Nennen Sie Faktoren, die Ihre persönliche Arbeitsstimmung immer wieder negativ beeinflussen! Wie könnten Sie diese ausschalten oder minimieren?

2.2.3 Leistungsmotivation und Anspruchsniveau

Lernziele:

Sie sollen

— *Leistungsmotivation erklären,*
— *die persönlichkeitsgebundenen Variablen der Leistungsmotivation begründen,*
— *erfolgsmotiviertes und mißerfolgsmotiviertes Verhalten erläutern,*
— *den Zusammenhang zwischen persönlicher Leistungsfähigkeit und Anspruchsniveau erkennen können!*

Leistungsmotivation wollen wir zunächst verstehen als Bedürfnis, etwas zu leisten. Sie ist in unserer Gesellschaft geradezu eine Selbstverständlichkeit. Wir lernen sie bereits in der Kindheit. Etwa vom 4. Lebensjahr an ist die intellektuelle Entwicklung eines Kindes soweit fortgeschritten, daß es bestimmte Verhaltensweisen nach der dafür notwendigen Leistung einordnen kann: Das Kind empfindet sichtbar Freude oder Unbehagen, wenn es beim Spielen sein Ziel erreicht bzw. nicht erreicht. Diese Entwicklung ist eine wichtige Voraussetzung für das spätere leistungsmotivierte Verhalten.

Die Leistungsmotivation ist demnach eine persönlichkeitsgebundene Variable mit individuellem Ausprägungsgrad. Die Interaktion mit den Eltern, mit den Schülern und später mit den Kommilitonen, mit Kultur allgemein sind dafür bestimmende Faktoren.

Nach einer Theorie von McClelland ist jeder Mensch grundsätzlich leistungsmotiviert. Das läßt sich so begründen: Schon das Kind steht in seinem Spielverhalten immer wieder in Problemsituationen, in denen die Handlungsergebnisse von Affekten (Gefühlen, bewertenden Einstellungen) begleitet sind, wie oben auch dargestellt wurde. Dabei erwirbt es eine differenzierte Skala von Gütemaßstäben, mit denen es sein eigenes Tun beurteilt, z. B. richtig — nicht richtig, gut gelungen — nicht gut gelungen, angestrebtes Ziel ist sehr hoch — angestrebtes Ziel ist nur mäßig hoch.

In dieser Lebensphase ist eine entwicklungsgemäße Leistungsforderung ganz entscheidend. Die vorgegebenen Aufgaben müssen zwar lösbar sein, aber nicht so leicht, daß sie ohne Anstrengung erledigt werden könnten, und auch nicht so schwer, daß das Kind vorher aufgeben müßte. Ist das Ziel erreicht, freut es sich über den Erfolg und ist zufrieden, insbesondere dann, wenn es dadurch noch besondere Aufmerksamkeit erregt und auch noch gelobt wird. Diese positiven Effekte bleiben aber aus, wenn die Anstrengung zu gering war: Das Erlebnis einer Leistung kann sich nicht einstellen. War die Aufgabe aber zu schwer, dann kann sie erst gar nicht gelöst werden, und es entsteht ein Mißerfolgserlebnis.

Diese Entwicklung, insbesondere während der ersten 4 bis 5 Jahre der Schulzeit, ist für die spätere Lernhaltung von großer Bedeutung. Sie prägt nicht nur das Ausmaß der Leistungsmotivation, sondern auch die Grundeinstellung zu allen Aufgaben und Problemsituationen.

Nach diesen Ausführungen können wir Leistungsmotivation nunmehr genauer definieren (nach Heckhausen) als

- *Bestreben, die eigene Tüchtigkeit in jenen Tätigkeiten zu steigern oder möglichst hoch zu halten, für die man einen Bewertungsmaßstab besitzt, und deren Ausführung deshalb gelingen oder mißlingen kann.*

Damit haben wir gleichzeitig ein besonderes Kriterium der Leistungsmotivation aufgezeigt: Sie birgt immer die Gefahr des Konflikts in sich, nämlich dann, wenn die Aufgabe mißlingt. Darauf wollen wir etwas näher eingehen.

Wenn wir eine Aufgabe anpacken, spüren wir in uns zwei sich widerstreitende Kräfte: Hoffnung auf Erfolg und Furcht vor Mißerfolg. Überwiegt eher die Hoffnung auf Erfolg, sind wir erfolgsmotiviert; fürchten wir eher Mißerfolg, sind wir mißerfolgsmotiviert.

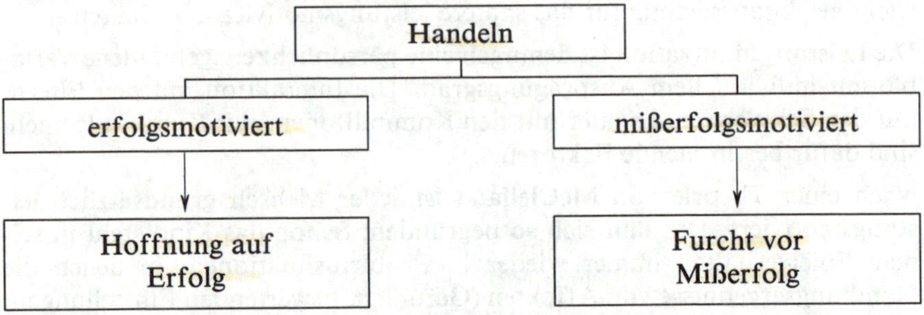

Abb. 13: Erfolgs- und mißerfolgsorientiertes Handeln

Nach einer empirischen Untersuchung (Heckhausen) orientieren sich Erfolgsmotivierte an Aufgaben mit mittlerem Schwierigkeitsgrad, während Mißerfolgsmotivierte im Verhältnis zu ihrer Leistungsfähigkeit den Schwierigkeitsgrad ihrer Aufgaben entweder zu hoch oder zu tief ansetzen.

Der Erfolgsmotivierte rechnet bei Aufgaben mittlerer Schwierigkeit mit einem Erfolg, den er der eigenen Leistungsfähigkeit zuschreiben kann. Wenn die Chance des Erfolgs etwas niedriger als 50 zu 50 liegt, sieht der Erfolgsmotivierte einen realistischen Anreiz, sich anzustrengen. In aller Regel stellt sich das notwendige Erfolgserlebnis auch ein, was wiederum für neue Aufgaben motiviert.

Der Mißerfolgsmotivierte, der sein Anspruchsniveau zu niedrig oder zu hoch ansetzt, wird weder im einen noch im anderen Fall zufrieden sein können: Bei zu niedrigem Schwierigkeitsgrad wird sich das Gefühl, eine

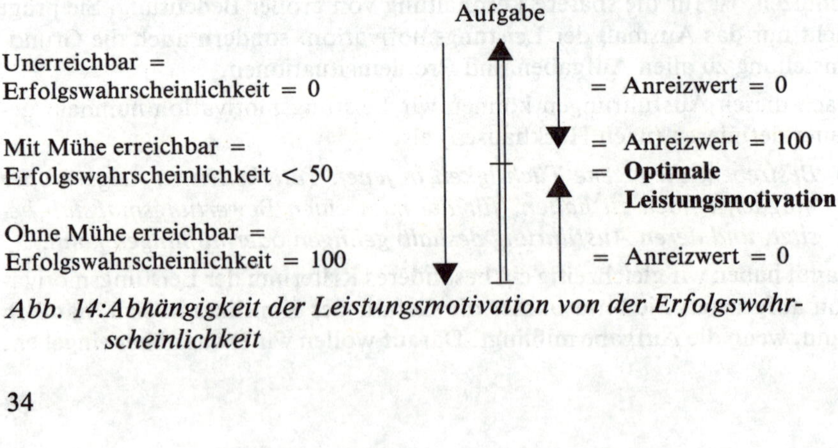

Abb. 14: Abhängigkeit der Leistungsmotivation von der Erfolgswahrscheinlichkeit

Leistung vollbracht zu haben, nicht einstellen. Bei zu hohem Schwierigkeitsgrad wird das Ziel erst gar nicht erreicht. Die Folge ist Frustration, die zu einem Teufelskreis werden kann, aus dem nur schwer zu entkommen ist.

Ein besonderes Problem im Studienverhalten besteht in der Einschätzung der eigenen Leistungsfähigkeit. Wird diese überschätzt, wird auch das angestrebte Leistungsniveau zu hoch angesetzt, und der Erfolg bleibt aus, wie bereits dargestellt wurde. Wird die Leistungsfähigkeit unterschätzt, ist ein Erfolgserlebnis ebenfalls fragwürdig, weil das Gefühl einer höheren Leistungsfähigkeit, die nicht „ausgereizt" wurde, bleibt. Es ist deshalb von großer Bedeutung, die „Etappenziele" nicht zu hoch und nicht zu niedrig anzusetzen. Nur angemessene Leistungsziele verschaffen auch die notwendigen Erfolgserlebnisse, die als wesentliche Größen im Regelkreis des Studiums angesehen werden müssen. Ein mittleres Anspruchsniveau, dem der Student zwar mit Anstrengung, aber immer noch entsprechen kann, ist demnach das günstigste. Nur so stellt sich ein Bewußtsein ein, etwas geleistet zu haben.

Ist das Ziel nahezu unerreichbar, hat es auch keinen Anreizwert, weil die Erfolgswahrscheinlichkeit gleich Null ist. Ist die Erfolgswahrscheinlichkeit aber gesichert, ist der Anreizwert gleich Null. In beiden Fällen ist die Motivation sehr gering.

Die Abbildung 15 gibt das Ergebnis einer Untersuchung wieder, bei der College-Studenten Seminare verschiedener Schwierigkeitsgrade wählen konnten. Die hochmotivierten Studenten, die eher erfolgs- und weniger mißerfolgsmotiviert waren (Me > Mmv), wählten bevorzugt Seminare mittlerer Schwierigkeit, während geringer motivierte Studenten, die eher darauf bedacht waren, Mißerfolge zu vermeiden (Mmv > Me), Seminare mit höherem Schwierigkeitsgrad wählten und sich damit überforderten.

Nach einer empirischen Untersuchung setzen sich leistungsmotivierte Studenten während ihres Studiums sehr viel mehr ein und arbeiten auch mehr als wenig motivierte Studenten.

Fassen wir zusammen:

- Wir können davon ausgehen, daß jeder Mensch leistungsmotiviert ist.
- Leistungsmotivation ist eine durch die individuelle Sozialisation persönlichkeitsgebundene Variable.
- Der Erfolgsmotivierte strengt sich an, weil er auf den Erfolg hofft, der Mißerfolgsmotivierte, weil er den Mißerfolg vermeiden möchte.
- Erfolgsmotivierte wählen bei ihren Aufgaben eher einen mittleren Schwierigkeitsgrad, bei dem die Erfolgswahrscheinlichkeit knapp unter 50 zu 50 liegt und der Erfolg der eigenen Tüchtigkeit zugeschrieben werden kann.

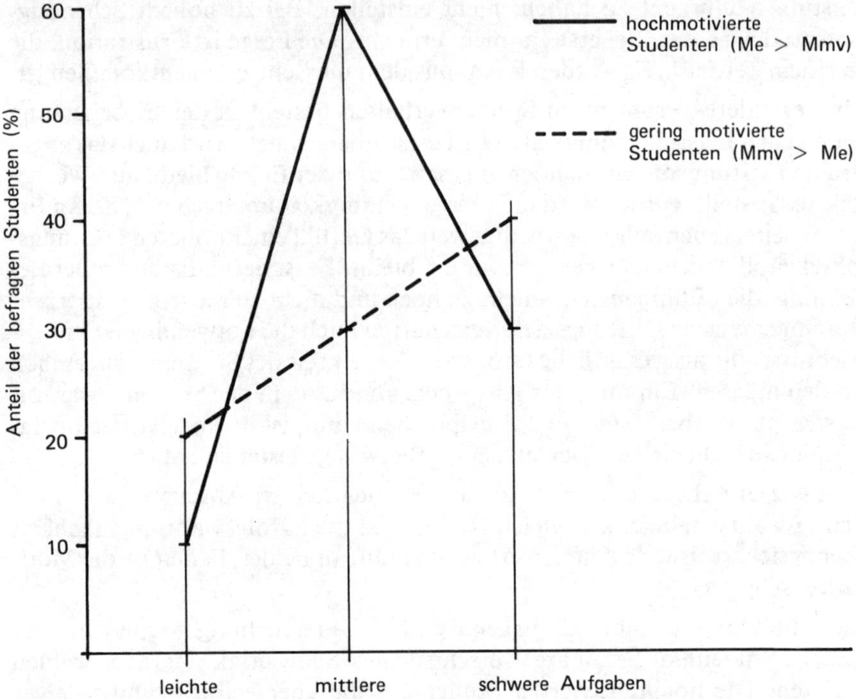

Abb. 15: Leistungsbedürfnis und Wahl des Schwierigkeitsgrads von Seminaren[11]

- Mißerfolgsmotivierte wählen den Schwierigkeitsgrad ihrer Aufgaben entweder zu hoch oder zu niedrig, so daß echte Erfolgserlebnisse sich kaum einstellen können.
- Die richtige Einschätzung der eigenen Leistungsfähigkeit ist Voraussetzung für ein angemessenes Anspruchsniveau.

Prüfen Sie Ihren Lernerfolg!

1. Was verstehen Sie unter Leistungsmotivation? Durch welche Variablen wird sie besonders während der Kindheit beeinflußt?
2. Wie verhalten sich Erfolgs- und Mißerfolgsmotivierte hinsichtlich ihres Anspruchsniveaus? Welche Folgen ergeben sich daraus?

11 Gage/Berliner, Bd. 1 S. 291.

3. Welches Verhalten erscheint Ihnen lernpsychologisch günstiger: erfolgsmotiviertes oder mißerfolgsmotiviertes? Begründen Sie Ihre Ansicht!
4. Welche Probleme sehen Sie bei der Festlegung eines persönlichen Anspruchsniveaus?

2.3 Soziale Bedingungen

Lernziele:

Sie sollen

— *erkennen, daß Lernmotivation und Lernbereitschaft auch von Umwelteinflüssen abhängen,*

— *die Bedeutung der Umwelteinflüsse aus das persönliche Studienverhalten einschätzen und angemessen darauf reagieren können!*

2.3.1 Soziales Umfeld

Studium und Lernen vollziehen sich nicht in einem isolierten und sterilen Laboratorium. Der Student ist eingebettet in eine Vielzahl sozialer Beziehungen, die seine Persönlichkeit beeinflussen und prägen. Seine Leistungsbereitschaft, die Lernmotivation und Lernfähigkeit sind deshalb auch abhängig vom gesellschaftlichen Umfeld. Es ist für den Studenten sehr vielschichtig. Beginnend in der häuslichen Gemeinschaft erstreckt es sich von der Familie auf den Freundes-, Bekannten- und Kommilitonenkreis hinaus bis zu studentischen Verbindungen, Vereinen und allen möglichen sozialen Beziehungen. Von hier wirken gesellschaftliche Normen und Werthaltungen, die das Verhalten des Studenten mitbestimmen.

Ein soziales Umfeld, z. B. Freunde oder Kommilitonen, in dem überwiegend neagtive oder destruktive Einstellungen zum Studium, zu Dozenten oder zur gesamten Studiensituation vorherrschen, wird auf Dauer nicht ohne Einfluß auf Motivation und Lernverhalten bleiben. Hingegen werden Lern- und andere Schwierigkeiten in einem grundsätzlich positiv orientierten Umfeld sehr viel leichter überwunden, als wenn sie allein ausgetragen werden müßten.

2.3.2 Imitationslernen

Aus der Verhaltenstheorie kennen wir das „Imitationslernen“, das auch „Modell-Lernen“ genannt wird. Es bezeichnet das Phänomen, daß wir das Verhalten realer oder auch nicht realer „Modelle“ bewußt und unbewußt nachahmen. Dieser Tendenz unterliegen grundsätzlich alle Menschen.

Aus dem Bestreben nach Imitation entstehen auch konkrete Motive nach Gruppenzugehörigkeit und sozialem Anschluß. Es werden soziale Beziehungen aufgebaut, Normen und Verhaltensmuster von Bezugspersonen übernommen. Diese Gesetzmäßigkeiten sind von erheblichem Einfluß auf das Lernverhalten. McKeachie hat in einer Untersuchung (1961) nachgewiesen, daß die fachlichen Leistungen von Studenten, die eine starke Motivation zu sozialem Anschluß haben, in Lehrveranstaltungen mit günstigen sozialen Komponenten größer sind, als wenn solche Faktoren kaum erkennbar werden[12].

Das Bedürfnis der Studenten nach Zugehörigkeit zu einer Gruppe kann vor allem durch Kommilitonen, aber auch durch Dozenten bestätigt werden[13]. Freundlichen, sympathischen Dozenten, die auch Interesse am Lernfortschritt der Studenten zeigen und sich diesen zuwenden, kommt dabei sicher eine ganz besondere Bedeutung zu.

2.3.3 Konflikte im sozialen Umfeld

Die beste Arbeitstechnik verliert an Wirksamkeit, wenn die sozialen Einflußfaktoren belastend wirken. Wenn auch nur auf irgendeiner Ebene die Atmosphäre unfreundlich oder gar bedrückend ist, wird das persönliche Befinden beeinträchtigt und damit auch das Studium gestört. Andererseits dürfen wir aber nicht davon ausgehen, daß — wo immer wir mit anderen kommunizieren und interagieren — keine Spannungen auftreten dürften. Wo Menschen miteinander leben, miteinander arbeiten, aufeinander angewiesen sind, sind unterschiedliche Auffassungen über das, was ist und das, was sein soll, ganz natürlich. Dadurch können Schwierigkeiten entstehen oder gar Konflikte.

Spannungen können sehr konstruktiv — aber auch sehr destruktiv sein. Wo Neid und Mißtrauen vorherrschen, wo aus dem Miteinander, auf das der Student immer angewiesen ist, ein destruktives Gegeneinander, gegen Kommilitonen, gegen Dozenten, gegen die Umwelt wird, gibt es Lernhemmungen, leidet das Studium.

Um auch in solchen Situationen konstruktive und ausgeglichene Beziehungen zu erhalten oder wieder herzustellen, darf niemand beim anderen beginnen, die Ursachen zu suchen, sondern jeder muß zunächst vor der eigenen Türe kehren.

---

12 Vgl. Gage/Berliner, Bd. 1 S. 299.
13 Ebd.

Guter Wille, offene Einstellung zur Sache und zu den Menschen zeigen immer wieder Wege zu positiver Arbeitsatmosphäre. Dabei sollten wir bedenken, daß es in Konfliktfällen kaum eine allein richtige Lösung gibt. Auch unsere persönliche Auffassung garantiert selten ein Patentrezept.

Fassen wir zusammen:

- Das soziale Umfeld im weitesten Sinn ist ein wesentlicher Einflußfaktor auf das Lernverhalten.
- Die gesellschaftlichen Normen und Werthaltungen sind auch im Studium bewußte und unbewußte Orientierungspunkte für unser Verhalten.
- Eine ausgeglichene Atmosphäre im sozialen Umfeld wirkt unmittelbar positiv auf das emotionale und motivationale Studienverhalten.
- Spannungen und Konflikte — keine außergewöhnlichen Erscheinungen im Sozialverhalten — können das Studium schwer belasten. Sie müssen offen aufgearbeitet werden, wobei zunächst das eigene Verhalten reflektiert werden sollte.

Prüfen Sie Ihren Lernerfolg!

1. Welche sozialen Einflußfaktoren haben in den letzten Wochen/Tagen Ihr Studienverhalten positiv beeinflußt? Wie können Sie diese Bedingungsfelder erhalten oder optimieren?
2. Welche sozialen Einflußfaktoren haben in den letzten Wochen/Tagen Ihr Studienverhalten negativ beeinflußt? Welche Möglichkeiten sehen Sie, diese Bedingungsfelder auszuschalten oder zu minimieren?

2.4 Arbeitstechnische Bedingungen

2.4.1 Allgemeines

Wir haben bereits erfahren, daß das menschliche Verhalten in keiner Weise nur rational bestimmt wird. Es hängt zu einem sehr wesentlichen Teil auch von Gefühlen, Stimmungen und Emotionen ab. Diese werden wiederum sehr stark beeinflußt von allen möglichen Arbeitsbedingungen. Dazu gehören z. B. die äußere Umgebung unseres Arbeitsplatzes, der Raum, der Schreibtisch und alle notwendigen Hilfsmittel und Gegenstände unserer Lernumwelt, ganz besonders die vielfältigen stimulierenden Attribute. Eine nur funktionale Gestaltung des Arbeitszimmers reicht also nicht aus, um ein effektives Studieren zu gewährleisten. Es ist sehr wichtig, daß wir uns am Lernort wohlfühlen. Eine anregende Atmosphäre kann gar nicht hoch genug eingeschätzt werden.

2.4.2 Der Arbeitsraum

Lernziele:

Sie sollen

— *situative Bedingungen des Arbeitsplatzes, die das Lernen positiv bzw. negativ beeinflussen, kennen und berücksichtigen lernen,*

— *den für Sie optimalen Lernort (Bibliothek, Arbeitszimmer oder einen sonstigen Raum) kennen und begründen, warum Sie an diesem Ort am effektivsten arbeiten können,*

— *psychologische, physiologische, organisatorische und ästhetische Bestimmungsgrößen für einen günstigen Arbeitsraum nennen können!*

Der optimale Lernort kann für den einen der Lesesaal der Bibliothek oder ein sonstiger Raum der Hochschule, für einen anderen sein eigenes Arbeitszimmer und für einen dritten irgendein anderer Lernort sein. Es gibt hier keine allgemein gültige Lösung. Wichtig ist nur, daß unser Arbeitsraum einerseits so eingerichtet ist, daß er ein zweckmäßiges Arbeiten ermöglicht, andererseits aber auch ein ständiges Wohlbefinden garantiert. Das ist selbstverständlich individuell sehr unterschiedlich bedingt. Ablenkungsfaktoren müssen nach Möglichkeit ausgeschaltet werden.

Sie müssen selbst Ihren optimalen Lernort finden! Die Bestimmungsgrößen für eine positive Arbeitssituation sind außerordentlich vielfältig. Die Abbildung 16 soll wesentliche Aspekte aufzeigen.

Viele Faktoren sind „multifunktional", d. h. daß sie z. B. sowohl physiologische, psychologische oder auch ästhetische Funktion haben. Ihr Einfluß auf die Lernbereitschaft ist dann um so größer.

Auf die wichtigsten Einflußfaktoren wollen wir näher eingehen:

- Die allgemeine Ausgestaltung des Raumes nach persönlichen Bedürfnissen:
  — Der Raum darf nicht zu groß und nicht zu klein sein; 16 bis 20 m^2 werden im allgemeinen als ideal bezeichnet.
  — Warme Farbtöne der Wand sollten bevorzugt werden; steriles Weiß kann depressiv wirken. Blau oder hartes Grün werden als kalt empfunden. Ein aufgelichtetes Gelb, Beige oder Rosé schaffen warme Atmosphäre.
  — Sowohl ein überfüllter Raum als auch ein allzu nüchterner behindern die Konzentration.
  — Individueller Bild- und Blumenschmuck sind nützliche Stimuli.

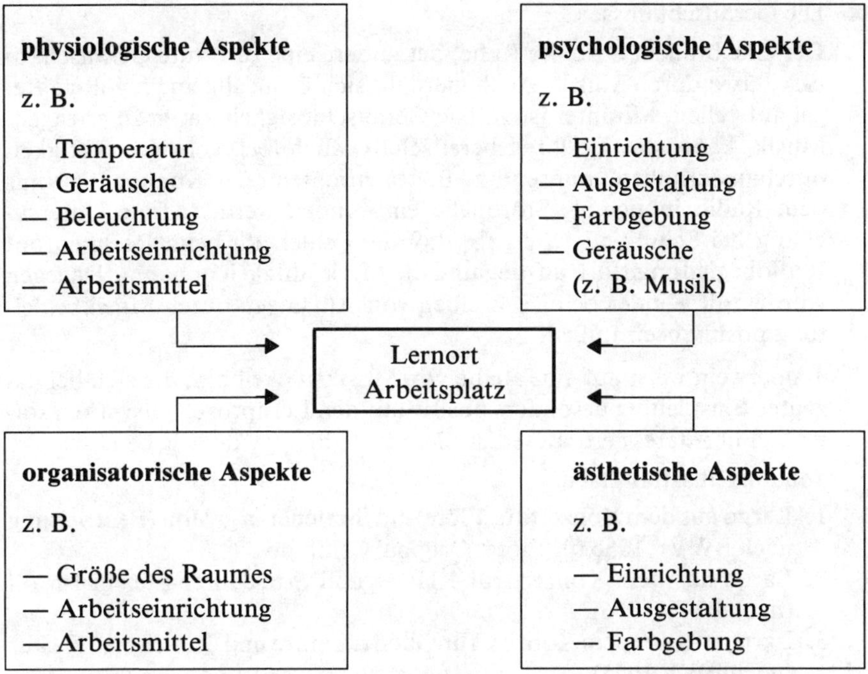

Abb. 16: Einflußfaktoren des Arbeitsplatzes auf die Lernbereitschaft

- Die Temperatur:

  Beim Studieren am Schreibtisch sollten 18° Celsius nicht unter- und 21° Celsius nicht überschritten werden. Eine geringere Raumtemperatur wird bei nur geistiger Tätigkeit im allgemeinen als zu niedrig empfunden und schafft Unbehagen.

- Die Beleuchtung:

  Eine gute Beleuchtung ist außerordentlich wichtig. Sie beugt nicht nur Augenschäden vor, sondern verhindert auch allzu rasche Ermüdung. Wenn wir bedenken, daß 25 % des Energiehaushalts unseres Körpers für den Sehvorgang verbraucht werden, erfährt dieser Aspekt ein besonderes Gewicht. Ein Kerzenschein schafft zwar stimmungsvolle Atmosphäre, zum Arbeiten aber brauchen wir Licht! Eine Schreibtischleuchte sollte etwa 60 bis 75 Watt haben. Günstiger sind Leuchtstoffröhren, die schon mit 40 Watt den Arbeitsplatz besser ausleuchten als Glühbirnen mit 100 Watt. Für Rechtshänder ist der günstigste Lichteinfall von links oben, für Linkshänder entsprechend von rechts oben.

- Die Geräuschkulisse:

  Der eine braucht absolute Ruhe, der andere eine vertraute Geräuschkulisse, etwa durch Musik. Auch hier läßt sich keine allgemein gültige Regel aufstellen. Mitunter ist völlige Geräuschlosigkeit kaum zu ertragen. Musik kann die Leistungsbereitschaft auch bei geistiger Tätigkeit durchaus erhöhen, während z. B. Nachrichten oder Kommentare aus dem Radio immer als Störquelle empfunden werden. Eine Untersuchung bei Schulkindern ergab, daß die Fehlerzahl beim Rechnen mit Radiobegleitung stark anstieg und die Merkfähigkeit abnahm. Dagegen wurden die Kinder beim Schreiben von Aufsätzen durch Musikbegleitung positiv beeinflußt[14].

  Tepperwein weist auf eine Reihe von Musikstücken hin, die sich bei dezenter Einspielung besonders positiv auf den Lernprozeß auswirken sollen[15]. Für interessierte Leser ist diese Liste hier wiedergegeben.

  Johann Sebastian Bach:

  1. Largo aus dem Konzert für Flöte und Streicher in g-Moll (Bearbeitung nach BWV[16] 1056 für Flöte, Original Cembalo).
  2. Largo aus dem Konzert für Klavier und Streichorchester in f-Moll (nach BWV 1056).
  3. Larghetto aus dem Konzert für Oboe d'amore und Streicher in A-Dur (nach BWV 1055).
  4. Largo aus dem Konzert für Cembalo solo (nach Vivaldi) in g-Moll (nach BWV 975).
  5. Largo aus dem Konzert für Cembalo solo in G-Dur (nach BWV 976).
  6. Largo aus dem Konzert für Cembalo solo in F-Dur.

  Georg Friedrich Händel:

  1. Alle langsamen Sätze aus den Concerti grossi für Streicher, op. 6, Nr. 1—12.
  2. Alle langsamen Sätze aus den Concerti grossi mit Oboen, op. 3, Nr. 1—6.
  3. Largo aus dem Konzert Nr. 3 in D-Dur (Feuerwerksmusik).

  Georg Philipp Telemann:

  1. Largo aus den Phantasien für Cembalo in g-Moll.
  2. Largo aus dem Konzert für Viola, Streicher und Generalbaß in G-Dur.

---

14 Vgl. Naef, S. 84.
15 Tepperwein, S. 228 f.
16 BWV = Bachwerkeverzeichnis.

Antonio Vivaldi:

1. Largo aus dem „Winter", Konzert Nr. 4 in f-Moll der „Vier Jahreszeiten" (op. 8).
2. Largo aus dem Konzert in D-Dur für Gitarre, Streicher und Generalbaß.
3. Largo aus dem Konzert für Mandoline, Streicher und Orgel, Nr. 1 in C-Dur, PV[17] 134.
4. Largo aus dem Konzert für Viola d'amore, Laute und Streicher in d-Moll, PV 266.
5. Largo aus dem Konzert für Flöte, Streicher und Generalbaß in C-Dur, PV 79.
6. Largo aus dem Konzert für Viola d'amore, Streicher und Generalbaß in d-Moll, PV 287.
7. Largo aus dem Konzert für Violoncello, Streicher und Generalbaß in G-Dur, PV 118.

Tepperwein beschränkt sich in seiner Empfehlung nur auf Barockmusik. Das ist sicher begründet. Es handelt sich dabei um einthematische Stükke, die sowohl in ihrer Dynamik als auch in ihrer Klangfarbe nicht so oft wechseln wie die Musik der Romantik oder der Klassik. Sie wirken deshalb mehr entspannend. Viele Beobachtungen weisen aber darauf hin, daß zur Stimulierung der Lernatmosphäre das entscheidende Kriterium für die Auswahl der Musik nicht die Zeitepoche ihrer Entstehung ist, sondern daß es sich zum einen um Musik handeln muß, die den Lernenden anspricht, und zum anderen muß sie eher ruhig als lebhaft sein. Wenn schon Musik beim Lernen, dann muß jeder die für ihn idealen Stücke selbst finden. (Siehe hierzu auch S. 79: Losanow-Methode).

Wie Untersuchungen ergeben haben, sollten aber die Geräuscheinflüsse bei konzentrierter geistiger Tätigkeit 40 Phon nicht übersteigen. Vor allen Dingen sollen akustische Störungen von außen vermieden werden. Bei empirischen Erhebungen in schallisolierten Räumen wurden gegenüber den nicht isolierten Räumen 52 % weniger Rechenfehler und 29 % weniger Tippfehler gemacht[18].

- Die persönliche Ausgestaltung des Raumes:

Persönliche „Attribute" sollen schließlich nicht vergessen werden, ob es sich dabei um Fotos handelt, Zimmerpflanzen, Poster oder sonstige Stimuli. Sie beeinflussen unsere Stimmung nicht unerheblich und tragen

---

17 PV = Pincherle-Verzeichnis.

18 Vgl. Zielke, Leichter lernen . . . S. 106.

somit zur Leistungsbereitschaft sehr viel bei. Es sollte jedoch bedacht werden, daß eine Überladung mit solchen Gegenständen von der Arbeit ablenkt.

- Der Arbeitsplatz selbst:
  Schreibtisch und Schreibtischstuhl sollen nicht nur der Körpergröße angepaßt, sondern auch zweckmäßig sein. Dabei ist auf einen körpergerechten Schreibtischstuhl (am zweckmäßigsten ein Drehstuhl) besonderer Wert zu legen. In diesem Zusammenhang muß auch auf den richtigen Augenabstand zum Lern- oder Lesestoff hingewiesen werden: Mindestabstand etwa 30 cm!

  Es ist sehr wichtig, daß die Schreibtischplatte ausreichend groß ist, besser eine größere Arbeitsplatte als eine zu kleine. Sie soll nach Möglichkeit die Maße 160 × 80 cm nicht unterschreiten. Thomas von Aquin (um 1225—1274) war wohl der erste, von dem wir wissen, daß er sich mit der Methodik und Technik der geistigen Arbeit befaßte. Er ließ sich den Schreibtisch seiner Leibesfülle anpassen und die Schreibtischplatte nach den Formen seines Bauchumfanges aussägen — was jedoch nicht unbedingt zur Nachahmung empfohlen wird.

  Die Schreibtischplatte ist der eigentliche Arbeitsbereich und dient nicht zur Aufbewahrung von Unterlagen, die nur selten gebraucht werden. Was kurzfristig zu erledigen ist, sollte nicht in Schreibtischschubladen abgelegt werden, es gerät allzuleicht in Vergessenheit. Im Mittelfach des Schreibtisches werden ausschließlich Hilfsmittel abgelegt, die wir nicht oft herausnehmen müssen, weil beim Öffnen — auch wenn man nicht die Figur eines Thomas von Aquin hat — immer der Bauch im Wege ist.

  Bücher sind beim Studium Arbeitsmittel und nicht unbedingt Dekor. Offene Bücherregale sind deshalb zweckmäßiger als Bücherschränke. Es versteht sich von selbst, daß diejenigen Werke, die häufiger benutzt werden, in Griffnähe stehen, so daß wir nicht vom Schreibtisch aufstehen müssen, wenn wir sie brauchen.

- Die Ordnung:

  Ordnung ist das halbe Examen. Das ist zwar nur eine saloppe Floskel, es steckt aber mehr dahinter als nur ein Körnchen Wahrheit. Eine oft beklagte Überlastung hat ihre Ursache häufig in nichts anderem als in der Unordnung. Eine äußere Unordnung läßt vielfach auf innere Unordnung schließen und eine innere Unordnung verhindert nicht selten die äußere Ordnung. Die äußere Ordnung erleichtert persönliche Ausgeglichenheit und damit ein geordnetes Nebeneinander mit der Umwelt. Ordnung soll dabei nicht in Pedanterie münden; sie ist System, Methode und nicht Selbstzweck. Eine solche Ordnung besteht aus vielen Kleinigkeiten, die den Körper, die Seele und den Geist von innen organisieren und damit die Voraussetzungen schaffen für die äußere Organisation und Ordnung.

In irgendeiner Weise wird Unordnung den Arbeitsablauf und die Arbeitsintensität immer stören. Suchen kostet nicht nur Zeit, sondern auch Energie, verursacht Mißmut und Ärger und beeinträchtigt die Konzentration.

Der Arbeitsraum ist ein Abbild der Persönlichkeit und hat deshalb individuellen Stil. Unsere Ordnung ist nicht vorwiegend rational bestimmt. Sie ist Teil unserer Wertordnung, von der nicht nur die Beziehung zu unseren Mitmenschen, sondern auch die Einstellung zu allen Dingen und damit ebenso zu unserer Arbeit selbst abhängt.

Fassen wir zusammen:

- Die durch das Umfeld unseres Arbeitsraumes bestimmte Atmosphäre beeinflußt die Lernbereitschaft in hohem Maße.
- Der Arbeitsraum soll körperliches und emotionales Wohlbefinden verursachen. Individuelle Ausgestaltung ist dafür Voraussetzung.
- Für die Beleuchtung und Temperatur gibt es Erfahrungswerte, die beachtet werden sollten.
- Musik kann unter Umständen die Lernbereitschaft erhöhen.
- Der Schreitisch soll ausreichend groß und der Schreibtischstuhl zweckmäßig sein. Ständig benötigte Literatur soll nach Möglichkeit in Regalen griffbereit stehen.
- Persönliche Attribute beeinflussen die Arbeitsatmosphäre positiv, dürfen aber nicht überhand nehmen.
- Innere und äußere Ordnung sind Prinzipien, die nicht nur für das Examen unabdingbar sind.

Prüfen sie Ihren Lernerfolg

1. Nennen Sie
   — physiologische,
   — psychologische,
   — organisatorische und
   — ästhetische

   Einflußfaktoren auf das Arbeitsklima beim Lernen und begründen Sie, warum und wie diese die Lernbereitschaft beeinflussen!

2. Erläutern Sie den Begriff „Ordnung" am Arbeitsplatz und zeigen Sie Zusammenhänge dieses Einflußfeldes mit persönlichen Normen auf!

3. Prüfen Sie die Bedingungen Ihres Arbeitsplatzes und die Möglichkeiten, Ihre Arbeitsatmosphäre positiv zu beeinflussen! Die Abbildung 17 kann Ihnen dabei als Anhaltspunkt dienen.

Art des Einflusses	Gegenstand/ Ursache	störend	neutral	motivierend	beabsichtigte Änderung
Geräusche					
Beleuchtung					
Temperatur					
Lüftung					
Einrichtung					
Arbeitsplatz					
Ordnung					
Sonstiges					

Abb. 17: Raster als Anhaltspunkt zur Überprüfung des Arbeitsplatzes

2.4.3 Die Arbeitsmittel

Lernziele:

Sie sollen

— *die Bedeutung des Arbeitsmaterials für Ihr Studium erläutern,*

— *die von Ihnen ständig benötigten Arbeitsmittel nennen können und*

— *einsehen, daß diese nicht nur in einwandfreiem Zustand, sondern immer auch ihren eigenen Platz haben sollten!*

Schlechtes Werkzeug ermöglicht keine gute Arbeit. Eine Binsenwahrheit, die auch für den „Kopfarbeiter" gilt. Die Arbeitsmittel, die wir am Schreibtisch ständig brauchen, müssen immer in tadellosem Zustand zur Verfügung stehen. Diejenigen Schreibutensilien, die jeder Student unabhängig von seinem Studienfach benötigt, sind hier in einer Art Checkliste zusammengestellt:

Bleistift, Kugelschreiber, Füllfederhalter, Farb- und Filzstifte, Marker, Lineal, Zeichenschablonen sind selbstverständlich. Dazu gehören Notizblock, Entwurfpapier, Merkzettel (am besten im Zettelkasten), Karteikarten, von denen noch zu reden sein wird, Terminkalender, Schreibmaschinenpapier, Durchschlagpapier, liniertes und kariertes Reinschriftpapier, Radiergummi, Bleistiftspitzer, Locher, Hefter, Schere, Leim, Büroklammern und einen Bürohefter. Je nach Studienfach sind natürlich noch weitere Geräte notwendig, z. B. ausreichendes Zeichenmaterial, Rechner usw.

Entwurf-, Reinschrift-, Schreibmaschinenpapier usw. werden zweckmäßigerweise in Schreibtischkörbchen aufbewahrt, die es in den verschiedensten Ausführungen schon sehr preisgünstig im Handel zu kaufen gibt. Sie können übereinander gestapelt werden und bieten Zugriff zu jedem einzelnen Stapelfach. Zusätzliche Körbchen können für die sofort zu bearbeitenden Schriftstücke vorgesehen werden.

Wenn unsere Materialien immer an „ihrem" Platz liegen, ersparen wir uns viel Ärger und Zeit. Selbst der Papierkorb darf nicht fehlen. Er ist der „Aufbewahrungsort" für alles Verbrauchte und Erledigte und hat damit eine sehr wichtige Ordnungsfunktion.

Häufig zu benutzende Aufzeichnungen, Tabellen oder Ähnliches werden zweckmäßig in Klarsichthüllen aufbewahrt. Aktendeckel, Schnellhefter und Stehordner haben ihre spezifischen Funktionen, ihre Vor- und Nachteile. Deshalb sollte immer gut bedacht werden, welchem Zweck die aufzubewahrenden Schriftstücke dienen, ob sie häufig oder nur selten gebraucht werden. Die Ordner dürfen nicht zu dick werden. Sie werden dadurch unhandlich und unübersichtlich.

Fassen wir zusammen:

- Nur gutes Arbeitsmaterial gewährleistet gute Arbeit.
- Material und Geräte müssen in einwandfreiem Zustand sein und haben immer ihren eigenen Platz.
- Aufbewahrungsordner haben ihre spezifischen Funktionen, von denen die Aufnahme der Schriftstücke abhängt.

Prüfen Sie Ihren Lernerfolg!

1. Welche Arbeitsmaterialien wurden von Ihnen bisher am Schreibtisch vorwiegend benutzt?
   In welchem Zustand sind sie?

   Befinden sich diese immer am gleichen Aufbewahrungsort?
2. Welche zusätzlichen Arbeits- und Ordnungsmittel könnten Ihnen die Tätigkeit am Schreibtisch erleichtern?

2.4.4 Die Karteien

Lernziele:

Sie sollen

— *Vor- und Nachteile von Karteien einsehen,*
— *Karteiarten aufzählen und*
— *diese beschreiben sowie*
— *Karteien für den persönlichen Studienbedarf anlegen und nutzen können!*

Eine besondere Beachtung — und zwar sofort bei Beginn des Studiums — verdienen die Karteien. Sie sind unser zweites — geordnetes und zuverlässiges — Gedächtnis. Es ist selbstverständlich, daß die Arbeit mit ihnen zunächst einmal Zeit kostet. Dieses vordergründige Argument gegen die Kartei hält die meisten Studenten davon ab, überhaupt einmal den Versuch zu unternehmen, mit ihr zu arbeiten. Der Aufwand jedoch lohnt sich mehrfach, trotz der Nachteile, die zweifellos auch damit verbunden sind. So besteht neben dem Zeitaufwand für das Ausfertigen und Einordnen der Karteikarten z. B. auch die Gefahr, daß Karteikarten falsch eingeordnet werden oder verloren gehen, die Karten müssen entweder selbst geschnitten oder beschafft werden, für Karteikästen muß ein geeigneter Aufbewahrungsort zur Verfügung stehen und ähnliches mehr.

Aber diesen — wie ich meine — geringfügigen Nachteilen, stehen weit größere Vorteile gegenüber, die sich vor allem in der späteren Zeitersparnis, wenn auf die Kartei zurückgegriffen werden kann, und vor allem in der Lerneffizienz auswirken. Gegen den Zeitaufwand beim Anlegen der Kartei spricht auch das allgemeine Lernverhalten der Studenten, auf das im Zusammenhang mit Karteien noch einzugehen sein wird.

Hier sollen zunächst verschiedene Karteiarten vorgestellt werden.

2.4.4.1 Grundsätze für das Anlegen von Karteien

Karteikarten sollen im allgemeinen die Größe von Postkarten haben, also etwa DIN A 6. Unter Umständen kann auch die doppelte Größe zweckmäßig sein, DIN A 5. Dieses Format ist aber für die Aufbewahrung umständlicher. Karteien, die sehr oft gebraucht werden, sollten aus stärkerem Papier bestehen. Sehr übersichtlich sind auch farbige Karteikarten, die nach individuellen Bedürfnissen angelegt werden können. In jedem Fall sind aber Reiter als Ordnungshelfer zu verwenden. Die Arbeit mit der Kartei wird dadurch wesentlich erleichtert. Ob wir die im Handel erhältlichen Reiter verwenden oder ob wir uns diese selbst anfertigen, z. B. durch entsprechende Kartenausschnitte, ist dabei von untergeordneter Bedeutung.

Wir können die Karteien ohne weiteres in Kartons aufbewahren. Auf Dauer sind jedoch Holzkästen vorzuziehen. Wenn wir uns diese nicht selbst anfertigen wollen oder können, greifen wir auf das Angebot im Handel zurück, wo Karteikästen in allen Größen, Ausfertigungen und Preislagen angeboten werden.

Eine Stehkartei hat gegenüber einer Kartei in Heftform viele Vorteile, z. B.: schnellerer Zugriff, leichtere Austauschbarkeit, bessere Übersicht.

Die Karteikarten können wir uns leicht selbst herstellen, indem wir etwa Schreibmaschinenpapier (Format DIN A 4) zweimal falten und dann schneiden. Größere Zeichnungen, Tabellen oder Grafiken können auch auf Karteikartengröße gefaltet und eingeordnet werde. Als Trennkarten bzw. „Reiterkarten" sollten wir aber in jedem Fall stärkeres Papier (Karton) nehmen.

Zur besseren Übersicht empfiehlt es sich, jede Karte mit einem Querstrich etwa 1 bis 11/2 cm unterhalb des oberen Randes zu versehen (vgl. Abb. 18). In diese Spalte tragen wir dann das entsprechende Stichwort oder den Titel ein, nach dem die Karte einzuordnen ist.

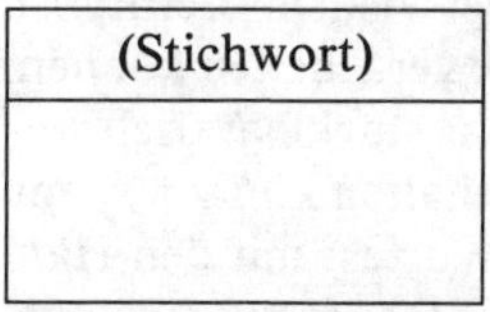

Abb. 18: Karteikarte

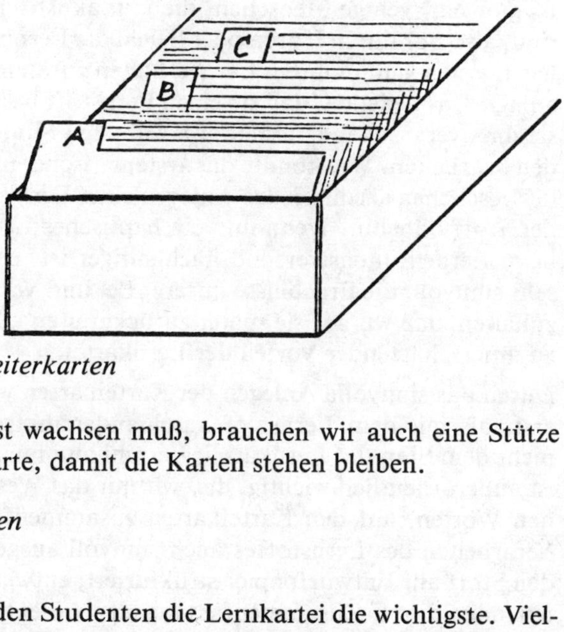

Abb. 19: Karteikasten, Reiterkarten

Da unser Karteikasten erst wachsen muß, brauchen wir auch eine Stütze hinter der letzten Karteikarte, damit die Karten stehen bleiben.

2.4.4.2 Arten der Karteien

Die Lernkartei

Von allen Karteien ist für den Studenten die Lernkartei die wichtigste. Vielleicht kennt der Leser die Lernkartei noch aus der Schulzeit, wo er sie möglicherweise für das Lernen von Fremdsprachenvokabeln mit großem Erfolg eingesetzt hat. Während des Studiums jedoch wird eine Lernkartei modifiziert verwendet. Sie ist nach Studienfächern oder Disziplinen, innerhalb dieser nach Schlagwörtern, Oberbegriffen oder Temini in alphabetischer Ordnung anzulegen, wie alle Karteien.

Die Lernkartei hat folgenden Zweck: In konzentrierter Form fassen wir alle wichtigen Lerninhalte, vor allem diejenigen, die wir für Leistungsnachweise oder Prüfungen beherrschen müssen, auf Karteikarten zusammen. Den prüfungsrelevanten Lernstoff, der gegebenenfalls in Fachbüchern nur umständlich oder gar unverständlich beschrieben ist, können wir so auf einen Blick schnell in unserer Kartei wiederfinden.

Die einzelnen Karteikarten müssen aber ständig durch neu gewonnene Erkenntnisse geändert, ergänzt und aktualisiert werden. Wir können Anlagen beifügen, Zeitungsausschnitte, Fotos o. ä. Die Kartei ist also immer in Bearbeitung. Darüber hinaus muß sie genaue Querverweise auf die entsprechenden Kapitel oder Fachliteratur und Fachskripten enthalten, die dadurch schnell auffindbar werden.

Die Arbeit mit der Lernkartei

Es gibt nur wenige Menschen, die rein akustische oder visuelle Lerntypen sind, also nur durch Hören oder Sehen die Lerninhalte verarbeiten können. Die meisten sind in ihrem Lernverhalten zusätzlich sehr stark haptisch veranlagt. Das bedeutet, daß sie einen Lernstoff besser behalten können, wenn sie ihn „verarbeitend" lernen, im wahrsten Sinn des Wortes: mit den Händen bearbeiten. Wie könnte das systematischer und auf Dauer nutzbringender geschehen als durch das Anlegen einer Lernkartei? Gelernt werden muß der Stoff ohnehin. Wenn nun ein haptisches Lernen, ein körperliches Tun beim Lernen intensiver und nachhaltiger ist, dann ist es lernökonomisch sehr sinnvoll, die Ergebnisse unserer Be- und Verarbeitung so geordnet festzuhalten, daß wir auf sie später zurückgreifen können. Darin liegt ein nicht zu unterschätzender Vorteil der Lernkartei.

Durch das sinnvolle Anlegen der Karteikarten werden wir gezwungen, uns erstmals mit dem Lernstoff auseinanderzusetzen. Es entspricht nämlich nicht dem Sinn der Lernkartei, Lerninhalte nur abzuschreiben, sondern es ist außerordentlich wichtig, daß wir nur das Wesentliche, und das mit eigenen Worten, auf den Karteikarten zusammenfassen. Natürlich kann das Verarbeiten des Lernstoffes auch sinnvoll ausgeführt werden, indem man den Stoff auf Entwurfpapier strukturiert, entweder in grafischen Übersichten oder durch Zusammenfassung der wesentlichen Inhalte mit eigenen Worten. Diese Methode dient jedoch ausschließlich dem Lern-„Prozeß", d. h., daß der Aufbewahrungsort der Konzeptblätter der Papierkorb ist.

Im Gegensatz zu diesen Konzeptblättern dient die Karteikarte der späteren Wiederverwendung. Dabei ist das Zusammenfassen oder Strukturieren des Lernstoffes auf der Karteikarte von großer Bedeutung. Unter einem entsprechenden Schlagwort bzw. Oberbegriff wäre eine Karteikarte dann anzulegen, wenn damit zu rechnen ist, daß auf diesen Stoff wieder zurückgegriffen werden muß: vor der Klausur, vor der Prüfung oder in der späteren Praxis.

Anhand der Lernkartei können wir uns gezielt auf Klausuren und Prüfungen vorbereiten, ohne vor einer unübersichtlichen Stoffülle in Panik zu geraten. Der gesamte Lehrstoff läßt sich mit ihr sehr schnell nochmals überfliegen und die persönlichen Schwachstellen ermitteln.

Die Wiederholung eines Faches könnte folgendermaßen durchgeführt werden: Es werden nur die in der Kopfleiste der Karteikarte stehenden Schlagwörter/Fachwörter der entsprechenden Fachkartei gelesen und mit eigenen Worten zu erläutern versucht. Danach wird das ausgespeicherte Wissen mit den Angaben auf der Kartei verglichen. Die Karteikarten, deren Inhalt nicht korrekt wiedergegeben werden konnte, stellen wir hoch. Nur diese wiederholen wir später so lange, bis der Inhalt „sitzt". Dann erst werden die Karten wieder waagrecht eingeordnet. Die Querverweise auf den Karteikarten ermöglichen das schnelle Auffinden und Nacharbeiten weiterführender Stellen in der Fachliteratur oder in Manuskripten aus der Vorlesung. So wird sehr viel Leerlauf bzw. „Überlernen" vermieden und außerdem auch ein sichtbarer Lernerfolg erzielt, der als Selbstbestätigung für die weitere Motivation unerläßlich ist.

Die Abb. 20 enthält einen Vorschlag zum Anlegen einer Lernkarteikarte.

Motivation
„Motivation ist eine aus beobachtbarem Verhalten erschlossene Variable, ein Konstrukt, das bestimmte Regelhaftigkeiten im Verhalten erklären soll." (Wörterbuch der Pädagogik, Herder-Verlag) Manuskript Vorlesung Dr. König (Heckhausen, 1. These) „Motivationen beruhen auf hochorganisierten, kognitiven Systemen von Person-Umwelt-Bezügen. Konkret lassen sich die kognitiven Systeme als komplexe Gefüge von Ansichten, Überzeugungen und Wertungen beschreiben." Siehe auch Karteikarte „Motiv". Anmerkungen: 2. Semester, Führungspsychologie, Ordner 2.

Abb. 20: Muster einer Lernkarteikarte

Neben der sehr wichtigen Lernkartei soll auf einige weitere Möglichkeiten hingewiesen werden, wie durch Karteien die Arbeit nicht nur erleichtert, sondern wie sie vor allen Dingen auch wirkungsvoller gestaltet werden kann.

Die Bücherkartei

In eine Bücherkartei nehmen wir Angaben über diejenigen Werke auf, die wir durchgearbeitet oder durchgelesen haben. Die alphabetische Reihenfolge kann entweder nach Autor oder nach Buchtitel angelegt werden. Wer die Mühe nicht scheut, kann beides nebeneinander führen. Es kommt jedoch auf den persönlichen Arbeitsstil und auf den Zweck dieser Bücherkartei an, ob sich eher das eine oder das andere oder gar beides lohnt.

Auf der jeweiligen Karteikarte wird das Wesentlichste des Inhalts mit eigenen Worten vermerkt, dazu eine persönliche Bewertung und gegebenenfalls Bezüge zu den Lerninhalten bzw. Studienfächern. Bei ausgeliehenen Büchern erleichtert ein Hinweis auf die Signatur der Bibliothek gegebenenfalls ein schnelles Auffinden des Werkes und erspart viel Sucharbeit. Ein Muster ist in der Abb. 21 zu sehen.

Braumann, Horst[1]
„Anleitung zum wissenschaftlichen Arbeiten. Eine Einführung in die Praxis." 8. Aufl. Freiburg: Lelbach 1973[2]. Sehr allgemein gehalten. Arbeit mit Karteien gut dargestellt. Gliederungstechnik z. T. überholt. Geringer Nutzen für das wissenschaftliche Arbeiten von Studenten, da wenig exakte und detaillierte Anleitungen. Zu sehr an der Oberfläche. Eher geeignet für Autoren von Veröffentlichungen, da viele drucktechnische Inhalte dargestellt sind[3]. FH Dib, All 32.5[4] 2.85[5]

Abb. 21: Muster einer Bücherkarteikartei

1 Verfasser
2 Titel und nähere Bezeichnung
3 Kurze persönliche Stellungnahme
4 Ausleihstelle und Signatur
5 Monat und Jahr der persönlichen Bearbeitung

Die Quellenkartei

In der Quellenkartei sind die Sachgebiete unter Oberbegriffen, Fachwörtern (Termini) oder auch kleinen Teilbereichen von Studienfächern erfaßt, z. B.

„Bilanz", „Disziplinarverfügung", „Kommunikationskompetenz der Führungskräfte". Auf den Karteikarten werden dann die wichtigsten Fundstellen zu diesen Sachgebieten vermerkt. Ein Beispiel zeigt die Abbildung 22.

Betriebsmittel, Produktionsfaktor —	
Prof. Niegel,	Lernbehelf BWL Nr. 3 S. 4; Ordner 2
Niegel, Hans:	Angewandte Betriebswirtschaftlehre I, Betrieb, Materialwirtschaft, Produktion und Absatz. S. 28 ff.
Dr. Gablers:	Wirtschaftslexikon, Bd. 1 S. 237
Prof. Dr. Bott,	Lernbehelf BWL, S. 2; Ordner 2; Allgemeine Betriebswirtschaftslehre, Bd. 1, S. 52, 76 ff. (s. Rücks.)

Abb. 22: Muster einer Quellenkarteikarte

Die Fachwortkartei

Diese Kartei stellt ein individuelles „Fremdwörterlexikon" dar. Natürlich sollen hier nur die für den persönlichen Gebrauch relevanten und ungewöhnlichen Fachausdrücke bzw. Fachwörter aufgenommen werden. Sie werden erklärt und gegebenenfalls durch Querverweise mit entsprechendem Lernstoff verbunden. Eine Quellenangabe sollte auch hier nicht fehlen. Die Abbildung 23 gibt dafür Anhaltspunkte.

Deprivation, relative —
falsches Bewußtsein im Sinne einer Divergenz zwischen objektiver Lage und subjektiver Einschätzung. Beispiel: Hauptschüler sind mit ihrer Situation relativ zufrieden, Gymnasiasten tendenziell unzufrieden. Doz. Kunz, Lernbehelf BP Nr. 4 S. 2; (Lernmotivation) Asanger/Wenninger: Handwörterbuch der Psychologie, S. 237; (s. auch Deprivation; monokulare —; senorische —;)

Abb. 23: Muster einer Fachwortkarteikarte

Die Ideen-(Brain-storming-)Kartei

Nicht nur während des Studiums werden wir immer wieder beflügelt von Ideen und Plänen, die auszuführen uns augenblicklich die Zeit fehlt, die wir aber gerne einmal angehen möchten, oder es fallen uns einmal gefaßte Vorsätze bzw. Pflichten ein, die noch zu erledigen sind (z. B. „liegengebliebener" Lernstoff). Damit diese nicht vollends in Vergessenheit geraten, können wir sie in Karteiform festhalten und nach Prioritäten ordnen. Bei dieser Kartei nützt eine alphabetische Ordnung wenig. Im allgemeinen reicht auch ein kleineres Format als DIN A 6 voll aus, weil die erforderlichen Angaben kurz gefaßt werden können. U. U. kann der Fortschritt der Bearbeitung auf der Karteikarte vermerkt und nach vollständiger Erledigung des Problems die Karteikarte aussortiert werden. Die Abbildung 24 zeigt eine entsprechende „Pflichten"-karteikarte.

Klausurvorbereitung (T: 25.03.)

Stoff: Berufliche Bildung in der Bundesrepublik
(Lernbehelf) Erl. 12/3.
Physiologische (Vester) und Erl. 18/3.
Psychologische Lernbedingungen (Lefrancois) Erl. 19/3.
Unterrichtsgestaltung (Lernbehelf Doz.)

Abb. 24: Muster einer „Ideen"-Karteikarte

Fassen wir zusammen

- Karteiarbeit bietet während des Studiums sehr viele Vorteile: Sie ermöglicht rationelles Arbeiten und steigert die Lerneffizienz.
- Die Karteiarbeit während des Studiums kann zur Grundlage für die spätere Berufsarbeit werden.
- Die Karteikarten sollten im allgemeinen Postkartengröße haben. Größere Blätter (z. B. Zeichnungen, Graphiken) können auch auf diese Größe gefaltet werden.
- Eine Kartei muß immer aktualisiert und ergänzt werden.
- Eine richtig angelegte Lernkartei ermöglicht vor Klausuren und Prüfungen eine umfassende und schnelle Wiederholung des relevanten Lernstoffes.
- Durch das Arbeiten mit Karteien werden mehrere „Lernkanäle" aktiviert. In Lernphasen mit geringerer Leistungsbereitschaft läßt sich deshalb durch den „haptischen" Lernprozeß immer noch eine entsprechende Lernleistung erreichen.

- Die manuelle Betätigung beim Arbeiten mit der Lernkartei erleichtert den Einstieg in eine Lernphase und die Überwindung eines Leistungstiefs.

Prüfen sie Ihren Lernerfolg

1. Nennen Sie Vor- und Nachteile der Karteiarbeit beim Studium!
2. Welche für das Studieren relevanten Karteitypen kennen Sie?
3. Erläutern Sie den Aufbau einer Lernkartei und das gezielte Arbeiten mit einer solchen Kartei als Vorbereitung auf eine Prüfung!
4. a) (Wenn Sie noch nicht mit Karteien gearbeitet haben:) Legen Sie sich zunächst für ein Studienfach eine Lernkartei an und bemühen Sie sich, 4 Wochen lang konzentriert mit ihr zu arbeiten!

   Bewerten Sie nach 4 Wochen den Erfolg der Arbeit mit der Kartei und legen Sie sich dann gegebenenfalls weitere Karteien nach den Darstellungen im vorstehenden Text an!

   b) (Wenn Sie schon mit Karteien gearbeitet haben:) Bewerten Sie kritisch das bisherige Ergebnis Ihrer „Karteiarbeit"! Wie könnten Sie diese optimieren?

   Welche zusätzliche Kartei würde sich für Sie lohnen?

2.4.5 Die eigene Bibliothek

Sie sollen

— *die Notwendigkeit eines persönlichen Bestandes an Fachbüchern einsehen und begründen sowie*

— *Prioritäten für die Anschaffung eigener Bücher setzen können.*

Jährlich erscheinen Tausende neuer Fachbücher. Selbst die Anzahl der Neuerscheinungen in einem eng begrenzten Spezialgebiet ist auch für den Experten kaum noch zu überblicken, von der aktuellen Zeitschriftenliteratur ganz abgesehen. Wissenschaftliche Werke veralten in immer kürzeren Zeitabständen.

Es kann also nicht die Absicht sein, dem Studenten zu empfehlen, sich jede für seine Studienfächer relevante Neuerscheinung zu kaufen. Gleichwohl ist ein Mindestbestand an eigenen Büchern unerläßlich.

Bücher sind das wichtigste Arbeitsmaterial des Geistesarbeiters. Sie sind Werkzeug und Material zugleich; d. h., daß der „Bearbeiter" auch „Bearbeitungsvermerke" anbringen darf und anbringen muß, z. B. Markierungen, Unterstreichungen, Querverweise, Randbemerkungen u. ä. Es ist zwar selbstverständlich, daß das nur bei Eigenstücken zulässig ist, bedarf aber aus Erfahrung doch eines besonderen Hinweises.

Der Student sollte vom 1. Semester an darauf bedacht sein, sich eine eigene Bibliothek aufzubauen. Der finanzielle Aufwand lohnt sich immer, auch dann oder gerade dann, wenn dadurch bei anderen Bedürfnissen gewisse Opfer notwendig werden.

Die Anschaffung der Fachliteratur müssen wir sehr sorgfältig vornehmen, nicht nur weil unser finanzieller Etat es vielleicht erfordert. Oben wurde bereits erwähnt, daß vieles Geschriebene schon in kurzer Zeit überholt ist; viele Fachbücher enthalten Ähnliches, nichts wesentlich Neues oder gar Gleiches. Solange wir solche Werke in Bibliotheken entleihen, kann es auch sehr nützlich sein, gleiche Lerninhalte von verschiedenen Autoren dargestellt aufzuarbeiten und gegebenenfalls in unserer Bücherkartei zu vermerken. Bei der Auswahl aber für den eigenen Bücherschrank, wenn es also mit finanziellem Aufwand verbunden ist, sollten wir sehr besonnen vorgehen.

Ein Anschaffungsplan, für den u. a. die von den Dozenten empfohlenen Werke die Grundlage bilden könnten, ist dabei sehr nützlich. Die Prioritäten sollten nach den Standardwerken der einzelnen Studienfächer festgelegt werden, auf die wir immer zurückgreifen müssen und die unter Umständen auch nach dem Studium für uns noch von Interesse sind. Ein gewisses „prüfungstaktisches“ Verhalten ist hier ebenfalls angebracht. Damit meinen wir, daß Veröffentlichungen von Dozenten, bei denen der Student Vorlesungen hört bzw. Examina abzuleisten hat, nicht vergessen werden sollten.

Im Verlaufe des Studiums werden sicher besondere Interessen geweckt und auch persönliche Schwerpunkte gesetzt. Teilbereiche, auf die wir uns spezialisieren möchten oder könnten, treten in den Vordergrund. Auf solche Fachgebiete sollten wir nach Möglichkeit unseren Bücherbestand ausweiten.

In der Anschaffung von Fachwörterbüchern, Enzyklopädien und sonstigen Lexika dürfen wir nicht geizen. Es ist ganz natürlich, daß wir in unseren Studienfächern auch die notwendige sprachliche Kompetenz erst erwerben müssen. Besonders in den ersten Semestern müssen immer wieder Fachbegriffe (Termini) nachgeschlagen werden. Es bedarf wohl keiner besonderen Begründung, daß dies sofort beim Auftreten des entsprechenden Fachworts geschehen muß und nicht immer für den Besuch in der Bibliothek aufgeschoben werden kann.

Darüber hinaus gehören die wichtigsten Bände des Duden zur Standardausrüstung unseres Arbeitsplatzes. Auch für den, der sich der deutschen Sprache in Wort und Schrift sehr sicher wähnt, ist der Duden unerläßlich. Es dürfte wohl niemanden geben, der nicht mindestens hin und wieder Zweifelsfälle der deutschen Sprache klären müßte. Deshalb sollten wenigstens folgende Bände des Duden an unserem Schreibtisch immer griffbereit sein:

Rechtschreibung (Band 1)
Grammatik (Band 4)
Fremdwörterbuch (Band 5) und
Herkunftswörterbuch (Band 7).

Abschließend möchten wir noch auf die Notwendigkeit eines Konversationslexikons hinweisen, möglichst einer neueren Auflage. Entsprechende Reihen gibt es schon in sehr preiswerten Taschenbuchausgaben, die uns unersetzliche Dienste leisten. Die eigenen Werke am Schreibtisch ersparen uns manchen Gang in den Lesesaal der Bibliothek.

Fassen wir zusammen:

- Für das Studium ist ein Mindestbestand an eigenen Fachbüchern unerläßlich.
- Fachbücher sind vielfach in kurzer Zeit veraltet. Die Auswahl bei der persönlichen Anschaffung ist deshalb sorgfältig vorzunehmen.
- Fachbücher sind Arbeitsbücher. Bearbeitungsvermerke in Fachbüchern — aber nur in eigenen Exemplaren — gehören zur Methode persönlicher Arbeitstechnik.
- Fachwörterbücher, Duden und ein Konversationslexikon gehören zur Standardausrüstung der eigenen Bücherei.

Prüfen Sie Ihren Lernerfolg!

1. Welche Gründe sprechen für den Aufbau einer eigenen Bücherei während des Studiums?
2. Welche Kriterien sind für die Anschaffung Ihrer persönlichen Fachbücher entscheidend?
3. Begründen Sie die Standardausrüstung einer eigenen Fachbücherei!
4. Welche persönlichen Prioritäten setzen Sie für die Anschaffung Ihrer Fachbücher?

3 Die organisierten Lernveranstaltungen

Lernziele

Sie sollen

— *Kriterien der schulischen und akademischen Lernorganisationen nennen,*

— *die an Hochschulen üblichen Lernveranstaltungen erläutern und*

— *aus den Nachteilen der Vorlesung Konsequenzen für die Mitarbeit während dieser Lernveranstaltung ziehen können sowie*

— *die Bedeutung von studentischen Arbeitsgemeinschaften für den Lern- und intellektuellen Reifungsprozeß erkennen und Ihr Studienverhalten danach ausrichten können!*

Der Studienanfänger sieht sich besonders in den ersten Wochen und Monaten an der Hochschule einer Vielzahl unterschiedlicher Organisationen von Lehr- und Lernveranstaltungen gegenüber, die er didaktisch kaum richtig einordnen kann. Hinzu kommt, daß die Termini der einzelnen Veranstaltungen nicht einheitlich und nicht immer korrekt verwendet werden. Deshalb sollen sie hier erläutert werden, wobei die jeweiligen didaktischen Funktionen besonders betont werden.

3.1 Unterschiede des Unterrichts an Schulen und Hochschulen

Alle bekannten Unterrichtsorganisationen lassen sich in zwei Grundtypen kategorisieren. Die Abb. 25 vermittelt zunächst einen Überblick.

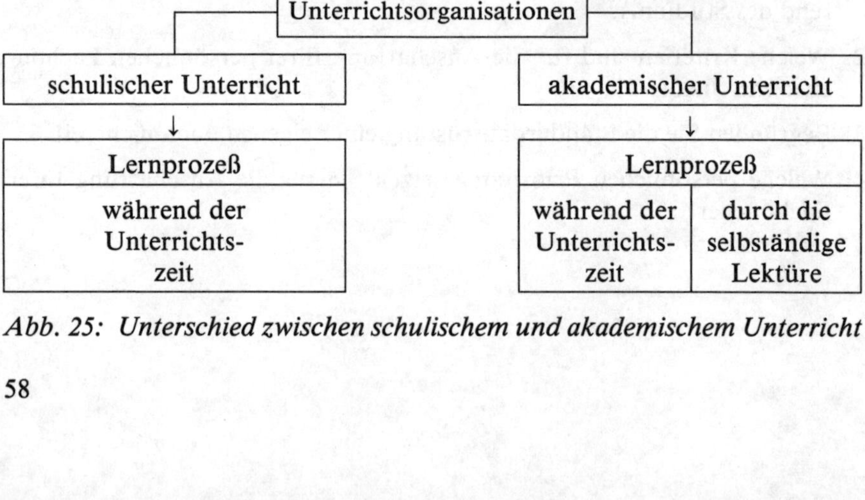

Abb. 25: Unterschied zwischen schulischem und akademischem Unterricht

In der uns bekannten schulischen Lernorganisation erfolgt der Lernprozeß vor allem während des Unterrichts selbst. Der Schüler muß zwar Hausaufgaben erledigen; sie dienen jedoch hauptsächlich entweder dem Verfestigen der Lerninhalte im Gedächtnis oder der Vorbereitung neuer Lernprozesse im Unterricht. Eine solche Lernorganisation findet sich vom Kindergarten bis zur weiterführenden Schule des Gymnasiums. Die überwiegende Verantwortung für den Lernerfolg liegt hier beim Lehrer. Er ist der Pädagoge, der die Lernenden „führt".

Der Unterrichtstypus, den wir als akademischen Unterricht bezeichnet haben, sollte bereits in der Oberstufe der Gymnasien beginnen. Im Gegensatz zum schulischen Unterricht erfolgt der Lernprozeß sowohl in der Lernorganisation (Unterricht) als auch beim Selbststudium zu Hause oder in der Bibliothek. Die Verantwortung liegt hier nicht mehr in erster Linie beim Lehrer, sondern sie ist zunächst etwa geteilt und verlagert sich dann später an der Hochschule überwiegend auf den Studenten selbst.

3.2 Akademische Lernveranstaltungen

Die folgende Übersicht zeigt die wichtigsten Lernorganisationen an Hochschulen.

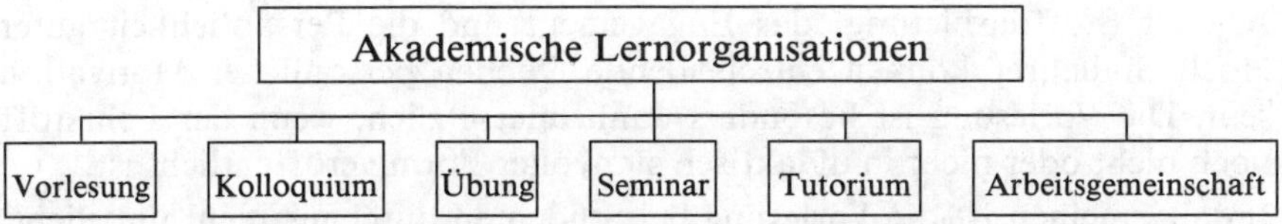

Abb. 26: Lehr- und Lernveranstaltungen an Hochschulen

3.2.1 Die Vorlesung

Im strengen Sinn des Wortes müßte diese Lehrveranstaltung heutzutage längst überholt und vergessen sein. Der Begriff geht zurück ins Mittelalter bis in die Gründerjahre der Universitäten im 11. und 12. Jahrhundert. Die Bücher waren damals handgeschrieben, rar und teuer und für Studenten unerschwinglich. Sie waren meist im Besitz der Klöster, Dom- oder Gelehrtenschulen und später der aus den Zusammenschlüssen dieser Institutionen entstandenen Universitäten. Die Gelehrten, Professoren, mußten die Lerninhalte ihren Studenten „vorlesen", damit diese überhaupt an den Lehrstoff herankamen. Eine solche Unterrichtsform des „Vorlesens" sollte inzwischen der Vergangenheit angehören. Die erforderliche Literatur steht heute den Studenten mindestens in Bibliotheken zur Verfügung, so daß der Professor seinen Lehrstoff nicht mehr vorlesen muß und sich auf effektivere Lehrmethoden konzentrieren könnte. Trotzdem hat sich der Begriff „Vorlesung“ als die akademische Lehrveranstaltung schlechthin hartnäckig gehalten und wird auch künftig noch weiter gepflegt werden — aus welchen Gründen auch immer.

Aufgabe der Vorlesung

Wir verstehen heute unter Vorlesung als organisierte Lehrveranstaltung an Hochschulen eine Unterrichtsform, in der wissenschaftliche Lerninhalte planmäßig und systematisch vom Hochschullehrer vorgetragen werden („vortragende Unterrichtsform“). In aller Regel können gute Lehrbücher oder Lehrprogramme das auch leisten. Gut begabte Studenten lernen dadurch vielleicht sogar effektiver, insbesondere dann, wenn der Hochschullehrer sich nur als Wissenschaftler und nicht als Lehrer, als „Pädagoge“ versteht.

Mit zunehmender Komplexität der Lerninhalte und mit wachsender Lernselbständigkeit tritt das Selbststudium im Hochschulbereich ohnehin in den Vordergrund, besonders weil das individuelle Lerntempo selbst bestimmt werden kann.

Trotzdem kann auf die Vorlesung nicht verzichtet werden. Auch der Student — nicht nur der durchschnittlich begabte — ist bei der Erarbeitung neuer Lerninhalte auf Kommunikation, auf Interaktion angewiesen. Die Art der Stoffdarbietung, das Engagement und die Persönlichkeit guter Hochschullehrer können entscheidende Quellen persönlicher Motivation sein. Die Vorlesung ist besonders dann unersetzlich, wenn der Lehrstoff noch nicht oder nicht in didaktisch sinnvoller Form veröffentlicht ist.

Im allgemeinen ist die Vorlesung bei Studenten durchaus nicht unbeliebt, weil insbesondere während der ersten Semester rezeptives Lernen ohne Eigenaktivität während der Unterrichtsorganisationen bevorzugt wird. Es muß jedoch darauf hingewiesen werden, daß auch vorwiegend auditiv geprägte Lerntypen, also Studenten, die durch Zuhören besonders gut lernen, auf Dauer kaum sehr viel mehr als 20 % des nur Gehörten behalten können. Schon damit sind wesentliche Nachteile der Vorlesung, der vortragenden Unterrichtsform, deutlich geworden.

Die Vor- und Nachteile lassen sich folgendermaßen zusammenfassen:

Vorteile

- Die Lehre wird durch einen Menschen vermittelt, der den Stoff selbst repräsentiert.
- Das persönliche Engagement des Dozenten, sein Suchen nach Wahrheit und Ringen um den adäquaten Ausdruck wirken auf den Hörer, motivieren und können begeistern.

Nachteile
- Die Hörer sind im allgemeinen passiv.
- Soziale Interaktion und Dialog fehlen.
- Die Studierenden sind isoliert.
- Spontaneität wird ausgeschaltet.
- Lernen erfolgt nur rezeptiv.

Das Zuhören

Es ist vielleicht als eine Art Zeitkrankheit zu bezeichnen, daß wir heute so wenig zuhören können. Die Ursachen dafür mögen u. a. auch in den ständigen vielfältigen visuellen und akustischen Informationen liegen, mit denen wir fast pausenlos überschüttet werden. Gutes und richtiges Zuhören während der Vorlesung ist nicht nur harte Arbeit, sondern verlangt auch bestimmte Techniken und ist eine schwierige Kunst.

Beim Zuhören können wir grundsätzlich nicht — wie etwa beim Lesen — den ausgesprochenen bzw. gehörten Gedanken wiederholen oder wiederholen lassen, sondern müssen ununterbrochen neue Worte und damit neue Gedanken aufnehmen. Gleichzeitig sind diese Informationen zu verarbeiten, mit Bekanntem zu assoziieren und im Gedächtnis einzuspeichern. Immer wieder erscheint jedoch Gehörtes einmal als falsch, ein andermal unverständlich. Wir haften länger beim Gehörten und verlieren den „roten Faden", weil die geistige Verarbeitung dem gesprochenen Wort nachhinkt. Es ist deshalb sehr wichtig, daß der Student den Vortragenden, den Dozenten durch Fragen unterbricht und auch unterbrechen darf, wenn Verständnisschwierigkeiten auftreten. Hier liegt z. B. ein nicht hoch genug einzuschätzender Vorteil bei den organisierten Lehrveranstaltungen an Fachhochschulen (zwischen 25 und 35 Hörer) gegenüber den Großveranstaltungen der allgemeinen Hochschulen. In den Kleingruppen der Fachhochschulen ist es eher möglich, den Dozenten zu unterbrechen, als in den Mammutveranstaltungen der Universitäten. Da das Fragen ein ganz wesentlicher Teil des Lern- und Bildungsprozesses ist, sollte man ihm generell auch in Großvorlesungen der Hochschulen größere Aufmerksamkeit schenken.

Wenn Sie die folgenden Regeln beachten, wird Ihnen das Zuhören leichter fallen, sie können besser verstehen und mehr behalten.

Regeln für das Zuhören

1. Suchen Sie nach Gründen, warum Sie zuhören wollen oder zuhören müssen!

2. Fragen Sie, wenn Sie etwas nicht verstanden haben!

3. Versuchen Sie, Aussagen zu begründen oder lassen Sie diese begründen!

4. Denken Sie nach Möglichkeit in Bildern mit!
5. Suchen Sie nach Beispielen oder lassen Sie sich solche nennen!
6. Lassen Sie sich jeden unbekannten Fachausdruck erklären!
7. Alles können Sie nicht behalten. Konzentrieren Sie sich deshalb auf das Wesentliche!
8. Prüfen Sie Ihren Lernerfolg, indem Sie das Gehörte zusammenfassen: Wer — Was — Wie — Wo — Wann — Warum?

Die Mitschrift

Die Kritik der Lehrveranstaltung „Vorlesung" an deutschen Hochschulen will nicht verstummen. Der entscheidende Nachteil dieser Lehrorganisation ist die Passivität der Studenten und damit der sehr geringe Grad an Lernerfolg. Wo aktive Kommunikation nicht möglich ist und nur rezeptiv gelernt werden kann, bleibt kaum eine nachhaltige Wirkung. Ein Ausweg aus diesem Dilemma bietet die Mitschrift.

Ebenso wie das richtige Zuhören ist auch das richtige Mitschreiben während der Vorlesung eine besondere Kunst und bedarf von Anfang an des richtigen Einübens. Das Mitschreiben hat jedoch nicht nur große Vorteile, sondern auch Nachteile. Den wenigsten gelingt es, während sie mitschreiben den fortlaufenden Ausführungen des Dozenten ständig zu folgen, das Wesentliche zu erfassen und aufzuschreiben. Meistens werden die Aufzeichnungen lückenhaft sein und verlieren dadurch an Wert. Es bedarf also der Unterscheidung zwischen Wesentlichem und Unwesentlichem.

Wer stenografieren kann, ist hier grundsätzlich im Vorteil. Wer die Stenografie nicht beherrscht und sie auch nicht lernen will, sollte sich auf aussagefähige Stichworte bzw. Gedankenflüsse beschränken und nicht ganze Ausführungen versuchen mitzuschreiben.

Von besonderer Bedeutung ist die Übersichtlichkeit der Mitschrift. Jeder neue Gedanke sollte auf eine neue Zeile bzw. in einem neuen Abschnitt gebracht werden. Dies vereinfacht die spätere Auffindung und Auswertung. Abkürzungen erleichtern die Mitschrift ganz wesentlich. Dabei sollte man sich von Anfang an, sofern amtliche Abkürzungen vorgesehen sind (vgl. Duden), auch an diese halten. „Selbstgestrickte" Abkürzungen müssen in jedem Falle so gefaßt werden, daß sie auch noch entziffert werden können.

Am besten eignet sich zum Mitschreiben Entwurfpapier im Format DIN A 4 (u. U. auch noch DIN A 5). Links muß ein Heftrand bleiben; diese Blätter sollten auch nur einseitig beschrieben werden, damit später Platz bleibt für die Ergänzungen. In jedem Falle müssen die Seiten beim Mitschreiben fortlaufend durchnummeriert werden.

Die Mitschrift sollte grundsätzlich am selben Tag, spätestens am darauffolgenden, überarbeitet und gegebenenfalls in Reinschrift gebracht werden. Damit ist bereits der erste für den dauerhaften Lernerfolg so wichtige Wiederholungsdurchlauf geschafft. Vieles, was vielleicht aus der Mitschrift nicht ganz klar wird, kann aus dem Gedächtnis noch von der Vorlesung her rekonstruiert werden, wenn diese nicht allzu lange zurückliegt.

Als Faustregel gilt, daß es besser ist, nur aufzupassen und zu verstehen versuchen als fragmentarisch — ohne den berühmten „roten Faden" — mitzuschreiben und dann doch die Übersicht zu verlieren.

Stenografiekenntnisse zahlen sich immer aus. Es lohnt sich, noch während der ersten Semester Stenografiekurse zu besuchen oder sich die Stenografie durch ein Lernprogramm im Selbststudium anzueignen.

Ein sinnvolles Verfahren bilden auch sogenannte „Protokollgruppen": Studenten schließen sich in kleinen Gruppen zusammen und wechseln sich in der Mitschrift ab, arbeiten sie jedoch gemeinsam unverzüglich nach.

Auf einen besonderen lernpsychologischen Vorteil der Mitschrift soll anschließend noch hingewiesen werden:

Durch die „haptische" Betätigung des Schreibens werden für das Lernen zusätzlich zum Hören zwei „Eingangskanäle" zum Gedächtnis benutzt: der haptische Eingangskanal durch das Schreiben selbst und der visuelle durch das Sehen des Geschriebenen. Darüber hinaus wird durch das Mitschreiben die Zuhörmüdigkeit leichter überwunden und der Lernprozeß ob der aufgezeigten Vorteile bei der Mitschrift wesentlich begünstigt. So hat eine Untersuchung des amerikanischen Psychologen Berliner folgendes ergeben: Eine bei Studenten erzwungene Aktivität bei Vorlesungen verbesserte die Behaltenswerte gegenüber den Studenten, die dem Vortrag des Dozenten nur aufmerksam zuhörten, um 131 % (!), wenn sich die Studenten während der Vorlesung Aufzeichnungen machten. Aktive Lernmethoden sind also den passiven immer vorzuziehen, weil sie einen größeren „Haftwert" haben.

Folgende Faustregeln sollten Sie für die Mitschrift beachten:

1. Die Mitschrift auf Kernsätze beschränken!
2. Gliederung der Vorlesung deutlich herausstellen!
3. Neue Gedanken auf neue Zeilen bzw. in neue Abschnitte!
4. Abkürzungen verwenden!

5. Mitschrift auf DIN A 4-Format!
6. Blätter nur einseitig beschriften und numerieren!
7. Mitschrift möglichst am selben Tag nacharbeiten!

3.2.2 Das Kolloquium

Während in der Vorlesung der Student die Lerninhalte passiv aufnimmt, wird er im Kolloquium aktiv in das Unterrichtsgeschehen einbezogen. Auch diese akademische Lehrveranstaltung geht auf die Anfänge der universitären Bildung zurück: Nachdem der Hochschullehrer eine Reihe von „Vorlesungen" durchgeführt und die Studenten den Stoff aufgearbeitet hatten, schloß sich das „wissenschaftliche Gespräch" des Dozenten mit seinen Studenten an. Es hatte den didaktischen Zweck, den Lernstoff zu vertiefen (colloqui [lat.] = sich bereden, sich unterhalten).

Später erkannte man, daß sich bei diesem Fachgespräch die Fachkompetenz der Studenten sehr gut bewerten läßt. Das Kolloquium erhielt eine weitere Funktion, nämlich die einer Prüfung, eines Testats oder Leistungsnachweises.

Das Kolloquium als Leistungsnachweis erscheint aber nur dann sinnvoll, wenn auch tatsächlich ein Fachgespräch stattfindet und nicht — wie es vielfach an Hochschulen Unsitte ist — im Kolloquium nur Fakten und Einzelheiten abgefragt werden, die ökonomisch sinnvoller z. B. in einem „Multiple-choice-Test" abverlangt werden könnten. Insofern erfordert das Kolloquium als Testat ein sehr hohes Maß sowohl an fachlicher als auch an didaktischer Kompetenz des Hochschullehrers.

3.2.3 Die Übung

In der Übung soll der Student zeigen, daß er seine theoretischen Kenntnisse auch transferieren, also auf konkrete praktische Fälle anwenden kann. Die Übungen sollten lernpsychologisch und didaktisch sinnvoll in die übrigen Lehr- und Lernveranstaltungen eingeplant werden. Eine Übung kann als Alleinarbeit oder aber sehr effizient auch in Partner- und Gruppenarbeit vorgesehen werden. Ihre didaktische Intention ist die Verfestigung und Vertiefung des Vorlesungsstoffes.

3.2.4 Das Seminar

Im Gegensatz zur Übung, bei der bereits erworbene Kenntnisse durch Anwendung vertieft werden, dient das Seminar der Erarbeitung eines nach Möglichkeit in sich abgeschlossenen Themas. Dabei kann durchaus ein von der Vorlesung abweichendes oder in der Vorlesung nicht behandeltes Thema vorgegeben sein. Seinen hohen lernpsychologischen Stellenwert erhält das Seminar nicht zuletzt dadurch, daß es dem Studenten durch das forschende Lernen auch zur Lernselbständigkeit und Eigenverantwortung verhilft und eine Eigendynamik entwickelt.

Vielfach werden an Hochschulen Pro- und Hauptseminare angeboten. Während die Proseminare für Studenten der unteren Semester vorgesehen sind, werden die Hauptseminare für Studenten der oberen Semester, für Diplomanden und Doktoranden angeboten. Für diesen Teilnehmerkreis sind die wohl bedeutendsten Seminare die „Forschungsseminare", in denen eine begrenzte Anzahl von Studenten für eine gewisse Zeit mit Teilaufgaben eines Forschungsvorhabens beauftragt werden.

3.2.5 Das Tutorium

Nach dem Vorbild der „tutorials" an den anglo-amerikanischen Hochschulen wurden nach dem Zweiten Weltkrieg auch an deutschen Hochschulen Tutorien eingerichtet (tutor [lat.] = Beschützer). Der Tutor war ursprünglich ein erfahrener Student, der in Lehrveranstaltungen oder in Studentenwohnheimen Studienanfänger betreute.

An den meisten Hochschulen werden seit Ende der 60er Jahre nunmehr Tutorien als Ergänzung zu den Vorlesungen durchgeführt. Sie werden vielfach von wissenschaftlichen Hilfskräften geleitet, die mit den Studenten den Vorlesungsstoff wiederholen und auf Verständnis- oder Lernschwierigkeiten bei den entsprechenden Studieninhalten besonders eingehen.

3.2.6 Die Arbeitsgemeinschaften

Eine der effizientesten Lernorganisationen an Hochschulen findet bedauerlicherweise immer noch nicht die Beachtung, die ihr gebührt: die Arbeitsgemeinschaft. Im Gegensatz zu den bisher genannten Lehrveranstaltungen fällt ihre Einrichtung und Organisation ausschließlich in den Zuständigkeitsbereich der Studenten selbst.

Für manchen ist es aus vielen verständlichen Gründen einfacher, über das, was noch nicht verstanden ist, mit Freunden zu reden als mit den Lehrern. Deshalb sollten sich Studenten in Arbeitsgemeinschaften zusammenfinden, um Studieninhalte gemeinsam zu er- und verarbeiten. Sie diskutieren den Lernstoff, stellen dabei fest, was sie noch nicht verstanden haben, können es sich gegenseitig erklären und dabei selbst Lücken schließen. Diese Erfahrung hatten schon die nüchternen, auf Erfolg bedachten Römer gemacht und sie in ein geflügeltes Wort gefaßt: „Docendo discimus" = durch Lehren lernen wir.

Wichtig ist es, daß die Termine für die Arbeitsgemeinschaften vereinbart und eingehalten werden, auch wenn einmal eine „Sitzung" nicht so effektiv verläuft und statt dessen der gemütliche oder „gesellschaftliche" Aspekt im Vordergrund steht. Das muß auch sein und wirkt als lernpsychologisches „Auftanken" für den nächsten Termin.

Die Arbeitsgemeinschaft erscheint mir eine so zentrale Lernorganisation im Hochschulbereich, daß ich einige wichtige Aspekte noch besonders herausstellen möchte. Die Vorzüge des gemeinsamen Lernens in Gruppen sind generell in unserem Bildungssystem bisher nur begrenzt berücksichtigt worden. Im Hochschulbereich finden sich Studenten oft erst unmittelbar vor der Prüfung zusammen, um die Vorteile des gemeinsamen Lernens gegenseitig zu nutzen. Natürlich gibt es in solchen Gruppen auch Probleme. Es wäre ideal, wenn die Gruppenmitglieder etwa den gleichen Leistungsstand hätten. Ist nämlich ein „Außenseiter nach oben" dabei, besteht die Gefahr, daß er die anderen dominiert und diese nicht zur Geltung kommen. Die notwendige ausgewogene Interaktion leidet darunter.

Eine Gruppenarbeit ist immer langsamer als der einzelne. Die Lernschritte sind kleiner. Unter Umständen fehlt eine genaue Zielvorgabe oder sie wird aus den Augen verloren. Gruppendynamische Prozesse können Lernblokkaden verursachen. Aber solche Anfangsschwierigkeiten lassen sich durch gegenseitige Rücksichtnahme und guten Willen aller ohne weiteres bewältigen. Wir müssen nur wissen, daß Meinungsverschiedenheiten und auch Konflikte normal sind und sich deshalb auch aufarbeiten lassen.

Die Arbeitsgemeinschaften sollten aus mindestens drei Studenten bestehen; die Mitgliederzahl darf insgesamt im allgemeinen fünf nicht überschreiten. Die Gruppe trifft sich regelmäßig, um Lerninhalte nach- bzw. vorzuarbeiten. Es ist für eine ersprießliche gemeinsame Arbeit Voraussetzung, daß sich die Gruppenmitglieder gut verstehen, im wesentlichen gleiche Normen und Motive haben und an der Schaffung harmonischer Beziehungen innerhalb der Arbeitsgruppe interessiert sind. Die Atmosphäre innerhalb der Gruppe muß dazu beitragen, nicht nur die aufgabenbezogenen, sondern auch die gefühlsbetonten Erwartungen der Gruppenmitglieder zu erfüllen. Die Gruppe muß den einzelnen motivieren und bestärken. Wenn die Mitglieder ein Mindestmaß an gegenseitiger Identifikation erreichen, entsteht ein Zusammengehörigkeitsgefühl, das auch Belastungen und Konflikten standhält.

Der Wert solcher Arbeitsgemeinschaften kann gar nicht hoch genug eingeschätzt werden. So können z. B. auch emotionale Lernwiderstände leichter überwunden werden, weil die Termine der Arbeitsgemeinschaften fest vereinbart und verbindlich sind und niemand ohne triftige Gründe fernbleiben darf. Ein weiterer Aspekt betrifft den Lernprozeß selbst. Schwierige Lerninhalte werden durch Gespräche mit Kommilitonen oft besser auf- und nachgearbeitet als durch Fragen an den Dozenten.

Die Arbeitsgemeinschaften sind an den Studieninhalten orientiert. Die lernstoffbedingte Interaktion der Gruppenmitglieder wird einem Grundbedürfnis junger Menschen gerecht, über den Stoff zu diskutieren und sich aktiv mit ihm in der Kommunikation mit den Kursgenossen auseinanderzusetzen. Daß dieser aktive Lernprozeß jedem anderen überlegen ist, sei am Rande nochmals erwähnt.

Das gemeinsame Lernen fördert die eigene Initiative, sich auch außerhalb der Vorgaben der Dozenten mit weiterführender Literatur zu befassen. Die Studenten lernen in den Arbeitsgemeinschaften miteinander und voneinander und lösen sich dabei aus der unmittelbaren Abhängigkeit eines bestimmten Lehrenden, was für den intellektuellen Reifungsprozeß von sehr hohem Wert ist.

Folgende Bedingungen müssen in der Gruppe beachtet werden:

1. Die Beziehungen unter den Mitgliedern sind interdependent — das Verhalten jedes Mitglieds beeinflußt das Verhalten jedes anderen Mitglieds.
2. Die Mitglieder teilen eine gemeinsame Ideologie (Überzeugungen, Wertvorstellungen und Normen) die das wechselseitige Verhalten regulieren.

Selbst nüchterne wissenschaftliche Diskussionen werden durch die Beziehungsebene entweder gefördert oder gehemmt. Es ist deshalb angebracht, im Studium die Manöverkritik von Zeit zu Zeit zu vertiefen. Nicht nur äußere Gegebenheiten und Ergebnisse sollen kritisch beleuchtet werden, sondern auch funktionale und disfunktionale Gruppenprozesse und Rollen können zur Sprache gebracht werden.

Disfunktionale Rollen sind z. B.:

- Aggressives Verhalten
- Blockieren
- Selbstgeständnisse (die Gruppe wird mißbraucht als Resonanzboden für rein persönliche Gefühle und Standpunkte)
- Rivalisieren
- Clownerie
- Sich zurückziehen

Funktionale Rollen sind z. B.:

- Initiativ werden

- Informationen suchen und geben
- Koordinieren
- Zusammenfassen
- Ermutigen
- Folge leisten
- Vermitteln

Diese Punkte, die bei weitem nicht vollständig sind, sollen zur Selbstreflexion anregen. Dadurch wird deutlich, daß sich wissenschaftliches Arbeiten nicht im luftleeren Raum abspielt, sondern auch von seelischen, zwischenmenschlichen Prozessen geprägt wird.

Zusammenfassend wollen wir die Arbeitsgemeinschaften in zweifacher Hinsicht begründen und ihre Vorteile, aber auch ihre Gefahren aufzeigen:

Die Notwendigkeit der Arbeitsgemeinschaften ergibt sich

1. *von der Sache her:* Wo die Probleme vielschichtig und differenziert werden, bedarf es vieler Erfahrungen und Denkansätze. Dies gilt nicht nur im human- und sozialwissenschaftlichen Bereich, wo es um Menschen, Erziehung, Bildung oder um gesellschaftliche Strukturen geht;
2. *von den Teilnehmern her:* In der Vorlesung verharrt der Student im allgemeinen rezeptiv. Die Verantwortung für das Gelingen der Lehrveranstaltungen liegt weitgehend beim Dozenten. In der Gruppe jedoch liegt die Verantwortung für das Gelingen in erster Linie bei den Teilnehmern. Alle sind zum schöpferischen Mittun aufgefordert.

Vorteile der Arbeitsgemeinschaften:

- Sie erleichtern das Lernen, da weniger Zeit und Mühe aufgewendet werden müssen, um den Lernstoff zu verarbeiten.
- Sie sorgen für unmittelbare Rückmeldung über richtige und falsche Gedankengänge.
- Richtige Gedankengänge werden verstärkt, falsche vermieden bzw. berichtigt.
- Kameradschaft, Sinn für Gemeinschaft und zwischenmenschliche Beziehungen werden gefördert.
- Sprachlicher Ausdruck und die Sicherheit des Auftretens werden verbessert.
- Die Teilnahme am Lernprozeß wird aktiviert.

Gefahren der Arbeitsgemeinschaften:

- Es besteht die Möglichkeit, daß Mitglieder die Gruppe dominieren.

- Frustrationen und Konflikte können sich einstellen, wenn einzelne Gruppenmitglieder ihre selbst gestellte Aufgabe nicht erfüllen.
- Unzureichende Qualität des erarbeiteten Lernstoffs wird Unzufriedenheit verursachen.
- Das Individuum kommt möglicherweise in der Gruppe nicht so zur Geltung wie bei Einzelbegegnungen.

Fassen wir zusammen:

- Die akademische Lernorganisation unterscheidet sich didaktisch von der rein schulischen u. a. insofern, als die Verantwortung für den Lernprozeß überwiegend beim Studenten selbst liegt.
- Die Lehr-/Lernveranstaltungen an Hochschulen haben unterschiedliche didaktische Intentionen, die von der reinen Wissensvermittlung bis zur Anwendung des Gelernten reichen.
- Eine sinnvolle Mitschrift während der Vorlesung ist lernpsychologisch erfolgreicher als das „Nur-Zuhören".
- Studentische Arbeitsgemeinschaften bieten lernpsychologische, motivationale und soziale Vorteile, die andere organisierte Lehrveranstaltungen kaum erreichen.

Prüfen Sie Ihren Lernerfolg!

1. Erläutern Sie die Unterschiede zwischen schulischem und akademischem Unterricht!
2. Nennen Sie die wichtigsten Lernorganisationen an Hochschulen und erläutern Sie deren didaktische Intentionen!
3. Wie könnte die Mitschrift einer Vorlesung effektiv gestaltet und verarbeitet werden?
4. Was verstehen Sie unter einer Arbeitsgemeinschaft als Lernorganisation an einer Hochschule? Welche Probleme stellen sich ihr und welche Vorteile bietet sie den Studenten?
5. Beginnen Sie in der nächsten Vorlesung, den Stoff im Sinne der vorstehenden Ausführungen mitzuschreiben und nachzuarbeiten!

4 Die persönliche Lernorganisation

Unter der immer schneller sich verändernden Umwelt kann es nicht erstes Ziel einer Ausbildung sein, Wissen zu vermitteln, das in immer kürzeren Zeitabständen veraltet. Studium und Ausbildung müssen vielmehr den Lernenden befähigen, mit den künftig auf ihn zukommenden Aufgaben fertig zu werden, und das bedeutet, daß sie vor allem auch die Fähigkeit zu selbständigem Lernen vermitteln müssen. Studentenbefragungen (Schraeder/Naef, 1976) zeigen, daß gerade bei diesen Fähigkeiten erhebliche Defizite vorliegen.

Selbständiges Lernen wird kaum gezielt eingeübt oder gefördert. Es entwikkelt sich meistens mühsam und zeitraubend durch „Versuch und Irrtum", und zwar erst unmittelbar in den Problemsituationen des Studiums. Die Lernschwierigkeiten, denen sich insbesondere die Studienanfänger gegenübersehen, und der dadurch bedingte mangelnde Lernerfolg sind in den meisten Fällen auf eine oder mehrere der folgenden Ursachen zurückzuführen:

— mangelnde Lernselbständigkeit,
— fehlende Texte als Unterrichtsbegleitmaterial,
— geringe Lernzeit,
— mangelhaftes Vorbereiten des Unterrichts,
— mangelhaftes Nachbereiten des Unterrichts,
— keine Selbstkontrolle,
— mangelnde Motivation, die durch die übrigen Defizite immer noch mehr abgebaut wird.

Diese Faktoren lassen sich unter den Begriffen *Lernstrategie* und *Lerntechnik* zusammenfassen.

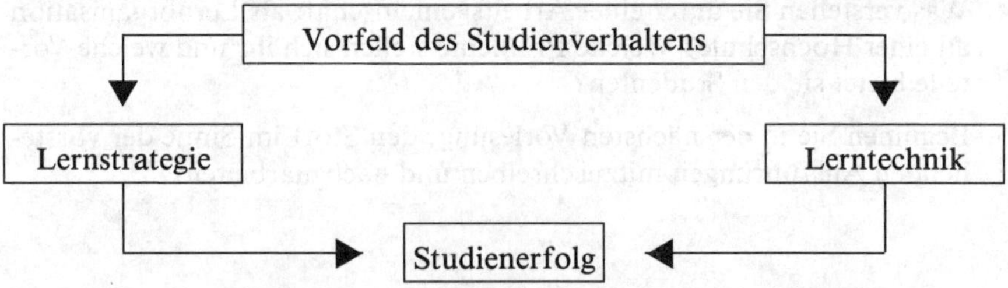

Abb. 27: Einflußfelder auf den Studienerfolg

Diese Einflußfaktoren wollen wir genauer untersuchen. Von ihnen wird der Studienerfolg wesentlich beeinflußt. Strategie und Technik sind wiederum abhängig von der Lernvergangenheit und der Lernerfahrung. Je positiver dieses Vorfeld — darunter fallen alle kognitiven, affektiven, sozialen und situativen Variablen (vgl. Abschnitt 2) — desto effektiver wirken Lernstrategien und Lerntechniken auf den Studienerfolg.

4.1 Lernstrategie

Hochschullehrer müssen bedauerlicherweise immer wieder feststellen, daß Studenten fehlende Lernstrategien durch größeren Fleiß ausgleichen müssen. Der dadurch bedingte erhöhte Zeitaufwand verkürzt natürlich die für die Studenten so notwendige Erholungszeit.

Dieses Übel wäre jedoch an der Wurzel anzupacken: Das „Lernen zu lernen" müßte bereits in den Gymnasien systematisch eingeübt werden. Es gibt aber nur wenige Schulen, die etwa ein Fach „Lernstrategie" im Lehrplan vorgesehen haben. Dem Studenten bleibt deshalb nichts anderes übrig, als sich sofort zu Beginn des Studiums an der Hochschule intensiv mit Lernstrategien zu befassen, um die Studienzeit nicht nur ökonomisch sinnvoll und effektiv, sondern auch im Interesse seiner Gesundheit nützlich zu verbringen.

Unter Lernstrategie wollen wir in diesem Zusammenhang folgende Problembereiche verstehen:

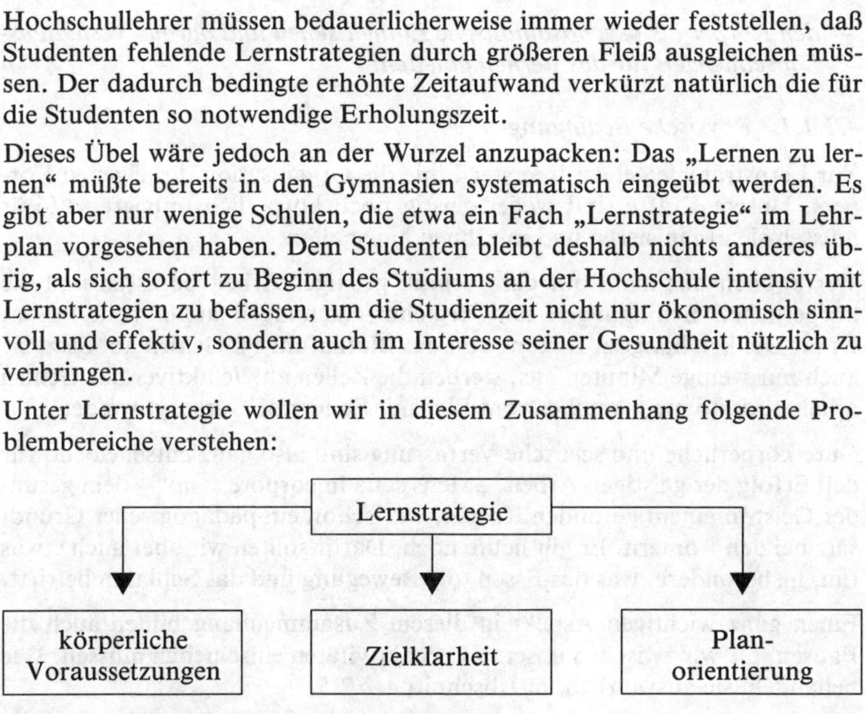

Abb. 28: Dimensionen einer Lernstrategie

4.1.1 Körperliche Voraussetzungen

Lernziele:

Sie sollen

— *erkennen, daß gute körperliche Verfassung und seelische Ausgeglichenheit entscheidende Bereiche der Lernstrategie sind und deshalb persönlich darauf hinarbeiten,*

— *die Notwendigkeit einer gesunden Ernährungsweise bei „Geistesarbeitern" begründen können,*

— *empirisch zu belegende Erkenntnisse zum Schlafbedürfnis und -verhalten des Menschen nennen können,*

— *die Notwendigkeit angemessener Pausen erkennen, Pausentypen unterscheiden und diese beim Lernen auch einhalten,*

— *die positive Wirkung des autogenen Trainings auf das Verhalten allgemein und das Lernverhalten im besonderen begründen können,*

— *den Körper als psychosomatische Einheit sehen und daraus Verhaltenskonsequenzen für das Lernen ableiten!*

4.1.1.1 Physische Bedingungen

Zur Lernstrategie gehört in erster Linie die Organisation des eigenen Körpers. Unsere Kräfte sind weder geistig noch körperlich unbegrenzt. Wir müssen sie organisieren und mit ihnen haushalten.

Wir können uns nicht mit der Technik geistiger Arbeit befassen und die körperlichen Bedingungen und Begleiterscheinungen außer acht lassen. Unser Denken hängt z. B. ganz von der Blutzufuhr im Gehirn ab. Setzt sie auch nur wenige Minuten aus, sterben die Zellen ab. Je aktiver das Gehirn arbeitet, desto mehr muß es vom Blut mir Sauerstoff versorgt werden.

Gute körperliche und seelische Verfassung sind also ganz entscheidend für den Erfolg der geistigen Arbeit. „Mens sana in corpore sano" = ein gesunder Geist in einem gesunden Körper, war schon ein pädagogischer Grundsatz bei den Römern. Er gilt heute noch. Dafür sollten wir aber auch etwas tun, insbesondere, was das Essen, die Bewegung und das Schlafen betrifft.

Einen ganz wichtigen Aspekt in diesem Zusammenhang bilden auch die Pausen, die wir zwischen unseren Lernaktivitäten einschieben müssen. Wie behandeln sie ausführlich im Abschnitt 4.2.2.5.

Richtige Ernährung

Wie der Motor des Autos brauchen wir ständig die richtigen Energiespender, Schmiermittel und Schutzstoffe, damit wir „Leistung bringen" können. Wer überwiegend geistig arbeitet, ohne hinreichende körperliche Betätigung, sollte vor allem wenig Fett essen, wenig Kohlehydrate, keinen Zukker, wenig Mehlspeisen, wenig Kartoffeln, dafür aber sollte er mehr eiweißhaltige Lebensmittel und viele Vitamine zu sich nehmen: Vollkornbrot, Fleisch, Fisch, Milch, Käse, Obst und Gemüse.

Zur richtigen Ernährung gehört auch — insbesondere für geistig arbeitende Menschen — Phosphor (Fisch, Ölsardinen). Dadurch wird die Lern- und Merkfähigkeit erheblich gesteigert. Sehr nützlich ist auch Lezithingranulat, wie es z. B. im Reformhaus erhältlich ist. 50 Gramm etwa steigern unmittelbar die Leistungsfähigkeit für die Dauer von etwa vier Stunden. Dies kann bei Prüfungen sehr nützlich sein. Lezithin ist ein sehr stark eiweißhaltiges Nervenstärkemittel. Es enthält Cholin, das zur Bildung des Gehirnhormons Azetylcholin notwendig ist.

Ein großes Problem haben wir Schreibtischarbeiter heutzutage mit der Verteilung der notwendigen Mengen des Essens. Gegenüber körperlich Arbeitenden essen wir außerdem meistens auch zuviel. Ein Sprichwort aus dem Mittelalter belehrt uns: Plenus venter non studet libenter = ein voller Bauch studiert nicht gern. Aber mit einem hungrigen Magen werden wir ebensowenig geistige Höchstleistungen vollbringen können. Ein Sprichwort aus Albanien lautet: „Ein leerer Magen kann nicht gut springen, ein voller überhaupt nicht."

Untersuchungen haben ergeben, daß ein Nachlassen der Leistungsfähigkeit gegen Ende des vormittags sehr viel intensiver und früher einsetzt, wenn auf das Frühstück verzichtet wurde. Unser Magen sollte während der Arbeitszeit weder überladen werden noch leer bleiben. Sowohl aus gesundheitlichen Gründen als auch im Interesse einer ausgewogenen Leistungsbereitschaft werden allgemein folgende Mahlzeiten empfohlen:

— am frühen Morgen ein erstes Frühstück, kräftig, z. B. mit Wurst, Käse, Eier, Obst, Fruchtsäften (es könnte etwa 30 % unseres täglichen Nahrungsbedarfs ausmachen);

— am Vormittag ein zweites leichtes Frühstück, z. B. Milch, Tee, Kaffee, Obst;

— zur Mittagszeit ein kräftiges Essen — sofern wir nicht unmittelbar nach dem Mittagstisch wieder an die Arbeit gehen, etwa zur Vorlesung müssen — z. B. Fleisch oder Fisch, Gemüse, Salat, Obst usw. (die Mittagsmahlzeit kann in diesem Fall etwa 40 % unseres täglichen Nahrungsbedarfs ausmachen). Wenn wir jedoch unmittelbar nach dem Mittagessen wieder geistig arbeiten wollen, sollten wir uns auf ein mäßiges Mittagessen beschränken;

— am Nachmittag wieder eine Zwischenmahlzeit mit Milch, Tee, Obst, Kaffee und ggf. ein Stückchen Kuchen;

— am Abend ein mäßiges Abendessen, das jedoch auch kräftig ausfallen kann, wenn wir es nicht unmittelbar vor dem Schlafengehen zu uns nehmen und das Mittagessen aus den genannten Gründen beschränkt werden mußte.

Die situativen Umstände, unter denen wir essen, sind dabei besonders wichtig. Jede Mahlzeit sollte in einer angenehmen, entspannten Atmosphäre stattfinden. Hektik beim Essen beeinträchtigt nicht nur die Verdauung, sondern verursacht in aller Regel auch Magenbeschwerden.

Ausreichend Schlaf

Unsere Leistungsfähigkeit und -bereitschaft hängt in sehr hohem Maße davon ab, wie gut wir ausgeruht sind. Nun ist das Schlafbedürfnis bei den Menschen sehr unterschiedlich. Die einen brauchen 10 Stunden, die anderen kommen mit 5 Stunden aus.

Das persönliche Schlafbedürfnis muß jeder selbst herausfinden. Es ist sehr gefährlich, dem Körper hier seinen Anspruch zu versagen.

Im Rahmen eines Forschungsprojektes hat sich auch das Rationalisierungskuratorium der Deutschen Wirtschaft (RKW) mit den Folgen des Schlafentzugs befaßt. Dabei wurden folgende Erkenntnisse gewonnen: Nicht nur das Allgemeinbefinden verschlechterte sich bei zu wenig Schlaf ganz erheblich, sondern es können auch weit schlimmere Folgen auftreten, die bis zur Verhaltensauffälligkeit bzw. bis zur Veränderung der Persönlichkeitsstruktur gehen können. Solche Ergebnisse sind von Wissenschaftlern verschiedener Nationalitäten unabhängig voneinander festgestellt worden.

Hinsichtlich der sogenannten Tag- bzw. Nachtarbeiter scheinen sich die bisherigen Forschungsergebnisse tatsächlich zu bestätigen, daß es sogenannte „Eulen" und „Lerchen" gibt.

Die „Eulen" sind die Morgenmuffel. Sie sind Spätaufsteher, die in der Frühe sehr langsam anlaufen, dafür aber in den Abendstunden länger arbeiten können.

Die „Lerchen" sind die Frühaufsteher, die also schon mit den Vögeln munter werden, aber auch am Abend beizeiten ihre Ruhe brauchen. Auch diesbezüglich sollte man sich im klaren sein, welchem Typus man eher zugerechnet werden müßte.

Interessant ist in diesem Zusammenhang, daß die „Eulen" z. B. eine einmal durchzechte Nacht schneller verkraften — sie laufen ja ohnehin morgens nur sehr langsam an — als die „Lerchen", die den Schlaf nicht so schnell aufholen können, weil sie trotz einer „Nachtschicht" am Morgen beizeiten aus den Federn steigen.

Es ist nicht mehr als eine weit verbreitete und unbegründete Meinung, daß jeder Mensch acht Stunden Schlaf benötige. Viele Untersuchungen weisen darauf hin, daß wohl die meisten Menschen siebeneinhalb bis achteinhalb Stunden Schlaf brauchen. Das Schlafbedürfnis ist aber individuell sehr unterschiedlich. Beobachtungen zufolge sollen sogenannte Kurzschläfer unbeschwerter leben als Langschläfer.

4.1.1.2 Psychische Bedingungen

Von der Lernpsychologie wissen wir heute, daß jeder von uns sein ganz persönliches Lernverhalten hat. Trotzdem gibt es psychologische Gesetzmäßigkeiten, deren Beachtung bei allen Menschen den Lernerfolg beeinflußt.

Es kann nicht Aufgabe dieser Methodenlehre sein, Lerntheorien darzustellen oder eine umfassende lernpsychologische Theorie abzuhandeln. Wir wollen uns deshalb auf einige pragmatische Hinweise beschränken, und im übrigen verweisen wir auf die entsprechenden lernpsychologischen Fachbücher im Literaturverzeichnis.

Wir machen immer wieder die Erfahrung, wenn wir bei Studenten über Lernpsychologie oder Lerntechnik sprechen, daß uns jene entgegenhalten, sie hätten doch das Reifezeugnis erworben und schließlich 15jährige und noch längere Lernpraxis. In Wirklichkeit haben aber die meisten Studenten weder gelernt ökonomisch noch effizient zu lernen, und darüber hinaus lassen sie vielfach einfachste lernpsychologische Gesetzmäßigkeiten außer acht.

Eine wesentliche Erkenntnis — und damit auch Hilfe — ist die Tatsache, daß das Lernen die ganze Persönlichkeit einbezieht und nicht nur den Kopf. Wir haben im 2. Abschnitt bereits darauf hingewiesen, daß Emotionen, die Motivation, die Arbeitsstimmung unsere Leistungsbereitschaft sehr stark beeinflussen. Hier soll nun aufgezeigt werden, wie dieses „seelische" Befinden positiv gesteuert werden kann. Das erscheint um so notwendiger, als die Wissenschaft *eine unmittelbare Beziehung* zwischen dem *Seelischen* (Psychischen) und dem *Körperlichen* (Somatischen) aufgezeigt hat und den Menschen als „psychosomatische" Einheit bezeichnet. So läßt z. B. Krankeit keine Hochstimmung aufkommen, und seelische Belastung beeinträchtigt unsere körperliche Leistungsfähigkeit. Bei Geistesarbeitern wirkt sich das viel nachhaltiger aus als bei überwiegend körperlich Arbeitenden. Motivation, Konzentration und Arbeitsstimmung sind deshalb beim Studenten besonders wichtig. Die Bedeutung der Motivation ist im Abschnitt 2.2 schon herausgestellt worden. Wir haben dort darauf hingewiesen, daß wir auf eine günstige Arbeitsstimmung nicht warten können und ggf. Hilfskonstruktionen aufbauen müssen, um ein Mindestmaß an positiver Einstellung zu finden. Grundbedingung ist jedoch eine körperlich und geistig entspannte Verfassung und Konzentration auf die Arbeit. Und dies läßt sich in sehr hohem Maße trainieren.

Konzentrationsübungen

Bevor wir auf gezielte Techniken der Konzentrationsübungen näher eingehen, sollen einige Standardregeln zur Steigerung der Konzentration vorangestellt werden:

1. Versuchen Sie, Interesse und Motivation an der Arbeit zu verstärken! Die Konzentration wird dadurch erleichtert.
2. Lassen Sie sich durch Nebensächlichkeiten nicht ablenken! Konzentrieren Sie sich auf das Wesentliche!
3. Schalten Sie zwischendurch auch einmal ganz ab!
4. Nehmen Sie die Informationen *aktiv* auf (reflektierend) und nicht passiv („pauken")!
5. Denken und handeln Sie gegenwartsbezogen und lassen Sie Ihre Gedanken nicht zu sehr in die Vergangenheit oder Zukunft abschweifen!
6. Arbeiten Sie mit Medien (vor allem mit Schreibpapier und Stiften), damit Sie die Information nach Ihren persönlichen Bedürfnissen visualisieren!
7. Trainieren Sie Ihre Konzentration spielerisch, z. B. durch
   - Denkspiele (z. B. Schach),
   - Denksportaufgaben,
   - Autogenes Training oder
   - Meditationsübungen!

Optimale Konzentrationsübungen stellen insbesondere Suggestion und Meditation dar oder eine Kombination aus diesen beiden: das autogene Training. Durch diese Methoden schaffen wir günstige lernpsychologische Voraussetzungen. Sie beschäftigen sich gezielt mit einer positiven Einstellung zum eigenen „Ich", vermitteln körperliches Wohlbefinden und erzeugen dadurch neue Leistungsbereitschaft und Schaffenskraft. Sie verbessern also unsere psychosomatische Verfassung.

Solche Techniken lassen sich jedoch nicht ohne weiteres erlernen. Zum einen setzen sie eine bestimmte Lebenseinstellung voraus, zum anderen sind sie an differenzierte Vorgehensweisen gebunden, so daß sie nur unter Anleitung eines Experten eingeübt werden sollten. Sie bedürfen außerdem der kontinuierlichen Übung.

Autogenes Training

Die bekannteste dieser Methoden in unserem Kulturbereich ist das autogene Training, das auch als „Joga des Westens“ bezeichnet wird. Die bei dieser Technik erforderlichen Übungen beruhen auf der oben beschriebenen Einsicht, daß der Mensch eine Einheit aus Leib und Seele ist und daß durch „geistige Schulung“ das gesamte Verhalten des Organismus beeinflußt werden kann. Diese „Therapie“ ist entstanden aus den ärztlichen Erfahrungen der Hypnose und wurde von dem Berliner Nervenarzt Prof. Dr. Dr. h.c. I. H. Schultz zwischen 1920 und 1930 entwickelt.

Das autogene Trainung bietet eine konzentrative Selbstentspannung, führt zur „Steigerung von Gesundem, von Leistung, Selbstbeherrschung, Erholung usw. oder zur Verminderung, gegebenenfalls Beseitigung von Ungesundem . . .“[19]. Es erfordert ausdauernde, genau vorgeschriebene Übungen. Trainingskurse werden u. a. auch an fast jeder deutschen Hochschule für die Studenten angeboten. Der Besuch wird ohne Einschränkung empfohlen, zumal sich das autogene Training nicht nur auf das körperliche Wohlbefinden sehr positiv auswirkt, sondern auch ein hervorragendes Training für die geistige Konzentration ist.

Für diese psychosomatische Technik gelten folgende Grundsätze:

1. Zielbewußte Arbeit am eigenen „Ich“. Wer weder die Zeit noch die Geduld für die Übungen aufbringen will, kann sich die Mühe sparen.
2. Positive Einstellung zur Technik und zum Übungsleiter. Zweifel an der Wirksamkeit der Technik stellen den Erfolg in Frage.
3. Die Übungen haben folgende Ziele:
   - Sie veränderen körperliche Funktionen positiv (z. B. Herzrhythmus, Durchblutung). Das wird in dieser „Selbsthypnose“ dadurch erreicht, daß die Muskeln, die im Wachzustand immer angespannt sind, gelockert werden; so entsteht ein wohliges Schweregefühl. Außerdem erweitern sich die Blutgefäße und lassen mehr Blut hindurch; das verursacht eine angenehme Wärme.
   - Sie stellen ein seelisches Gleichgewicht her. Das körperliche Wohlbefinden wirkt unmittelbar auf unsere innere Ausgeglichenheit.
4. Die Übungen sind kein Experimentieren und sollten nur unter Anleitung (Arzt, Therapeut) begonnen werden, sonst sind negative Folgen auf Körper und Psyche nicht auszuschließen.

---

19 Schultz, S. 9.

Transzendentale Meditation, Zen und Joga

Es gibt darüber hinaus noch sog. „bewußtseinserweiternde Methoden", die mit der Technik zu einem besseren psychosomatischen Befinden nicht mehr viel gemeinsam haben. Sie basieren meistens auf einer bestimmten Weltanschauung oder Religion. Solche Methoden sind vor allem die transzendentale Meditation und das Zen.

Bei der transzendentalen Meditation handelt es sich um eine Modeerscheidung bestimmter intellektueller Kreise. Der Mensch soll sich vom Rationalen, Objektiven und Materiellen befreien und auf das „Transzendente" hin orientieren, das die wirkliche Quelle des Denkens erschließen würde. Die Meditation hat dabei keinen rein physiologischen, sondern mehr geistigen Ansatzpunkt: Das „Mantra", eine Lautformel ohne bestimmte Wortbedeutung, wird vom „Meister" nur des Wortklangs wegen für den einzelnen Schüler gewählt und von diesem verwendet.

Das wiederholte Vorsagen des „Mantra" unterstützt die Einstellung des Geistes auf eben dieses Mantra in einen Zustand der Bewegungslosigkeit. Der veränderte Bewußtseinszustand wird als Zustand der Gnade, des Eins-Seins, der Selbstverwirklichung beschrieben und als Merkmal der Befreiung von Angst, vom Ich und von materiellen Bedingungen angesehen.

Auch das Zen und der Joga sind in ihrer ursprünglichen asiatischen Form dem europäischen Kulturkreis völlig fremd. Diese Techniken sollten daher nur in einer europäisch modifizierten Weise angewendet werden. Man kann von solchen Methoden keine Wunderdinge erwarten.

Das Zen ist eine vor allem in Japan verbreitete buddhistische Meditationsübung. Wegen ihrer sehr strengen Ausführung wurde sie besonders von den Samurai zur Selbstdisziplinierung angewendet. Das Wesen des Zen ist die „sitzende Versenkung". Sie soll Erleuchtung und Erkenntnis der Einheit allen Seins bringen. Über die Meditationserfahrung hat der „Jüngere" dem „Zen-Meister" zu berichten, der ihn ggf. streng zurechtweist und auch körperlich züchtigt.

Von der Transzendentalen Meditation und dem Zen möchten wir dem Studenten abraten.

Der Joga (auch Yoga) hingegen hat in den letzten Jahren eine „Europäisierung" erfahren, die ihn als Trainigsmethode auch bei uns geeignet erscheinen läßt. Das Wort selbst kommt aus dem Sanskrit, was sehr deutlich auf das fremde Kulturgut hinweist, und bedeutet „Joch", in das der Körper während der Übungen gleichsam eingespannt werden soll. Es gibt viele unterschiedliche Richtungen des Joga, die von der reinen philosophisch-religiösen Meditationsübung bis zur großen gewaltsamen körperlichen Anstrengung reichen. Beim europäisch-modifizierten Joga steht die körperliche Übung im Vordergrund, die aber auch auf starke Konzentration angewiesen ist. Der Joga scheint uns als psychosomatische Trainingsmethode deshalb durchaus geeignet.

Losanow-Methode

In diesem Zusammenhang sei auf eine besondere beachtenswerte Methode zur Steigerung der Konzentration und des Gedächtnisses hingewiesen, die von dem bulgarischen Arzt und Psychologen Dr. Georgi Losanow am Institut für Suggestologie und Suggestopädie in Sofia entwickelt wurde. Sie beruht auf der Erkenntnis, daß jeder beliebige Stoff, der einem Lernenden bei vollkommener körperlicher und geistiger Entspannung zu einer bestimmten Art von Musik rhythmisch vorgetragen wird, so tief in das Bewußtsein eindringt, daß er mühelos gespeichert und jederzeit abgerufen werden kann[20]. Das Grundprinzip ist eine physiologische Gesetzmäßigkeit, die bereits alten Kulturvölkern bekannt war. Die von Losanow wiederentdeckte und weiterentwickelte Methode der Suggestopädie kann im Einzelfall die Aufnahmefähigkeit bis auf das 50fache steigern. Physiologisch läßt sich das folgendermaßen erklären:

Wir können mit dem Elektroenzephalograph die elektrische Energie unseres Gehirns messen. Diese schwankt zwischen

Deltawellen = bis 4 Hertz
Thetawellen = 4 bis 7 Hertz
Alphawellen = 7 bis 14 Hertz
Betawellen = 14 bis 30 Hertz.

Wenn wir wach sind, kreisen in unserem Gehirn vorzugsweise Betawellen. Im Schlaf wechseln je nach Schlaftiefe Delta- bis Alphawellen einander ab. Je niedriger nun die Frequenz, desto einfacher ist die Aufnahme von Lerninhalten.

Grundlage der Losanow-Methode ist eine Lehr- und Lernsituation, die durch sechs Merkmale gekennzeichnet ist:

1. Physische und psychische Entspannung
2. Spezifische Lernsuggestion
3. Rhythmische Atmung
4. Passende Musik
5. Variierende Sprechart

20 Vgl.: Ostrander/Schroeder.

6. Wiederholung des Stoffs und praktische Umsetzung (sprechen, schreiben, lesen).

Losanow unterscheidet bei seiner Lerntechnik

- *die vorbereitende Atmung:* 4 Sekunden einatmen, 4 Sekunden Pause, 4 Sekunden ausatmen, wonach wieder 4 Sekunden Pause folgen und
- *die Lernatmung:* 2 Sekunden ausatmen, 2 Sekunden einatmen, dann 4 Sekunden Pause bzw. 2 Sekunden einatmen, 2 Sekunden ausatmen, 4 Sekunden Pause.

Ein Lehrer spricht den Lernstoff (bei Lernatmung) vor. Seine Sprechart wechselt zwischen normaler Sprechlage, Flüstern und Befehlston. Dieser Wechsel dient nur dazu, den Lernenden wachzuhalten.

Der Unterricht besteht aus vier gleichwertigen Einheiten:

1. Vom 2. Tag an wird zunächst ein Tonband oder eine Kassette vom Vortag angehört und still mitgelesen, was vorgetragen wird. Dabei atmen die Lernenden im Rhythmus der vorbereitenden Atmung.
2. In der 2. Phase wird das Lehrbuch weggelegt und in entspannter Haltung das Tonband bzw. die Kassette noch einmal mit musikalischer Begleitung angehört.
3. In der dritten Phase des Unterrichts wird die neue Lektion gelernt, wobei zunächst wieder im Rhythmus der vorbereitenden Atmung ohne Musik mitgelesen wird.
4. In der vierten Phase wird das Buch beiseite gelegt und die neue Lektion noch einmal ganz entspannt mit musikalischer Begleitung angehört. Das Atmen erfolgt in der oben beschriebenen Weise der Lernatmung, wobei sich der Lernende den Lernstoff möglichst bildhaft vorstellen muß.

Auf den Erkenntnissen dieser Unterrichtssituation basiert auch die entspannte Lernhaltung in der Alleinarbeit bei entsprechender musikalischer „Geräuschkulisse“, wie wir sie im Abschnitt 2.4.2 kennengelernt haben.

Fassen wir zusammen:

- Das Vorfeld der Lernstrategie wird bestimmt durch die kognitiven, affektiven und soziokulturellen Bedingungen.
- Unser Körper ist eine psychosomatische Einheit. Seine Leistungsbereitschaft und -fähigkeit ist an physiologische und psychologische Voraussetzungen geknüpft.
- Gute körperliche und seelische Verfassung sind lernstrategische Ziele.

- Ernährung und Schlaf sind physiologische, seelische Ausgeglichenheit und eine positive Grundeinstellung psychologische Grundbedingungen für unser Lernverhalten.
- Psychische Entspannungsmethoden, vor allem das autogene Training, können die für geistiges Schaffen notwendige innere Ausgeglichenheit vermitteln.

Prüfen Sie Ihren Lernerfolg!

1. Begründen Sie die Notwendigkeit unterschiedlicher Ernährung für Geistesarbeiter und für überwiegend körperlich arbeitende Menschen! Welche Art von Nahrungsmitteln und welche „Dosierungen" würden Sie z. B. jeweils empfehlen?
2. Nach allgemeiner Auffassung benötigt der Mensch im Durchschnitt 8 Stunden Schlaf. Nehmen Sie zu dieser Aussage Stellung!
3. Was verstehen Sie unter der psychosomatischen Einheit des Menschen? Welche Konsequenzen ergeben sich daraus für das Lernverhalten?
4. Erklären Sie die Wirkung des autogenen Trainings auf menschliches Verhalten allgemein und auf das Lernverhalten!

4.1.2 Zielklarheit

Lernziele:

Sie sollen einsehen, daß

— *klare Ziele für einen erfolgreichen Studienverlauf notwendig sind,*

— *auf dem Weg zum Endziel des Studiums viele Etappenziele unmittelbar angestrebt werden,*

— *Endziel und Etappenziele dem persönlichen Leistungsvermögen anzupassen sind,*

— *immer wieder „Motivationstiefs" und Eigendynamik unserer Umwelt die Ziele verwischen können,*

und Sie sollen lernen,

— *trotzdem an der Grundrichtung Ihrer gesteckten Ziele festzuhalten!*

4.1.2.1 Ziele setzen

Wer das Ziel nicht kennt, weiß nicht, wohin er geht, er wird allzu leicht gezogen.

Wer systematisch arbeiten will, muß sich klare Ziele setzen, Endziele und Etappenziele. Nur auf Ziele hin können wir sinnvoll planen.

Ein solches Endziel ist z. B. der erfolgreiche Abschluß des Studiums. Auf dem Weg dorthin stehen viele Etappenziele: Leistungsnachweise, Klausuren, Semester, Zwischenprüfungen. Das Endziel haben wir immer im Auge, die Etappenziele steuern wir unmittelbar an. So kommt Richtung und Klarheit in unseren Studiengang. Ohne Etappenziele verlieren wir die Richtung, machen wir Umwege, vergeuden wir Energie, Zeit und Motivation, weil wir uns im Gestrüpp der nicht mehr zu ordnenden Informationen der Lerninhalte verlieren.

Beim Festlegen unserer Zielpunkte kommt es darauf an, daß diese unserem Leistungs- und Anspruchsniveau entsprechen, d. h. daß sie

- nicht zu hoch gesteckt werden, damit sie für uns noch erreichbar bleiben (wir werden sonst mutlos und zweifeln an unseren Kräften, weil uns die Ziele davonlaufen),

und daß sie

- nicht zu niedrig angesetzt werden, sonst bieten sie uns keinen Anreiz mehr; denn das Erreichen unserer Zeile vermittelt uns die notwendigen Erfolgserlebnisse.

Vergleichen Sie hierzu nochmals das Kapitel 2.2.3, insbesondere die Abbildungen 14 und 15 (S. 34 u. 36).

Unsere Zielplanung darf nicht auf plötzlichen Einfällen beruhen, sondern bedarf gründlicher Überlegung, in die auch unsere Erfahrung einfließen muß. Dabei sollten wir uns bewußt sein, daß Ziele, die wir uns selbst vorgeben, nicht nur Ausfluß objektiver sachgebundener Geistesarbeit sind, sondern daß sie durch unsere Normen und Werthaltungen wesentlich mitbestimmt werden. Sie sind somit auch eine Frage unserer persönlichen Ethik.

4.1.2.2 Ziele ansteuern

Wenn wir uns über unsere Ziele im klaren sind, fällt es zunächst nicht schwer, sie mit großem Elan zuversichtlich anzusteuern. Unsere Begeisterung wird genährt, wenn wir die Etappenziele planmäßig erreichen. Es ist deshalb besonders wichtig — darauf sei nochmals hingewiesen — daß diese real, d. h. unserer Leistungsfähigkeit angemessen gesetzt werden.

Trotzdem wird es nicht ausbleiben, daß wir immer wieder „ermüden" und Rückschläge erleiden. Das ist ganz natürlich und nicht außergewöhnlich. Deshalb dürfen wir uns nicht entmutigen lassen. Unsere Umwelt hat eine

Eigendynamik, die uns auch verunsichern kann, die u. U. die Ziele als unerreichbar erscheinen läßt. Resignation, Mutlosigkeit, Zweifel an der eigenen Leistungsfähigkeit werden sich selbst beim Tüchtigsten hin und wieder einstellen. Die psychische Unordnung überträgt sich auf das tatsächliche Studienverhalten. Das darf jedoch kein Grund zum Rückzug sein. Schon das Bewußtsein um die Normalität solcher zeitweiliger „Tiefs" ist der erste und wichtigste Schritt, einen neuen Ansatz zu finden.

Vielleicht sind die ursprünglichen Ziele zu überdenken; vielleicht waren sie zu hoch angesetzt. Aber selbst wenn wir nach Ausweichzielen oder neuen Etappenzielen suchen — das kann durchaus notwendig sein — sollten wir an unseren wünschenswerten Endzielen grundsätzlich festhalten.

In jedem Menschen macht sich von Zeit zu Zeit eine Trägheitstendenz bemerkbar, die nach allen möglichen Ausreden sucht, um Anstrengungen und Selbstdisziplin zu vermeiden. Wir müssen uns und unsere Umwelt ständig von neuem für unsere Ziele begeistern, um möglichst schnell aus dem „Motivations-Tief" herauszukommen. Niemand kann auf einer Welle immer oben schwimmen.

Fassen wir zusammen:

- Klare Ziele sind wichtige Voraussetzung für systematisches Arbeiten.
- Zielsetzungen sind auch das Ergebnis persönlicher Normen und Werthaltungen.
- Etappenziele weisen den Weg zum jeweiligen Endziel.
- Unsere Ziele müssen dem persönlichen Leistungsvermögen entsprechen. Sie dürfen nicht zu hoch, aber auch nicht zu niedrig sein.
- Verunsicherungen und Rückschläge können sowohl durch unsere Umwelt als auch durch die eigene Trägheitstendenz begründet sein. Sie sind normal und lassen sich rational und emotional bewältigen.

Prüfen Sie Ihren Lernerfolg!

1. Begründen Sie die Notwendigkeit klarer Ziele für Ihren Studienverlauf!
2. Erläutern Sie das Anspruchsniveau selbstgesteckter Ziele!
3. Wie lassen sich Verunsicherungen auf dem Zielweg erklären?
4. Setzen Sie sich für die nächsten Tage und Wochen *schriftlich* kleinere und größere Etappenziele und führen Sie stichwortartige Aufzeichnungen darüber,
   - ob Sie die gesteckten Ziele erreicht haben,
   - ob Sie die festgelegten Fristen einhalten konnten,

- ob das Anspruchsniveau angemessen war (zu hoch? zu niedrig?),
- welche Gefühle Sie nach den Etappen hatten und
- wie sich diese auf den weiteren Studienverlauf auswirkten!

4.1.3 Planorientierung

4.1.3.1 Bedeutung eines Arbeitsplans

Lernziele:

Sie sollen

— *die Bedeutung und Notwendigkeit eines Arbeitsplans begründen,*

— *einsehen, daß planloses Lernen auf Dauer zeit- und kräfteraubend ist und wenig erfolgversprechend,*

— *allgemeine Regeln für Ihre Lernplanung beachten,*

— *Lernblöcke bilden und*

— *Zeitpläne erstellen und sich daran orientieren können!*

Planen bedeutet in unserem Zusammenhang, eine Arbeit in Teilschritte zerlegen und sie zeitlich fixieren. Kein größeres Vorhaben kann ohne Planung erreicht werden — es sei denn, wir vergeuden Zeit, Mittel und auch Geld. Oder können Sie sich einen Hausbau ohne Plan vorstellen? Ist die Bewältigung eines Studiums denn weniger komplex? Nach Plan arbeiten bedeutet also systematisch arbeiten.

Eine Arbeitsplanung ist deshalb so wichtig, weil sie nicht nur die konkrete unmittelbare Arbeit betrifft, sondern unsere ganze Arbeitshaltung und Persönlichkeit einschließt und bestimmt. Ziel der Planung soll sein: Beschreibung des Weges, der Stationen und der Kontrolle.

Ein Arbeitsplan ist weder unverbindlich noch unabänderlicher Zwang. Er ist eine Richtschnur, die uns Orientierung gibt, leiten soll und damit Sicherheit vermittelt. Aber denken wir daran: „Der Weg zur Hölle ist mit guten Vorsätzen gepflastert!“ Wir sollten uns auch hüten vor zu großen Zielen und zu vielen Vorsätzen! Für Korrekturen und Neuanfänge ist es nie zu spät.

Bei der Einhaltung eines Arbeitsplans können wir nicht alles auf einmal erledigen. Wir müssen uns „verdaubare Häppchen“ vornehmen. Dabei ist das Wesentliche vom Unwesentlichen zu unterscheiden.

4.1.3.2 Anfangsschwierigkeiten

Der größten Anstrengung bedarf es immer am Anfang! Je häufiger wir anfangen, desto größer der Kräfteverbrauch. Ein neues Projekt darf deshalb nicht oft unterbrochen werden. Vielfach ist nicht der Stoff selbst die Ursache unseres Energieverschleißes, sondern vielmehr unser Zögern, ihn beherzt anzugehen. Wer hätte nicht schon die Erfahrung gemacht, daß die Abneigung gegen eine Arbeit, die er ständig vor sich herschob, schließlich immer größer wird, und nicht einmal deswegen, weil sie an sich so unangenehm wäre, sondern nur deshalb, weil durch das ständige Aufschieben das Gewissen zu stark belastet wird. Der Mißmut überträgt sich dann sehr schnell auch auf andere Arbeiten. Ein Arbeitsplan soll uns dagegen in die Pflicht nehmen.

Das Gelingen einer Arbeit hängt also auch wesentlich davon ab, wie beherzt wir gleich am Anfang zupacken. Erfolgserlebnisse stellen sich um so sicherer ein, je gründicher wir beginnen.

Mit dem Verständnis an der Sache wächst auch das Interesse an ihr, selbst wenn es am Anfang scheinbar nicht vorhanden war. Dabei ist von großer Bedeutung, daß wir das bisher Erreichte immer sichtbar machen, gleichsam zur Autosuggestion, um uns die notwendige Zuversicht und Freude zu verschaffen. Wir müssen sehen, wie unser Werk wächst. Ein Tischler z. B. hat es da einfacher: Er sieht sein Werkstück, sieht wie es immer vollkommener wird und kann sich daran erfreuen, sich selbst motivieren und Mut schöpfen.

Goethe arbeitete z. B. Jahrzehnte an seinem „Faust". 1831 berichtete er seinem Sekretär Eckermann, daß er das Manuskript des zweiten Teils des „Faust" habe heften lassen, damit es ihm als sichtbare Menge ständig vor Augen sei.

In die Arbeitsplanung fließt ein Stück unseres Lebensplanes ein, also auch persönliche Lebensbedingungen und Interessen. Somit ist der Arbeitsplan Persönlichkeitsplanung und dient der Persönlichkeitsentfaltung. Er erzieht uns zur Disziplin und Ordnung.

4.1.3.3 Lernblöcke bilden

Den ersten Planungsschritt haben wir im Grunde genommen mit der Zielsetzung bereits vollzogen. Ein weiterer Schritt besteht darin, einen „Stoffverteilungsplan" zu erstellen. Wir gehen davon aus, daß der Lernstoff eines Studienfaches nicht immer überschaubar ist und der „rote Faden" in der Vorlesung oft nicht erkennbar wird. Ein planloses „Darauflos-Pauken" ist zeitraubend und kräftezehrend, baut Motivation ab und bringt wenig Erfolg, wenn die Einordnung in notwendige Zusammenhänge fehlt.

Um den Lernstoff transparent zu machen, müssen wir ihn in „Lernportionen" zerlegen, die die Struktur aufweisen und aufeinander bezogen sind. Das ist eine lernpsychologisch sehr wesentliche Auseinandersetzung mit dem Lerninhalt. Wir trennen das Wesentliche vom Unwesentlichen. In einer eigenen Gliederung legen wir die uns angemessenen Lernschritte fest. Der gesamte Lernstoff des Studienfachs stellt sich uns dann in überschaubaren kleinen Blöcken dar. Diese Planung sollte unbedingt schriftlich fixiert werden. Dazu könnte folgendes Muster als Anleitung dienen:

Studienfach:	(Bezeichnung) Dozent: (N. N.)
Literatur:	1. Manuskript der Vorlesung, . . . Seiten; 2. Lehrbuch des Dozenten 3. Weiterführende Literatur: A, B, C etc.
Aufteilung:	**1. Block:** (Selbststudium [Datum, Uhrzeit]) Manuskript S. 1—8 Lehrbuch Dozent, S. 43—58 Lehrbuch A, S. 12—23
	2. Block: (Arbeitsgruppe mit N. N. [Datum, Uhrzeit]) Klausur vom Vorsemester
	3. Block: (Selbststudium, [Datum, Uhrzeit]) Lehrbuch Dozent, S. 58—67 Manuskript B, S. 9—15 Lehrbuch B, S. 143—149 usw.

Abb. 29: Muster für das Bilden von Lernblöcken

4.1.3.4 Zeit einteilen

Das Festlegen einzelner Lernblöcke ist abhängig von unseren zeitlichen Möglichkeiten. Alle Planung hat wenig Sinn, wenn wir die Termine nicht einhalten können. Unsere Studienzeit wird schließlich nicht nur von den Studieninhalten gesteuert. Es sind auch andere wichtige Tätigkeiten und Vorhaben einzuplanen, von der alltäglichen Erledigung persönlicher Angelegenheiten bis zur notwendigen Freizeitgestaltung und den Erholzeiten, über die eigens zu reden sein wird.

Oben wurde bereits dargestellt, wie wichtig u. a. die Arbeitsstimmung ist. Und wir sind nicht immer in Hochstimmung. Aber wenn sie uns einmal total abgeht — daß das vorkommt, wissen wir und es ist normal — hat es wenig Sinn, sich verkrampft am Plan festzuhalten. Wir müssen deshalb einen Zeitpuffer vorsehen, in dem wir „Plandefizite" nachholen können. Unsere Planung darf uns nicht vergewaltigen.

4.1.3.5 Grobplanung

Eine Grobplanung — vielleicht für einen oder zwei Monate oder auch für einen längeren Zeitraum — die so konzipiert sein muß, daß wir auf keinen Fall wesentlich davon abweichen müssen, erleichtert uns die Feinplanung. Sie kann sehr zweckmäßig als Zettelkasten angelegt werden. Die folgende Abbildung soll dafür als Anhaltspunkt dienen.

Grobplanung für das Semester (Studienabschnitt) . . .

Kalenderwoche	Studium	Freizeit	Sonstiges
41	Verwaltungsrecht Organisationslehre BWL (Übung)	Training (Handball)	Theater mit Anni (Karten besorgen)
42	Verwaltungsrecht Organisationslehre BWL (Übung) BGB	Training (Handball)	Geburtstagsfeier Gundelinde
43	Verwaltungsrecht Klausur Organisationslehre Arbeitsgemeinschaft BGB	Training Beginn der Meisterrunde Theater	TÜV Bafög-Amt Studentenverbindung

Abb. 30: Grobplanung (Wochenplan)

4.1.3.6 Feinplanung

Aufgrund einer Grobplanung können wir dann eine Feinplanung vornehmen. Sie kann sich auf einen regelmäßig sich wiederholenden Wochenplan beziehen, oder wir planen jede Woche neu. Dies hat den Vorteil, daß Änderungen in unserem Planungs-Soll sofort berücksichtigt werden und auch Planungsdefizite — wie oben bereits erwähnt — sofort ausgeglichen werden können. Bei diesem Planungsschritt wird jeder Tag besonders ausgewiesen. Da unsere Leistungsbereitschaft nicht nur von der Arbeitsstimmung abhängt, sondern auch bio-rhythmischen Schwankungen unterliegt, müssen wir das, so gut es geht, bei der Tagesplanung berücksichtigen:

Unsere größte Leistungsbereitschaft liegt im allgemeinen in den Vormittagsstunden. Nach der Mittagszeit macht sich ein deutlicher Leistungsabfall bemerkbar, von dem wir uns etwa gegen 15.00 Uhr erholt haben. Es folgt ein neuer Leistungsanstieg, der jedoch unter dem des Vormittags bleibt. Auch in den Abendstunden zeigen wir nach einem erneuten Leistungsabfall wieder mehr Energie und können diese Phase nochmals sinnvoll einplanen. In der leistungsschwächeren Zeit sollten wir uns nach Möglichkeit nicht mit unseren „Problemfächern" befassen. In diesen Stunden können wir Aufgaben und Tätigkeiten verrichten, die uns nicht unbedingt intellektuelle Höchstleistungen abverlangen. Eine bio-rhythmische Tageskurve zeigt die Abbildung 31.

Leistungsbereitschaft in % über bzw. unter dem Durchschnitt

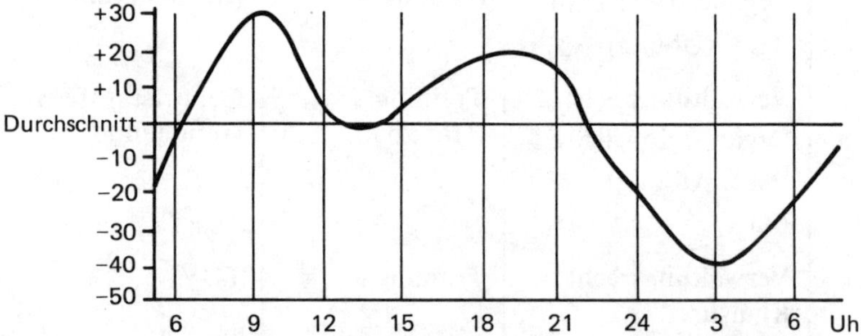

Abb. 31: Tageskurve der physiologischen Leistungsbereitschaft (vgl. Stoll, Bd. 1, S. 368)

Eine völlige Übereinstimmung unserer Tagesplanung mit den biologisch bedingten Schwankungen, indem wir also schwierige Lerninhalte nur in die Zeiten der Leistungshochs verlegen und die Leistungstiefs mit eher manuellen Tätigkeiten überbrücken, bleibt wohl in der Regel ein nicht erreichbares Ideal. Stundenplangestaltung der Vorlesungen, die wiederum an organisatorische Bedingungen gebunden sind, bilden schon die ersten Gegebenheiten, die unseren Tagesverlauf nicht nur beeinflussen, sondern ganz wesentlich bestimmen. Hinzu kommen weitere auch individuelle Sachzwänge, die einfach nicht erlauben, daß wir uns nur an der täglichen Leistungskurve orientieren. Wir sollten nicht vergessen, daß vor allem Motivation und Interesse optimale Variablen sind, die leistungsschwächere Zeiten nicht nur überbrücken helfen, sondern vor allem weniger spürbar werden lassen. Schließlich können wir später im Beruf diese Phasen wohl kaum nur mit Pausen füllen.

Woche: 41

Tag	Zeit	Tätigkeit	Bemerkungen
Mo.	08.00—12.00	Vorlesung: Organisationslehre Verwaltungsrecht	
	12.00—14.00	Mensa Einkaufen	Filme abholen
	14.00—16.00	Vorlesung: BWL (Übung)	
	16.30—18.00	Nacharbeit Vorlesungsmanuskript Organisation	
	18.15—19.00	Mensa (mit N. N.)	Besprechung wegen Diavortrag
	19.00—19.20	Nachrichten	Hochschul- rahmengesetz?
	19.30—21.30	Training Turnhalle	
	22.00—23.00	Literaturstudium Verwaltungsrecht (Dozent N. N.)	
Di.	08.00—10.00	Nacharbeit Vorlesungsmanuskript Verwaltungsrecht	
	10.30—12.00	Vorlesung Verwaltungsrecht Mensa	
	12.00—13.00 usw.		Mit N. N. sprechen wegen Arbeitsge- meinschaft

Abb. 32: Beispiel für einen Tagesplan

Auch für diesen zweiten Planungsschritt, die Tages- oder Feinplanung, empfiehlt sich eine schriftliche Fixierung. Ein sichtbar gemachtes „Soll“ mahnt uns, bindet uns und hilft uns viel besser. Als Anhaltspunkt für eine Tagesplanung kann die Abb. 32 dienen. Es wäre auch zweckmäßig, ein „Formblatt“ nach dem Muster der Abb. 33 zu erstellen. Wir brauchen es nur in entsprechender Anzahl zu kopieren, um Vordrucke für eine Wochenplanung zu haben. Sie können uns die Arbeit wesentlich erleichtern.

Datum / Zeit	Montag	Dienstag	Mittwoch	Donnerstag	Freitag	Samstag	Sonntag	Bemerkungen
08.00—10.00								
10.00—12.00								
12.00—14.00								
14.00—16.00								
16.00—18.00								
18.00—20.00 usw.								

Abb. 33 Vorlage für eine Wochenplanung

Fassen wir zusammen:

- Komplexe Aufgaben müssen nach Plan bearbeitet werden.
- Ein Arbeitsplan erstreckt sich auf inhaltliche Gliederung und zeitliche Festlegung.
- Der Arbeitsplan zeigt Weg, Stationen und Kontrollen auf.
- Arbeiten nach Plan spart Zeit und Kräfte und erleichtert das Studium.
- Der inhaltliche Aspekt des Arbeitsplans betrifft den Stoffverteilungsplan, der ein Studienfach in überschaubare Lernblöcke zerlegt.
- Der zeitliche Aspekt des Arbeitsplans bezieht sich auf ein zeitliches Grobraster und eine zeitliche Feinplanung.
- Bei der Planung sollten Leistungsschwankungen und Arbeitsstimmungen soweit wie möglich berücksichtigt werden.
- Eine Arbeitsplanung ist Persönlichkeitsplanung. Sie erzieht zur Ordnung und Disziplin.

Prüfen Sie Ihren Lernerfolg!

1. Welche Gründe sprechen für eine Arbeitsplanung?

2. Listen Sie auf, welche Faktoren Ihre persönliche Lernplanung beeinflussen!
3. Verteilen Sie den Lerninhalt eines bestimmten Studienfaches in überschaubare Lernblöcke!
4. Erstellen Sie einen groben Arbeitsplan für das laufende oder nächste Semester!
5. Legen Sie in Anlehnung an die Grobplanung für die nächste Woche eine Feinplanung an!
6. Prüfen Sie nach Ablauf dieser Woche, inwieweit Sie Ihre Feinplanung einhalten konnten und wo Sie ggf. für die nächste Feinplanung Änderungen vornehmen wollen!
7. Erstellen Sie aus den Erfahrungen der ersten Woche die nächste Feinplanung!

4.2 Methoden des Lernens

4.2.1 Lernverhalten

Lernziele:

Sie sollen

— *die Bedeutung des*
  - *klassischen und*
  - *operanten Konditionierens für Ihre persönliche Lernhaltung erläutern und dafür beispielhafte Lernsituationen beschreiben,*

— *Unterschiede zwischen Konditionslernen und kognitivem Lernen erklären sowie*

— *die wichtigsten Lerntypen nennen und deren spezifische Lernhaltung beschreiben,*

— *das Lernverhalten Jugendlicher und Erwachsener miteinander vergleichen, Unterschiede begründen und eigenes Lernverhalten danach ausrichten können!*

4.2.1.1 Lernarten

Lernen ist nicht nur ein biologischer Prozeß, wie oben schon dargestellt wurde, sondern vor allem auch an psychologische Gesetzmäßigkeiten gebunden. Mit Motivation, Einstellung oder Stimuli haben wir uns schon auseinandergesetzt. Von der Lernpsychologie erfahren wir aber noch weitere Hilfen, unsere Lernmethoden auf die Erkenntnisse ihrer Forschung einzustellen.

Die Fachliteratur beschränkt sich leider zu sehr auf die Darstellung von Experimenten mit Ratten, Tauben, Katzen oder Affen in ihren Käfigen und beschreibt deren Lernerfolg bei den unterschiedlichsten Lernbedingungen. Für Studenten bieten diese Untersuchungen — so interessant sie auch sein mögen — aber wenig konkrete Handreichungen, ihre Lernmethoden zu verbessern. In unseren Überlegungen wollen wir kurz auf solche lernpsychologischen Theorien eingehen, deren Transfer und Nutzen auf menschliches Lernverhalten besonders auffallend ist.

- *Klassisches Konditionieren*

Die Lehre Pawlows und Watsons vom Klassischen Konditionieren hat der Student bereits auf dem Gymnasium kennengelernt. In der Fachliteratur werden die Versuche der beiden Forscher in aller Breite dargestellt. Auf die Bedeutung für das Lernverhalten Erwachsener wird jedoch nur spärlich hingewiesen.

Das besondere Merkmal des Klassischen Konditionierens besteht in der Signalfunktion bestimmter Reize. Bei ihrem Auftreten reagiert der Organismus entsprechend. Wenn wir z. B. am Bildschirm eine festlich gedeckte Tafel mit lukullischen Hochgenüssen sehen, „läuft uns das Wasser im Munde zusammen" und wir möchten essen. Werden nun diese Reize (die Speisen) immer mit weiteren — „konditionierten" — Reizen (z. B. festliches Tafelgeschirr) gleichzeitig dargeboten, erfolgt schließlich die ursprüngliche Reaktion (Speichel im Munde) auch auf den konditionierten Reiz (das Tafelgeschirr) allein. Unsere oben beschriebene Reaktion wird sich dann schon einstellen, wenn wir die festlich geschmückte Tafel auch ohne die Speisen erblicken.

Beim Menschen zeigen sich solche konditionierten Verhaltensweisen vor allem in gefühlsmäßigen Reaktionen, die meist unbewußt ablaufen. Wir können das auch an folgendem Beispiel erklären: Ein Student hört ein ihn ursprünglich sehr interessierendes Fach bei einem Dozenten, der ihm von vornherein oder vielleicht auch erst im Laufe der Zeit durch einige unangebrachte Bemerkungen unsympathisch ist. Die Abneigung gegen den Dozenten wird mit dem Lernstoff verbunden (assoziiert) und kann sich in diesem Fall auf das Studienfach übertragen. Ebenso können mehrfach schlechte Noten mit dem entsprechenden Fach assoziiert werden und dadurch zur Ablehnung des Faches führen.

Um aus einem solchen Teufelskreis herauszukommen, müssen wir versuchen, unsere negative Einstellung zu analysieren. Nur so können wir den eigentlichen Grund herausfinden und gefühlsmäßige Reaktionen, vor allem wenn sie nachteilig sind, korrigieren.

Wir können jedoch auch positive Assoziationen durch den Vorgang des klassischen Konditionierens erklären. Wenn wir z. B. immer unter den gleichen günstigen situativen Bedingungen lernen und arbeiten, wirken diese als Signalreize, die uns Motivation, Konzentration und das Studieren insgesamt erleichtern. Bei einem sympathischen Dozenten, der uns Zuwendung zeigt, finden wir den Lernstoff deshalb auch interessanter und verkraften ihn besser.

- *Operantes Konditionieren*

Die Lernart des Operanten Konditionierens geht vor allem auf die beiden Amerikaner Edward L. Thorndike und Burrhus F. Skinner zurück. Thorndike fand durch Lernexperimente mit Tieren heraus, daß wesentliche Lernerfahrungen durch „Versuch und Irrtum" erzielt werden. Das bedeutet, daß eine Aktivität so lange ausgeführt wird, bis sich der Erfolg einstellt. Ein befriedigender Erfolg erhöht die Wahrscheinlichkeit, daß die unmittelbar vorangegangene Aktivität wiederholt wird.

Auf diesen Erkenntnissen Thorndikes baute Skinner auf und konzentrierte sich dann auf menschliches Lernverhalten. Er empfiehlt, den Lernstoff in kleine Lernsequenzen aufzuteilen, die für den Lernenden nicht nur überschaubar, sondern vor allem auch zu bewältigen sein müssen (vgl. hierzu auch den Abschnitt 4.1.3.3 Lernblöcke bilden). Nach dem Erreichen einer solchen Lernetappe muß eine entsprechende positive Rückmeldung den Erfolg bestätigen und damit belohnen.

Daraus lassen sich folgende Nutzanwendungen ziehen: Unser Lernverhalten wird ganz entscheidend von der Konsequenz, vom Erfolg oder Mißerfolg, bestimmt. Der Lernstoff fällt uns leichter, wenn das Ergebnis des Lernens spürbar und sichtbar wird. Das Bewußtsein, einen Lerninhalt verstanden zu haben, ist von großer Bedeutung und wirkt als „Belohnung". Lernfortschritte werden auf Dauer nur bei ständiger Rückmeldung über den Lernerfolg erzielt. Wir müssen sie in unserem Lernverhalten immer bewußt und möglichst sichbar machen. In diesem Zusammenhang muß auch auf die Bedeutung von Fragen während der Vorlesung, von Lernerfolgskontrollen in Form von Leistungsnachweisen, Testaten u. ä. als wichtige Rückmeldungen hingewiesen werden.

Ein reines Auswendiglernen, das sture Pauken, entspricht in aller Regel dem Reiz-Reaktions-Lernen des klassischen oder operanten Konditionierens. Begriffe, Wörter, Paragraphen, Zahlen usw. bilden die Reize oder Stimuli, auf die dann die entsprechenden Reaktionen erfolgen: Konsequenzen werden genannt, abhängige Inhalte aufgesagt, „eingespeicherte Assoziationen“ reproduziert. Fehlen aber die entsprechenden Reize, kommt möglicherweise eine Frage nicht genau so, wie wir sie „eingepaukt“ haben, kann in der Regel auch keine Reaktion entstehen. Der Lernerfolg, sofern sich überhaupt ein solcher einstellt, ist beim „Pauken“ deshalb immer nur von kurzer Dauer, weil bei dieser Lernmethode die Übung durch „Transfer“ fehlt und eine intellektuelle Verarbeitung sich nicht vollzieht.

● *Kognitives Verarbeiten*

Der Lernvorgang ist beim Menschen nicht nur ein Prozeß, bei dem bestimmte Reize entsprechende Reaktionen hervorrufen, oder bei dem miteinander gekoppelte Reize schließlich für sich allein gewünschtes Verhalten bewirken. Menschliches Lernen ist vor allem ein intellektueller Prozeß, ein Vorgang, bei dem die Einsicht, die kognitive Verarbeitung der aufzunehmenden Information eine entscheidende Rolle spielt. Auf dieser Lernart beruht das studierende Lernen hauptsächlich. Es ist die bewußte Auseinandersetzung mit dem Lernstoff, das „Problem-Lösen“, die anspruchsvollste, aber auch wirkungsvollste Lernart[21]. Wir speichern die Lerninhalte nicht unreflektiert ein, sondern verarbeiten sie, indem wir sie hinterfragen, auf Echtheit, Glaubwürdigkeit und Glaubfähigkeit prüfen und mit unseren bisherigen Lern- und Lebenserfahrungen vergleichen und bewerten. Dazu müssen wir Alternativen aufzeigen und die Informationen nach verschiedenen Gesichtspunkten interpretieren. Es gibt viele Kognitionstheorien mit unterschiedlichen Ansätzen, die den Lernprozeß unter solchen Aspekten untersuchen und erklären.

Bei dieser Lernart ist viel mehr als beim Lernen durch Konditionieren eine übersichtliche Struktur des Stoffes notwendig. Wir sollten uns angewöhnen, jeden Lerninhalt in eigene Gliederungen oder besser in Graphiken zu fassen. Eine Graphik „macht sichtbar“ (visualisiert) und zeigt dadurch die Zusammenhänge besser auf. Ohne eine solche Struktur können wir weder sinnvolle Lernblöcke bilden, noch wird der Lernstoff dauerhaft verarbeitet.

Gegenüber dem Konditionslernen lassen sich beim kognitiven Lernen insbesondere folgende Vorteile herausstellen:

— Es bedarf keiner „konditionierten“ Reize, obwohl auch dieses Lernverhalten von Assoziationen abhängig ist.

---

21 Vgl. hierzu auch die Hierarchie der Lerntypen nach R. Gagné.

— Zeitraubendes Lernen durch Versuch und Irrtum entfällt.

— Der Überblick bzw. die Stoffstruktur ermöglicht zielstrebiges Arbeiten, das weniger auf „Reiz-Reaktions-Verbindungen" angewiesen ist, sondern eher durch das Interesse am „Problem-lösenden-Verhalten" begünstigt wird.

— Der Behaltenseffekt ist dauerhafter, weil der Stoff nicht nur „eingepaukt", sondern verstandesmäßig erfaßt wird.

— Der Transfer auf ähnliche Situationen wird durch das kognitive Verarbeiten erleichtert.

4.2.1.2 Lerntypen

Die Bezeichnung „Lerntyp" wird in der Fachliteratur nicht einheitlich verwendet. R. Gagné gebraucht den Begriff im Sinne einer Lernart nach der Struktur des Lernprozesses, z. B.

- das einfache Signallernen. Wir haben es oben als Konditionslernen dargestellt: Auf ein bestimmtes (Reiz-)Signal erfolgt eine bestimmte Reaktion;
- das Imitationslernen: Lernen durch Beobachtung und Nachahmung;
- das Bilden sprachlicher Ketten oder
- das Problemlösen.

F. Vester hingegen klassifiziert die Lerntypen nach der Art der Informationsaufnahme und -verarbeitung: Die einen lernen besser durch Lesen, die anderen durch Hören, andere durch Reden und andere wieder anders. In unseren Darstellungen wollen wir diesen Begriff des Lerntyps übernehmen. Nach Vester wird der Lernerfolg mitbestimmt durch das „Denkmuster" des Lernenden. Es ist nach den ersten drei Lebensjahren eines Menschen weitgehend festgelegt. Der Wahrnehmungsprozeß und die optimale Informationsaufnahme und -verarbeitung orientieren sich nach Vester an diesem durch die erste Sozialisation bedingten Denkmuster. In Anlehnung an Jäckering[22] nennen wir folgende Haupttypen:

— *Der visuelle Lerntyp*
Der visuelle Lerntyp lernt am besten, wenn er etwas sieht. Der Student dieses Typs muß einen Lerninhalt erst „schwarz auf weiß" vor sich haben, um sich mit ihm auseinandersetzen zu können. Es ist der Lerntyp,

22 Vgl. Meixner, S. 103 f.

der an seinem häuslichen Schreibtisch oder in der Bibliothek besser arbeiten kann als in der Vorlesung. Er ist auf „Visualisierung" angewiesen.

— *Der auditive Lerntyp*
Er ist der geborene Hörer für die Vorlesung. Der Vortrag, das gesprochene Wort, die akustische Information sind seine Lernsituationen. Rede und Gegenrede, Fragen, auch solche, die er sich beim Lernen selbst stellt und beantwortet, sind wichtige Lernhilfen für ihn. Den reinen auditiven Lerntyp gibt es jedoch sehr selten.

— *Der haptische Lerntyp*
Dieser Lerntyp muß etwas selbst tun können, um es richtig zu verstehen. Er muß es fühlen, berühren, greifen, um es „begreifen" zu können. Für ihn sind Experimente, Modelle, mit denen er arbeiten kann, die idealen Lernsituationen bzw. Lernhilfen.

— *Der verbal-abstrakte Lerntyp*
Wir können diesen Lerntyp als den Theoretiker bezeichnen. Er hat ein hohes Maß an abstrakter Intelligenz und ist nicht auf Anschauung angewiesen. Ihm genügen verbale abstrakte Erläuterungen über Begriffe oder Theorien zum Verständnis und Lernerfolg. Jeder Student wird die Erfahrung machen, daß mit zunehmender Kompetenz am Lernstoff auch die Fähigkeit wächst, verbal-abstrakt zu lernen.

— *Der gesprächsorientierte Lerntyp*
Dieser Lerntyp muß diskutieren, um zu begreifen. Er braucht das Gespräch. Er will Lerninhalte mit jemandem besprechen können; erst dann kann er sie dauerhaft verstehen.

Diese aufgeführten Lerntypen können wir als Haupt- oder Grundtypen bezeichnen. Sie alle gibt es kaum in ihrer ausschließlichen Lernhaltung. In der Mehrzahl sind die Menschen „Mischtypen". Hinzu kommen bei jedem noch ganz spezifische Eigenarten, die vor allem in den situativen Bedingungen zu suchen sind und für eine optimale Lernsituation gegeben sein müssen. Wir haben schon darauf hingewiesen, wie wichtig es ist, seinen eigenen Lerntyp zu kennen, um eine ideale Studienvoraussetzung schaffen zu können.

4.2.1.3 Lernfähigkeit Erwachsener

Bevor wir überlegen, welche Lerntechniken wir einsetzen wollen, müssen wir uns über die Lernfähigkeit Erwachsener im klaren sein. „Lernpsychologisch erwachsen" ist der junge Mensch bereits dann, wenn er Lerninhalte nicht mehr unreflektiert übernimmt — oder besser: nicht mehr übernehmen kann —, sondern sie kritisch auf ihren Wahrheitsgehalt und ihren Nutzwert prüft. Dieses Lernverhalten stellt sich etwa ab dem 13.—15. Lebensjahr ein.

Wir wissen heute, daß die „Maturitäts-Degenerations-Hypothese", nach der mit zunehmendem Alter die geistige Leistungs- und Lernfähigkeit angeblich abnimmt, zu einer Fehlinterpretation des Lernverhaltens Erwachsener geführt hat. Zweifellos gibt es mit zunehmendem Alter physiologische Vorgänge, die auch die Lernfähigkeit beeinträchtigen. Sehschärfe, Hörgeschwindigkeit, Lautempfindlichkeit, Farb- und Lichtwahrnehmung werden z. B. schwächer.

Neuere Untersuchungen haben aber ergeben, daß die o. a. Hypothese für viele Bereiche der intellektuellen Entwicklung bei Erwachsenen falsch ist. Nicht eine Leistungsminderung geht mit zunehmendem Alter einher, sondern eine Leistungsänderung intellektueller Fähigkeiten. So läßt z. B. vor allem das Lerntempo nach. Das können wir nicht nur biologisch, sondern auch lernpsychologisch erklären: Im Alter benötigt die Einspeicherung von Informationen im Gedächtnis mehr Zeit, weil — anders als bei Kindern oder Jugendlichen — Lebens- und Lernerfahrungen schon vorhanden sind, mit denen die neuen Informationen verglichen und an denen sie gemessen werden. Mit dem Lebensalter nimmt deshalb das Urteilsvermögen zu, das Verantwortungsbewußtsein wächst und die Selbständigkeit wird ausgeprägter. Dadurch vermindert sich die Fehlerhäufigkeit, und die intellektuellen Leistungen werden präziser. Selbst das Lerntempo Jugendlicher kann erreicht werden, wenn Erwachsene ihre Lernfähigkeit ständig trainieren. Bei Studenten sind dafür die besten Voraussetzungen gegeben, weil sie immer geistig gefordert werden.

Das Ausmaß unserer Lernfähigkeit ist grundsätzlich auch abhängig von den Erfahrungen, die wir beim Lernen machen bzw. gemacht haben. Vom Erfolg oder Mißerfolg hängen die Impulse für das Weiterlernen ab. Eine unzureichende Lernfähigkeit läßt sich vielfach auch damit erklären, daß Lernen assoziiert wird mit Schule, Zwang und mangelnden Erfolgserlebnissen.

Beim Studenten können

— die Vorbereitung auf den gewählten Beruf,
— die Konzentration auf die neue Lernsituation an der Hochschule und vor allem
— die „wissenschaftliche (epistemische) Neugier"

als Motivationsfaktoren wirken und dadurch die Lernfähigkeit erheblich steigern.

Fassen wir zusammen:

- Lernen ist sowohl ein biologischer als auch ein psychologischer Prozeß.
- Das Klassische Konditionieren ist ein Lernvorgang, bei dem durch wiederholtes Kombinieren von Reizen ein neues Verhalten entsteht. Diese Theorie kann besonders das Lernen emotionaler menschlicher Reaktionen erklären.
- Nach der Theorie der Operanten Konditionierung begünstigen positive Rückmeldungen auf ein Verhalten den Lernprozeß.
- Die Kognitionstheorien erklären Lernen als intellektuellen Prozeß. Die dadurch gewonnenen Erkenntnisse sind vor allem beim „Problem-lösenden" Lernen im Studium nützlich.
- Jedes Individuum ist sein eigener Lerntyp, der auch ganz persönliche Ausprägungen der Grundtypen aufweist, des
  - — visuellen,
  - — auditiven,
  - — haptischen,
  - — verbal-abstrakten und des
  - — gesprächsorientierten Lerntyps.
- Erwachsene lernen weder schlechter noch besser als Kinder; sie lernen anders. Bei ihnen spielt die Lernvergangenheit eine entscheidende Rolle.
- Die Motivationsfaktoren können die Lernfähigkeit Erwachsener, die bis ins Alter hinein erhalten werden kann, entscheidend beeinflussen.

Prüfen Sie Ihren Lernerfolg!

1. Erklären Sie den Vorgang des „Klassischen Konditionierens" am Beispiel eines Studenten, der ein wichtiges Studienfach unter ungünstigen personalen oder situativen Bedingungen hören muß (z. B. bei einem didaktisch ungeschickten Dozenten). Welchen Rat würden Sie dem Kommilitonen geben?
2. Erinnern Sie sich an eine persönliche Lernsituation, die Sie mit der Theorie des „Operanten Konditionierens" erklären können!
3. Erläutern Sie die Unterschiede zwischen konditionalem und kognitivem Lernen! Welche Erkenntnisse können Sie daraus für Ihr Studienverhalten ableiten?
4. Beschreiben Sie Ihren persönlichen Lerntyp!
   Stellen Sie dabei nicht nur fest, welchem Grundtyp Sie sich hauptsächlich zuordnen, sondern auch, welche Anteile der übrigen Grundtypen

Sie bei sich sehen und durch welche sonstigen Umstände für Sie günstige oder optimale Lernvoraussetzungen bestehen!

5. Erläutern Sie die Unterschiede der Lernfähigkeit bei Kindern und Erwachsenen!

4.2.2 Lerntechnik

Lernziele:

Sie sollen

— *den Phasenverlauf beim Lernen,*

— *das Ebbinghaus-Gesetz und*

— *die Vergessenskurve erklären, sowie*

— *daraus Schlußfolgerungen für das Lernen ableiten,*

— *lerngerechte Wiederholungsphasen nennen,*

— *die Effektivität des Vorschlaflernens begründen und*

— *die Notwendigkeit des Strukturierens von Lerntexten einsehen und Lerntexte behaltenswirksam gliedern sowie*

— *die Lernzeit durch sinnvolle Pausen unterbrechen können!*

Im Abschnitt 2.4.4.2 haben wir in einem anderen Zusammenhang bereits eine bestimmte Lerntechnik vorgestellt: die Lernkartei. Wir wollen auch an dieser Stelle auf das Arbeiten mit Karteien nochmals besonders hinweisen. Es ist eine sehr erfolgreiche Methode, die a.a.O. ausführlich beschrieben wurde, so daß wir hier nicht mehr näher darauf eingehen müssen. In diesem Abschnitt wollen wir unter dem Gesichtspunkt der Lernökonomie weitere erfolgversprechende psychologische Lerntechniken erörtern.

4.2.2.1 Das „Ebbinghaus-Gesetz“

Wir haben alle schon die Erfahrung gemacht, daß unsere Lernfortschritte nicht gleichmäßig verlaufen. Das Lernen wird um so schwieriger, je näher wir an das Lernziel herankommen. Wenn wir unseren Lernzuwachs in einer Graphik darstellen, ergibt sich keine aufsteigende Gerade, sondern eine Kurve, die durch Plateaus unterbrochen wird. Vielfach lassen sich beim Lernprozess mehrere Phasen beobachten, die durch solche Plateaus verbunden sind. Die Abbildung 34 soll das veranschaulichen:

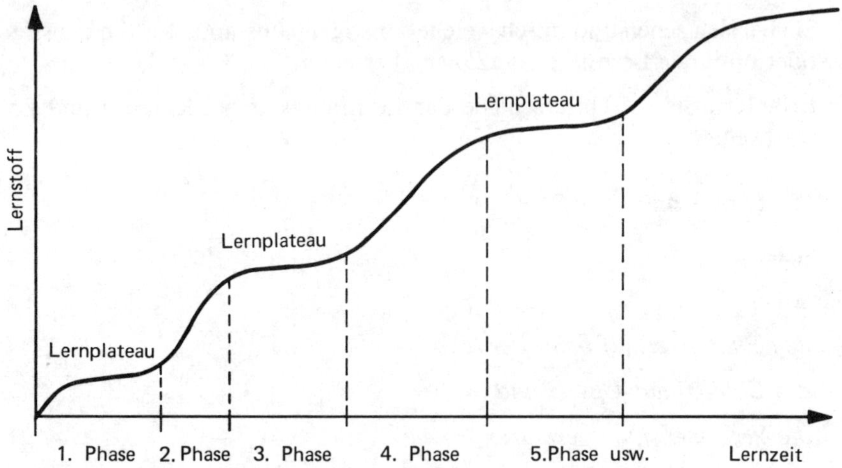

Abb. 34: Lernkurve und Lernplateaus

1. Phase: Einstieg in den neuen Lernstoff
Der Anfang ist oft schwerfällig, aufwendig und umständlich. Wir müssen uns orientieren und die Struktur des Stoffes suchen.

2. Phase: Rascher Lernfortschritt
Wir haben Interesse und Freude an der neuen Materie gefunden. „Der Groschen ist gefallen", und wir erzielen gute Lernfortschritte.

3. Phase: „Toter Punkt"
Je näher wir uns an das Lernziel heranarbeiten, desto schwieriger scheint alles zu werden. „Nichts läuft mehr." Trotz Mühe und Plage ist kein Fortschritt erkennbar. Vieles ist vergessen.
Wir befinden uns auf einem Lernplateau.

4. Phase: Erneuter Anstieg der Lernkurve
Das Plateau wird überwunden, und der Lernfortschritt wird erneut spürbar.

Die Lernplateaus sind sehr wichtige Ruhepausen — oder besser: Strukturierungspausen — während des Lernprozesses. Es ist der Zustand, in dem wir das berüchtigte „Brett vor dem Kopf" zu haben glauben. Diese Phase ist ein sehr vernünftiger Mechanismus in unserem Gehirn, der uns vor Überlastung unserer geistigen Kapazität schützt und dafür sorgt, daß die aufgenommenen Informationen zunächst einmal vollständig verarbeitet und im Langzeitgedächtnis eingespeichert werden können. Der Vorgang vollzieht sich auch völlig unbewußt.

Mit fortschreitender Zeitdauer jedoch werden die Lernzuwächse immer geringer, die ansteigenden Geraden in der Graphik immer kürzer und die Lernplateaus immer länger. Schließlich steht der Zeitaufwand in keinem angemessenen Verhältnis mehr zum Lernerfolg. Ebbinghaus, der Vater der Gedächtnisforschung, hat dies um die Jahrhundertwende schon in zahlreichen Untersuchungen nachgewiesen und es zusammenfassend etwa so formuliert: Mit fortschreitender Lernzeit nimmt der Lernaufwand zu und der Lernerfolg ab. Diese Erkenntnis wird als „Ebbinghaus-Gesetz" folgendermaßen formuliert:

Eine Vergrößerung der Menge des Lernmaterials macht eine überproportionale Steigerung der Lernzeit notwendig (vgl. die Abbildung 35).

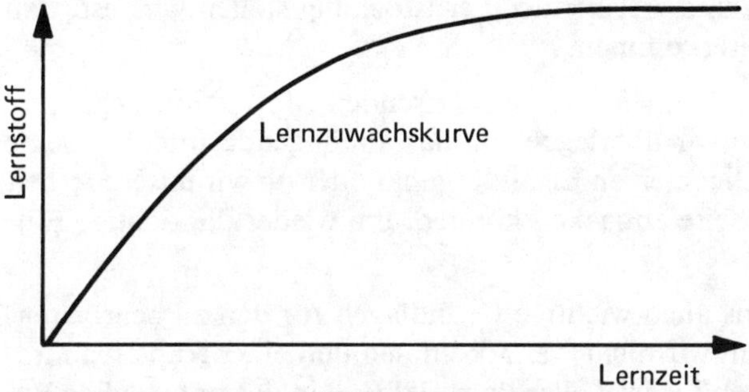

Abb. 35: Lernkurve (Ebbinghaus-Gesetz)

Fast spiegelbildlich zur Lernkurve nach Ebbinghaus verläuft die Vergessenskurve. Unmittelbar nachdem der Lernstoff vollständig gelernt ist, vergessen wir am meisten und am schnellsten. In der Abbildung 36 ist diese Erkenntnis graphisch dargestellt. Im Abschnitt 4.3 werden wir näher darauf eingehen.

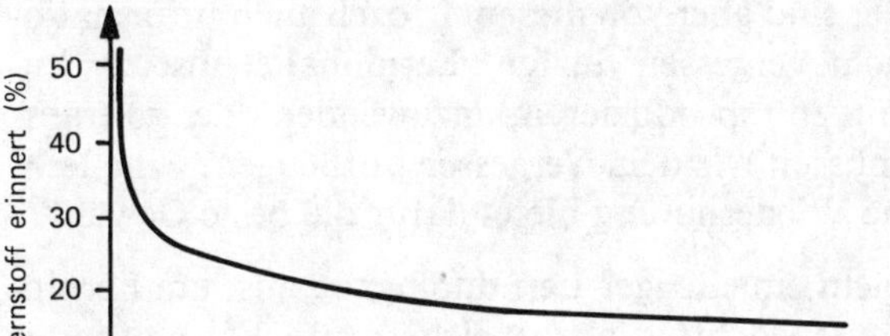

Abb. 36: Vergessenskurve (Ebbinghaus-Kurve)

Wenn wir wissen, daß der Lernprozeß nach solchen Gesetzmäßigkeiten abläuft, haben wir einen ersten Schritt schon getan, uns vor Enttäuschungen über unseren Lernerfolg zu bewahren. Gerade die Lernplateaus in der Lernkurve erfordern unsere besondere Aufmerksamkeit (Abb. 34). Sie können neben der lernpsychologischen „Strukturierungszeit", wie wir sie oben bezeichnet haben, natürlich auch andere Ursachen haben, die wir beachten sollten, z. B.:

- Der Lernfortschritt kann stagnieren, weil wir vielleicht eine unangemessene Methode oder eine falsche Arbeitstechnik eingesetzt haben. Oft läßt sich das am Anfang eines Lernprozesses gar nicht bemerken. Eine falsche Technik kann sich u. U. sogar zu Beginn einer Arbeit zunächst günstig auswirken, und erst bei der Lernstockung stellen wir fest, daß wir damit nicht weiterkommen.
- Ein weiterer Grund kann in der nachlassenden Motivation liegen. In diesem Falle sollten wir überlegen, ob das abklingende Interesse seine Ursachen in einer allgemeinen Ermüdung hat oder ob wir unsere Arbeit von einer anderen Seite anpacken können, um wieder die richtige Einstellung zu finden.
- Vielleicht fehlen uns auch wichtige Grundlagen für den zu bearbeitenden Lernstoff, wenn wir nicht weiterkommen und ein Lernplateau immer länger wird. Dann wären allerdings Exkurse in das notwendige Basiswissen unabdingbar.

4.2.2.2 Die Wiederholung

Die meisten Informationen, die wir aufnehmen, vergessen wir wieder. Das ist kein Unglück. Es ist geradezu lebensnotwendig, damit unser Gedächtnis nicht überlastet wird. Leider sind aber von diesem Prozeß auch Informationen betroffen, die wir nicht vergessen dürfen, Lerninhalte unseres Studiums z. B., die irgendwann zu reproduzieren, anzuwenden oder zu transferieren sind. Bei diesen müssen wir dem Vergessen vorbeugen. Eine lernpsychologisch angemessene Wiederholung bietet dafür die beste Gewähr.

In den seltensten Fällen reicht ein einziger Lerndurchgang aus, um Lerninhalte endgültig im Langzeitgedächtnis abzuspeichern. Je konzentrierter aber das Lernen abläuft, desto weniger müssen wir wiederholen. Die Erfahrung zeigt, daß eine dauerhafte Speicherung der Lerninhalte im Gedächtnis im allgemeinen erst nach fünfmaligem Wiederholen gesichert ist.

Die Wiederholung sollte jedoch nicht zu früh und nicht zu spät beginnen. Für das Studium könnte etwa folgender Plan als Faustregel gelten:

1. Tag: erstmaliges Lernen.
2. oder 3. Tag: erste Wiederholung.
Nach etwa einer Woche: zweite Wiederholung.
Nach etwa einem Monat: dritte Wiederholung.
Nach mehreren Monaten: vierte Wiederholung.
Die fünfte Wiederholung könnte unmittelbar vor einer Klausur oder vor dem Examen liegen.

Ein dauerhaftes Behalten ist selbstverständlich auch abhängig vom Interesse, das wir am Stoff haben. Je intensiver das Interesse und die Motivation, desto weniger sind wir von der Wiederholung abhängig.

Wir haben oben gesehen, daß die Vergessenskurve unmittelbar nach dem Lernprozeß am steilsten abfällt. Nach dieser ersten Phase, wenn die Kurve also abgeflacht ist, sollte die erste Wiederholung einsetzen. Danach genügen in größeren zeitlichen Abständen immer nur wenige Lerndurchgänge. Zur Sicherung des Lernerfolgs sind Wiederholungen aber unentbehrlich. Da nicht nur Kenntnisse und Fertigkeiten vergessen werden, sondern auch Einsichten, dürfen wir die Wiederholung nicht auf mechanisches Repetieren beschränken. Wir müssen durch Fragestellungen und Aufgabenwechsel versuchen, einen Transfer herzustellen, um neue Anregungen zu erhalten und die Lerninhalte immer wieder geistig zu verarbeiten.

Eine besondere Bedeutung kommt der „immanenten" Wiederholung zu. Darunter verstehen wir eine ungewollte Wiederholung, die bei der Bearbeitung ähnlicher Stoffgebiete stattfindet, sofern sich Verbindungen zwischen verschiedenen Lerninhalten aufzeigen lassen. So können z. B. bei der Führungspsychologie sehr deutliche Parallelen und Übereinstimmungen zur Betriebspädagogik hergestellt werden, die bei synoptischer Betrachtung ein besseres Behalten garantieren. Das Wichtigste bei der Wiederholung ist aber Zeitpunkt und Dauer: Kurze und häufigere Wiederholungen sind besser als lange und seltene.

Innerhalb von 24 Stunden vergessen wir je nach Lernstoff und Motivation zwischen 40 und 70 % des Gelernten. Es nützt deshalb wenig, wenn wir erst ein oder zwei Tage vor Prüfungen, Klausuren usw. anfangen zu pauken. Es ist viel effektiver, den Stoff etwa im Verlauf von 10 bis 14 Tagen drei- bis viermal zu wiederholen. Dabei werden wir feststellen, daß wir beim Wiederlernen bereits „vergessener" Lerninhalte immer viel weniger Zeit aufwenden müssen, weil wir meistens zumindest einen Teil des Lernstoffs noch behalten haben. Je kürzer der Zeitabstand zwischen Lernen und Wiederlernen, um so größer ist die Ersparnis an Lernaufwand.

4.2.2.3 Das Vorschlaflernen

Die Möglichkeit des unbewußten und ungestörten geistigen Weiterverarbeitens der aufgenommenen Lerninhalte spielt für das Behalten eine wichtige Rolle. Unsere Gehirnzellen arbeiten nämlich unmittelbar nach der Informationsaufnahme noch an der Einspeicherung im Gedächtnis weiter, ohne daß wir uns dessen bewußt sein müssen. Das kann um so besser geschehen, je ungestörter von neuen Eindrücken oder Informationen dieser Prozeß abläuft.

Das Lernen am späten Abend, auf das dann unmittelbar der Schlaf folgt, kann zwar sehr mühevoll sein und auch langsamer zum Erfolg führen, ist aber wesentlich nachhaltiger als das Lernen am frühen Morgen. Das läßt sich folgendermaßen begründen: Es ist eine physiologische Gesetzmäßigkeit, daß jede sensorische Belastung nach einem Lernprozeß, vor allem optische oder akustische Aktivität, das unmittelbar zuvor Gelernte beeinträchtigt und gleichsam aus dem Gedächtnis zu verdrängen sucht. Auch der späte „Western", den wir uns vielleicht als Belohnung unserer Arbeit vor dem Schlafengehen ausgesetzt haben, verursacht in uns eine wesentliche kognitive und emotionale Aktivität, welche die unmittelbar vorher verarbeiteten Lerninhalte bedrängt, hemmt und überlagert. Lernpsychologisch spricht man von „Interferenz" (= Überlagerung).

Unser Gehirn schafft unbewußt auch im Schlaf besonders an den zuletzt aufgenommenen Informationen weiter. Es ist deshalb sehr vorteilhaft, wenn wir gerade bei ungelösten Aufgaben die Probleme am Abend vor dem Schlafengehen nochmals etwa anhand vorliegender Manuskripte oder sonstiger Aufzeichnungen überdenken, ohne krampfhaft auf eine Lösung hinarbeiten zu wollen. Wir ermöglichen dadurch, daß sie unbewußt während des Schlafes weiterverarbeitet werden und wir am nächsten Tag viel leichter zu einem Ergebnis kommen können.

Entfalten wir unmittelbar nach dem Lernen neue Aktivitäten — welcher Art auch immer — können wir im allgemeinen nur einen Teil dessen behalten, was wir uns beim Lernen vor dem Schlafengehen merken könnten. Wir müßten allerdings sofort schlafen gehen, nachdem sich die Nachtmüdigkeit eingestellt hat — und müssen auch schlafen *wollen*. Gewaltsames Wachbleiben stört diesen Prozeß.

Entsprechend gute Lernergebnisse werden aber auch bei gleichem Verhalten während des Tages erreicht. Wir können mehr behalten, wenn wir nach dem Lernen völlig entspannen oder für kurze Zeit schlafen, sofern wir das ermöglichen können.

Das Schlafen vor dem Lernen hingegen beeinträchtigt den Lernerfolg ganz erheblich. Erst etwa eine Stunde nach dem Erwachen verliert sich die Lernhemmung.

Aus diesen Erfahrungen sollten wir mindestens die Konsequenz ableiten, Lernaktivitäten auch unmittelbar vor das Schlafengehen zu verlegen. Eine geradezu optimale Lerngewohnheit wäre es, wenn wir ungefähr eine Stunde nach dem Erwachen den vor dem Schlafen erarbeiteten Lerninhalt nochmals durcharbeiten könnten. Der Zeitaufwand hierfür ist gering, weil uns das meiste noch vertraut ist und wir nur kleine Lücken schließen müssen.

4.2.2.4 Das Strukturieren

Soziale und kulturelle Einflüsse, mit denen wir uns von früher Kindheit an während des ganzen Lebens auseinandersetzen müssen, prägen nicht nur unser äußerlich sichtbares Verhalten, sondern bestimmen auch ganz wesentlich die Struktur unseres Gehirns und damit die Fähigkeit und Methode, uns mit neuen Informationen und Problemen auseinanderzusetzen und sie einzuspeichern.

In der Kindheit ist unser Gedächtnis noch wenig belastet. Informationen können nahezu ungehindert aufgenommen werden. Unser Gedächtnisspeicher hat noch freie Kapazität, er ist relativ leer. Mit fortschreitendem Alter werden aber ständig neue Eindrücke aufgenommen, neues Wissen wird bereitgestellt. Die freien Gedächtniskapazitäten werden besetzt. Jüngere Informationen treffen auf ältere Erfahrungen. Sie werden nicht mehr ungeprüft aufgenommen. Wir sind kritisch geworden, wie wir im Abschnitt 4.2.1.3 schon erläutert haben.

Der Strukturwandel unseres Gedächtnisses hat zur Folge, daß die Informationen nicht mehr so schnell eingespeichert werden können. Es fällt uns bisweilen sogar sehr schwer, Neues aufzunehmen, weil unsere Gedächtniskapazität schon reichlich belagert scheint. Und trotzdem lernen wir nicht schlechter — nur anders. Wir müssen uns auf die veränderte Aufnahmetechnik unseres Gehirns einstellen: die aktive Auseinandersetzung mit dem Lerninhalt.

Das Lernen bei Kindern besteht überwiegend in reinen Gedächtnisleistungen. Diese nehmen aber bereits mit dem 15. Lebensjahr deutlich ab. Das Auswendiglernen funktioniert beim Erwachsenen nur noch schlecht. Dieser Mangel kann sowohl durch vielfältig bedingte Motivation, Interesse, Transfer auf Berufssituationen u. a. m. ausgeglichen werden, wie wir schon dargestellt haben, als auch vor allem durch eine bestimmte Technik beim Lernen: das Strukturieren.

Im Studium sollten Lernformen vorherrschen, die das Erfassen von Zusammenhängen einschließen. Dazu müssen wir den Lernstoff ordnen und strukturieren. Die Lerntechnik ist unserer Lernvergangenheit und damit dem Aufbau unseres Gedächtnisses anzupassen, damit wir schneller lernen, leichter wiedergeben und das Gelernte länger behalten können. Strukturierungsmerkmale lassen sich im Lernstoff immer finden. Sie sind nicht nur Hilfen für das Verstehen, sondern bieten Assoziationsmöglichkeiten bei der Reproduktion. Die Gliederung einer wissenschaftlichen Darstellung oder das Inhaltsverzeichnis eines Buches ist eine solche Struktur, die den Zusammenhang aufzeigen soll.

Leider fehlen Lehrbüchern und Vorlesungen oft lerngerechte Gliederungen. Um so notweniger ist es, eine eigene Struktur zu erstellen, bevor wir an die Verarbeitung gehen.

Die einfachsten Ordnungssysteme sind die horizontale und die vertikale Struktur.

- Bei der horizontalen Struktur ordnen wir nach gleichwertigen Begriffe, z. B. laufen — gehen — springen.
- Bei der vertikalen Struktur ordnen wir hierarchisch von abstrakten Oberbegriffen nach immer konkreteren Unterbegriffen, z. B.: Nahrungsmittel, Speisen, Gemüse, Karotten

Die horizontale und vertikale Struktur können in den meisten Fällen sehr sinnvoll miteinander verbunden werden. Die Abbildung 37 zeigt eine solche Kombination.

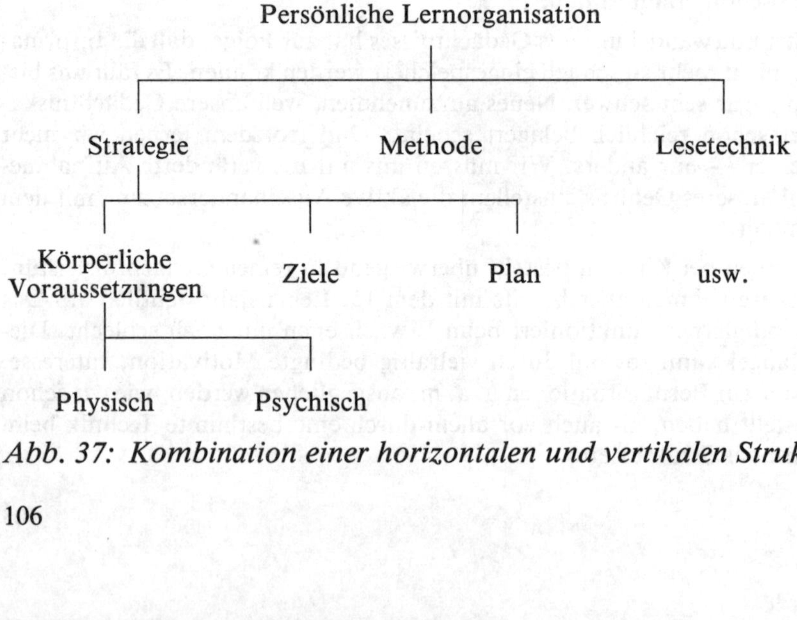

Abb. 37: Kombination einer horizontalen und vertikalen Struktur

Vor allem mit der vertikalen Struktur analysieren wir den Lernstoff in überschaubare Lernblöcke. Dabei kann das Dezimalsystem eine wirksame zusätzliche Hilfe bieten. Eine numerische Ordnung prägt sich im allgemeinen leichter ein als eine alphabetische oder gar eine Struktur ohne zusätzliche Kennung. An zwei Übungen können Sie das unmittelbar erfahren.

Bei der ersten Übung sollen Sie die unterschiedliche Lernleistung zwischen unstrukturiertem und strukturiertem Lerninhalt feststellen. Im zweiten Durchlauf dieser ersten Übung wird die Liste der zu lernenden Verben nicht nur strukturiert, sondern auch noch nurmeriert.

Bei der zweiten Übung wird ein Lehrtext vorgestellt, der sich in der abgefaßten Form nur schwer einprägen läßt. Im zweiten Durchlauf dieser Übung wird der Text in graphischer Form strukturiert. Sie sollen dann selbst entscheiden, ob Sie den strukturierten Text besser behalten können. Halten Sie sich aber bitte genau an die Anweisungen!

1. Übung

Lesen Sie die Liste A dreimal langsam durch! Schreiben Sie anschließend in beliebiger Reihenfolge alle Wörter auf, an die Sie sich erinnern können. Nach frühestens zwei bis drei Stunden probieren Sie das gleiche mit der Liste B! Notieren Sie jeweils die Anzahl der wiedergegebenen Wörter!

Liste A
packen
schleudern
weisen
schmeißen
zeigen
fassen
schleppen
werfen
ziehen
deuten
greifen
zerren

= 12 Vokabeln

Liste B
malen
pinseln
zeichnen

backen
braten
kochen

hüpfen
laufen
springen

bleiben
hausen
wohnen

= 12 Vokabeln

Nach etwa zwei Wochen lesen Sie die Liste A nochmals nach der folgenden Struktur dreimal langsam durch! Schreiben Sie die erinnerten Wörter auf und vergleichen Sie die Anzahl mit der des ersten (unstrukturierten) Durchgangs!

Liste A

	1. schleudern		1. schleppen
I	2. schmeißen	III	2. zerren
	3. werfen		3. ziehen
	1. deuten		1. fassen
II	2. weisen	IV	2. greifen
	3. zeigen		3. packen

2. Übung

(Inhaltlich zu lernender Text)

„Berufliche Qualifikationen werden durch die berufliche Erstausbildung und durch berufliche Weiterbildung erworben. Bei der beruflichen Weiterbildung wird zwischen Fortbildung und Umschulung unterschieden. Die Fortbildung bezieht sich wieder auf das erste Berufsfeld. Sie kann Einstiegs-, Anpassungs- und Aufstiegsfortbildung sein. Die Umschulung vermittelt Qualifikationen für ein neues Berufsfeld, weil der ursprünglich erlernte Beruf — aus welchen Gründen auch immer — nicht mehr ausgeübt werden kann."

Beispiel für eine graphische Struktur des Inhalts dieser Textstelle:

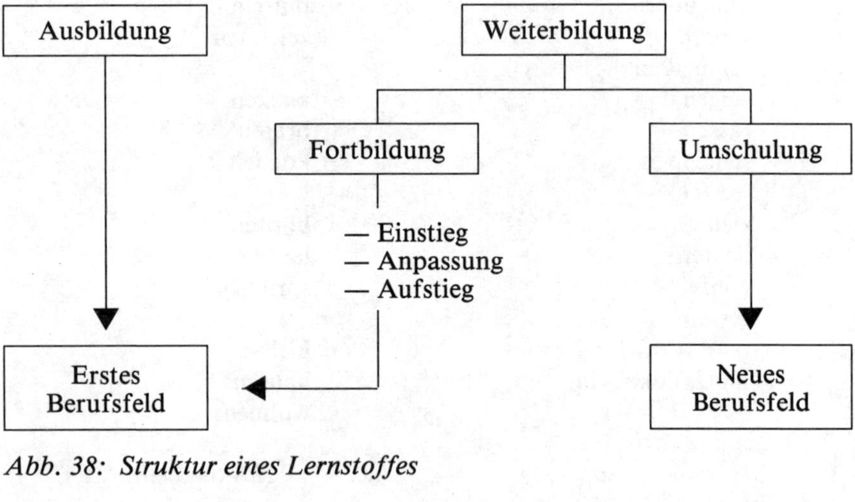

Abb. 38: Struktur eines Lernstoffes

So oder ähnlich könnte der am Anfang stehende Text strukturiert werden. Die Strukturen müssen nach irgendwelchen Kriterien gefunden werden, sofern sie nicht im Text selbst vorgegeben sind. Die Mühe, Ordnungsmerkmale selbst zu suchen, ist lohnend. Um so leichter prägen wir uns den Inhalt ein, da wir uns zum einen mit dem Stoff aktiv auseinandersetzen müssen und zum anderen diesem Stoff durch selbstgefundene Strukturmerkmale eine persönliche Prägung geben, ob das nun Haupt-, Ober- und Unterbegriffe sind, eine alphabetische Ordnung oder eine numerische, oder ob es sich um lernpsychologisch sehr wirksame Graphiken handelt.

Strukturieren des Stoffes bedeutet aber nicht nur, ihn ganz spezifisch zu ordnen, sondern auch, ihn mit den bisherigen Lern- und Lebenserfahrungen zu vergleichen. Erst dann wird eine Stoffstruktur sinnvoll und nachhaltig. Der Lernprozeß gestaltet sich durch das Anknüpfen an unsere Lernvergangenheit zwar etwas langsamer und langwieriger, aber dafür um so wirkungsvoller.

4.2.2.5 Die Pausen

Eine ganz wichtige physische Bedingung beim Lernen ist die Einhaltung richtiger Pausen. Sie sind keine Zeitvergeudung, sondern notwendige Erholungsphasen für Körper und Geist. In unserer Lernplanung sollten grundsätzlich 10 bis 30 % der Lernzeit dafür vorgesehen werden.

Wir haben alle unseren eigenen Arbeitsrhythmus. Er ist nicht konstant, sondern kann sehr starken Schwankungen unterworfen sein. Unsere Tagesform, die Motivation, die Aufgabe selbst, die zu erledigen ist und vieles andere mehr sind Ursachen dafür. Je schwieriger die Aufgabe, desto notweniger sind häufige Pausen zur Erholung. Schwierig sind für uns auch langweilige Aufgaben und solche, an denen wir keine Freude haben.

Als Faustregel gilt: Möglichst oft *kurze* Pausen einlegen!
Sie sind am wirksamsten, wenn wir erst gar nicht spürbar ermüdet sind. Der Effekt einer Pause besteht nicht nur in der Mehrleistung durch die Erholung, sondern schon die Einplanung der Pause hat motivationale Auswirkungen. Eine ideale Pausenlänge gibt es sicher nicht. In Anlehnung an Kugemann[23] schlagen wir folgende Pausentypen vor:

1. *Kurze Unterbrechung:* nicht länger als 1 Minute! Es sind Unterbrechungen, die wir ganz automatisch einlegen, z. B. wir schauen zum Fenster hinaus, trinken einen Schluck Kaffee, streichen uns nachdenklich

23 Vgl. Kugemann, Lerntechniken . . . S. 39 f.

durchs Haar oder strecken uns einmal genüßlich. Bei dieser kurzen Unterbrechung verlassen wir unseren Arbeitsplatz nicht.

2. *Mini-Pause:* nicht länger als 5 Minuten!
   In dieser Pause dürfen wir unseren Arbeitsplatz verlassen. Je nach Bedarf, Lernstoff und Arbeitsstimmung sollte alle 20 bis 30 Minuten eine solche Pause eingelegt werden. Wir gehen ans Fenster, reden mit jemandem ein paar Worte, essen u. U. eine Kleinigkeit oder noch besser: strengen zum Ausgleich und zur Belebung des Kreislaufes unseren Körper etwas an durch Gymnastik, Treppensteigen oder auch nur durch gezielte Atemübungen.
3. *Kaffeepause:* nicht länger als 20 Minuten!
   Nach etwa zwei Stunden ist jeweils eine längere Pause notwendig, in der wir die gesamte Lernatmosphäre verlassen und nach Möglichkeit aus dem Zimmer gehen sollten. Wir können Zeitung lesen, Kaffee trinken, Blumen gießen, Hof kehren oder was uns sonst noch einfällt.
4. *Große Pause:* 1 bis 2 1/2 Stunden!
   Nach drei Stunden Lernzeit dürfen wir eine solche große Pause einschieben, wenn wir noch länger lernen wollen. Auf keinen Fall sollte aber die Pause 2 1/2 Stunden überschreiten. Zu Beginn des neuen Lernprozesses müssen wir uns nämlich erst wieder auf das Lernen einstellen und „geistig warmlaufen". Man nennt das auch den „Aufwärm-Effekt", der um so mehr Zeit in Anspruch nimmt, je länger die Pause dauert.

Die Pausen spielen auch im Zusammenhang mit der Lernhemmung eine Rolle, die wir im Abschnitt 4.4 erläutern werden.

Fassen wir zusammen:

- Der Lernfortschritt läßt sich in einer aufsteigenden Geraden, die durch Lernplateaus unterbrochen wird, darstellen.
- Beim Lernprozeß wird mit fortschreitender Zeitdauer der Lernzuwachs immer geringer.
- Unmittelbar nach dem Lernen vergessen wir am meisten.
- Systematische Wiederholungen sind für dauerhaftes Behalten unerläßlich.
- Das Lernen vor dem Schlafen erhöht die Merkfähigkeit sehr wesentlich.
- Erwachsene müssen Lerninhalte grundsätzlich strukturieren, um sie dauerhaft behalten zu können.
- Pausen sind notwendige Erholungszeiten für Körper und Geist. Sie müssen deshalb in die Lernplanung einbezogen werden.

- Richtige Pausen sparen beim Lernen Zeit und Mühe. Von der gesamten Lernzeit sollten 10—30 % für kurze Pausen vorgesehen werden.

Prüfen Sie Ihren Lernerfolg!

1. Welcher Phasenverlauf läßt sich beim Lernen beobachten?
2. Erläutern Sie das Ebbinghaus-Gesetz und die Ebbinghaus-Kurve!
3. Welche Ursachen können bestehen — außer einer gedächtnismäßigen Strukturierungszeit — wenn der Lernfortschritt stagniert?
4. Welcher Wiederholungsplan erscheint Ihnen persönlich notwendig, wenn Sie einen Lernstoff dauerhaft behalten wollen?
5. Wie erklären Sie den erhöhten Lernerfolg beim Vorschlaflernen?
6. Begründen Sie, warum Erwachsene strukturierte Lerninhalte besser behalten können!
7. Erläutern Sie ein effektives Pausen-Modell!
8. Welche Pausenregelung würden Sie einplanen, wenn Sie an einem vorlesungsfreien Tag 6 Stunden lernen wollten?

4.3 Erinnern und Vergessen

Lernziele:

Sie sollen

— *die Ursachen der retro- und proaktiven Hemmung beim Lernen erklären, deren Variablen nennen und Schlußfolgerungen für Ihr eigenes Lernen daraus ziehen,*

— *weitere Lernhemmungen definieren, erkennen und Beispiele dafür erläutern,*

— *unterschiedliche Behaltensleistungen bei Ruhe- und Aktivphasen nach einem Lernprozeß begründen,*

— *Vorteile des verteilten Lernens gegenüber dem massierten Lernen erkennen,*

— *den Begriff „Gedächtnisspanne" und die sich daraus ergebenden lernpsychologischen Konsequenzen für das eigene Lernverhalten ableiten können!*

Wenige Vorgänge machen uns während des Studiums so oft und so viel Kummer, wie das Vergessen: Wir haben einen Stoff gelernt, und in der entscheidenden Situation können wir uns trotzdem nicht an ihn erinnern.

Wir wollen „Erinnern" definieren als Abrufen von Informationen, die im Gedächtnis lagern — und dabei meinen wir das Langzeitgedächtnis. Im Abschnitt 2 wurde bereits erläutert, daß die hier einmal gespeicherten Informationen nicht mehr verloren gehen können. Wie kommt es dann, daß wir uns trotzdem nicht mehr erinnern können? Wir werden die wichtigsten Ursachen aufzeigen.

4.3.1 Störende Faktoren

Grundsätzlich können wir davon ausgehen, daß jede optische, akustische oder wie auch immer geartete Information, die nach einer Lerntätigkeit aufgenommen wird, das unmittelbar zuvor Gelernte gleichsam aus dem Gedächtnis zu verdrängen sucht. Unter 4.2.2.3 haben wir schon darauf hingewiesen, daß z. B. auch der „Western", den wir uns u. U. als Belohnung für fleißiges Studieren vor dem Schlafengehen noch ansehen, eine solche Aktivität in unserem Gehirn verursacht und einen dauerhaften Lernerfolg erheblich beeinträchtigt. Insofern ist Vergessen kein passiver Zerfall von Wissen, sondern eine aktive Verdrängung des unmittelbar zuvor Gelernten durch neue Informationen. Es gilt also, diese zu vermeiden, bis die aufgenommenen Lerninhalte sich verfestigt haben.

4.3.1.1 Retroaktive Hemmung

Wir unterstellen einmal folgende Lernsituation: Wir arbeiten an einem Vorlesungsskriptum über Tarifrecht für Arbeiter. Unmittelbar danach nehmen wir uns das Tarifrecht für Angestellte vor. Die Lerninhalte sind in Teilbereichen zwar identisch, in anderen ähnlich und in wieder anderen unterschiedlich. Die Wahrscheinlichkeit, daß wir sie durcheinanderbringen, ist offensichtlich sehr groß. Die Informationen werden sich gegenseitig beeinträchtigen.

Durch experimentelle Befunde wurde das auch tatsächlich bestätigt. In der Abb. 39 wird das Experiment zunächst dargestellt.

	Lernen von		Prüfen der
Experimental-gruppe	Englisch-vokabeln	Französisch-vokabeln	Englisch-vokabeln
Kontroll-gruppe	Englisch-vokabeln	(Pause)	Englisch-vokabeln

Abb. 39: Beispiel für retroaktive Hemmung

Erläuterung der Abbildung: Im Experiment haben wir zwei Lerngruppen: die Experimentalgruppe und die Kontrollgruppe. Die Experimentalgruppe lernte in einer ersten Lernphase Englischvokabeln, in einer zweiten Lernphase unmittelbar danach Französischvokabeln und wurde dann nach den Englischvokabeln abgefragt. Die Kontrollgruppe hatte in der zweiten Lernphase der Experimentalgruppe eine Pause und wurde dann ebenfalls die Englischvokabeln abgefragt. Das Prüfungsergebnis der Kontrollgruppe war significant besser als das der Experimentalgruppe. Diese Tatsache wird auf eine *retroaktive Hemmung* zurückgeführt. Das bedeutet, daß der zwischengeschobene Lerninhalt, die Französischvokabeln, sich rückwirkend (retroaktiv) hemmend auf das Behalten der Englischvokabeln auswirkt. Die wichtigsten Variablen dabei sind:

1. der Umfang des eingeschobenen Materials: je mehr Lernstoff eingeschoben wird, desto größer ist die retroaktive Hemmung und
2. die Ähnlichkeit des eingeschobenen Materials mit dem zuerst Gelernten: je ähnlicher die Lerninhalte sind, um so größer ist die Hemmung.

Die retroaktive Hemmung tritt nicht nur ein, solange die Information noch im Kurzzeitgedächtnis verarbeitet wird, sondern sie beeinträchtigt auch das Langzeitgedächtnis. Sie ist deshalb ein ganz besonderer Störfaktor beim Erinnern.

Für unser Studierverhalten müssen wir aus dieser Erkenntnis die Schlußfolgerung ableiten:

Wir sollten ähnliche Lerninhalte nicht unmittelbar nacheinander verarbeiten!

4.3.1.2 Proaktive Hemmung

Unter der proaktiven Hemmung verstehen wir die Beeinträchtigung der Merkfähigkeit eines zuerst angeeigneten Lerninhalts auf einen unmittelbar danach zu lernenden Stoff. Auch dieser Vorgang soll an einem Beispiel dargestellt werden:

	Lernen von		Prüfen der
Experimentalgruppe	Englischvokabeln	Französischvokabeln	Französischvokabeln
Kontrollgruppe	(Pause)	Französischvokabeln	Französischvokabeln

Abb. 40: Beispiel für proaktive Hemmung

Der Unterschied zwischen den beiden Gruppen bestand darin, daß die Experimentalgruppe vor dem Lernen der Französischvokabeln, die nachher abgefragt wurden, noch Englischvokabeln lernen mußte, während die Kontrollgruppe in dieser Zeit keine geistigen Aktivitäten zu entfalten hatte.

Das Ergebnis: Die Kontrollgruppe konnte erheblich mehr Vokabeln erinnern als die Experimentalgruppe, deren Erinnerungsfähigkeit durch das Lernen der Englischvokabeln proaktiv (vorauswirkend) gehemmt wurde.

Bei der proaktiven Hemmung sind wesentliche Einflußvariablen:

1. der Umfang des zuvor gelernten Materials: je mehr Stoff zuvor gelernt wurde, desto größer ist die proaktive Hemmung;
2. die Ähnlichkeit zwischen beiden Lerninhalten: je ähnlicher die Lerninhalte, desto größer die Hemmung;
3. der zeitliche Abstand zwischen den beiden Lernprozessen: je kürzer dieser ist, desto größer ist die proaktive Hemmung.

Im Gegensatz zur retroaktiven Hemmung zeigt sich die proaktive Hemmung nur beim Kurzzeitgedächtnis, wo sie schon bei einem zeitlichen Abstand von 2 Minuten oder länger verschwindet.

4.3.1.3 Affektive Hemmung

Ein häufiges und großes Problem ist die affektive Hemmung: Emotionale (gefühlsmäßige) Störfaktoren hindern uns, eine Information auszuspeichern. Wir haben einen Lerninhalt verarbeitet, für den wir auch grundsätzlich motiviert waren, und trotzdem können wir uns an ihn nicht erinnern. Dies kann dadurch bedingt sein, daß schon der Lernprozeß von solchen emotionalen Störfaktoren begleitet war, z. B. sehr ungünstige situative Bedingungen, eine Abneigung gegen den Lehrer oder sonstige ungünstige Einflüsse. Sie können sich unbewußt auf den Lernstoff übertragen oder verhindern ganz einfach durch eine emotionale Sperre die Einspeicherung im Langzeitgedächtnis. Es gibt dafür nur eine Möglichkeit der Gegensteuerung: den immer wieder notwendigen Versuch, Person und Sache voneinander zu trennen.

Eine affektive Hemmung beim Erinnern kann auch durch Angst oder Schock ausgelöst werden. Die Streßmechanismen unseres Körpers verhindern das Auffinden der notwendigen Information: Adrenalin aus der Nebenniere blockiert die Schaltstellen (Synapsen) unseres Gehirns. Sie werden erst wieder freigegeben, wenn das Adrenalin abgebaut ist, wir uns also wieder im angstfreien Zustand befinden. Auf diese psycho-physischen Veränderungen in unserem Organismus werden wir im Abschnitt 8.5.2, wo wir die Symptome der Prüfungsangst besprechen, nochmals näher eingehen.

Eine affektive Störung tritt besonders dann ein, wenn während des Lernprozesses starke gefühlsmäßige Erregungen auf den mentalen (gedanklichen) Prozeß im Gehirn einwirken. Aus der Fachliteratur ist ein Experiment bekannt, das diesen Vorgang veranschaulicht[24]:

Zwei Gruppen von Kindern wurde ein Märchen erzählt, in dem sechs Wörter eine wichtige Rolle spielten. Die erste Gruppe wurde beim Zuhören gestört, indem der Assistent des Versuchsleiters aufgeregt ins Zimmer stürmte und ausrief, das Nachbarhaus brenne. Sofort rannten die Kinder auf den Gang, wo man ihnen mitteilte, der Brand sei schon gelöscht.

Bei der Kontrollgruppe fand keine Störung statt. Im Anschluß an das Experiment wurden die Kinder nach den sechs Wörtern befragt. Dabei zeigten sich folgende Durchschnittsergebnisse:

- bei der gestörten Gruppe wurden im Durchschnitt 1,3 Wörter,
- bei der nicht gestörten Gruppe 3,5 Wörter erinnert.

Die unterschiedlichen Erinnerungsleistungen werden darauf zurückgeführt, daß starke affektive Erregungen im Anschluß an einen Lernprozeß das Behalten der Informationen ganz erheblich beeinträchtigen.

4.3.1.4 Weitere Gedächtnishemmungen

Es gibt noch sehr viele Möglichkeiten der Interferenzen (gedächtnismäßiger Überlagerungen), die das Erinnern von Lerninhalten blockieren. Einige wesentliche sollen noch erläutert werden.

- Ähnlichkeitshemmung
  Sie wird auch als Ranschburgsche Hemmung bezeichnet. Sie beeinträchtigt Gedächtnisleistungen, wenn sich Lerninhalte sehr ähnlich sind.
- Assoziative Hemmung
  Durch diese „reproduktive Hemmung“ lassen sich Informationen, die in früheren Lernprozessen mit anderen Inhalten assoziiert wurden, mit neuen Informationen nur sehr schwer verbinden.
- Ekphorische Hemmung
  Wenn wir neuen Stoff lernen und unmittelbar danach früher gelerntes Material wiedergeben sollen, wird die Reproduktion des früher Gelernten durch den neuen Stoff vorübergehend negativ beeinflußt.

---

24 Vgl. Huber, S. 116.

- Simultane Hemmung
  Mehrere Informationen können wir nicht gleichzeitig aufnehmen. Das übersteigt menschliche Konzentrationsfähigkeit. Wir können z. B. während einer Vorlesung nicht dem ständigen Kommentar eines Kommilitonen lauschen und gleichzeitig unsere uneingeschränkte Aufmerksamkeit auch noch dem Dozenten widmen. „Simultane" (gleichzeitige) Informationen stören sich gegenseitig. Wir werden beide sehr viel schneller vergessen, als wenn wir sie nacheinander aufgenommen hätten.

4.3.2 Vergessen während der Ruhepausen

Im Abschnitt 4.2.2.3 haben wir auf das effektive Vorschlaflernen hingewiesen. Wir greifen es hier nochmals auf unter dem Aspekt des Vergessens.

Untersuchungsergebnisse weisen nach, daß wir in der ersten Schlafstunde gelerntes Material fast ebenso schnell vergessen wie im Wachzustand. Nach

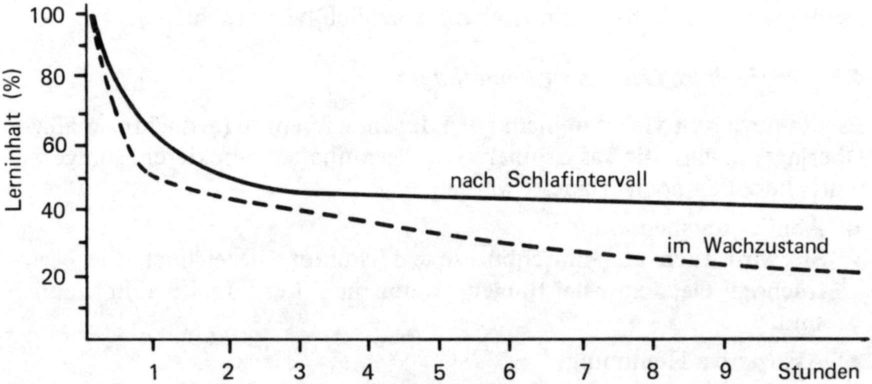

Abb. 41: Synopse der Vergessenskurven im Wachzustand und nach Schlafintervall

der ersten Schlafstunde jedoch findet so gut wie kein weiteres Vergessen mehr statt, im Gegensatz zum Wachzustand, in dem die Vergessenskurve ständig weiter absinkt, wie wir auch in der Abbildung 36 gesehen haben.

Nach etwa acht Stunden Schlaf beträgt die Erinnerungsfähigkeit im Durchschnitt immerhin noch etwa 40—45 % des Gelernten. Wären wir aber nach dem Lernen ebenso lange weiterhin aktiv gewesen, könnten wir uns im allgemeinen nur noch an 20—25 % des Gelernten erinnern. Die Abbildung 41 bringt eine Gegenüberstellung zweier Vergessenskurven, eine nach Schlafintervall und eine nach Wachzustand.

Die Abbildung 42 zeigt in grober Darstellung die Erinnerungsleistungen bei unterschiedlichen Aktivitäten im Vergleich zum Schlafen nach dem Lernen[25].

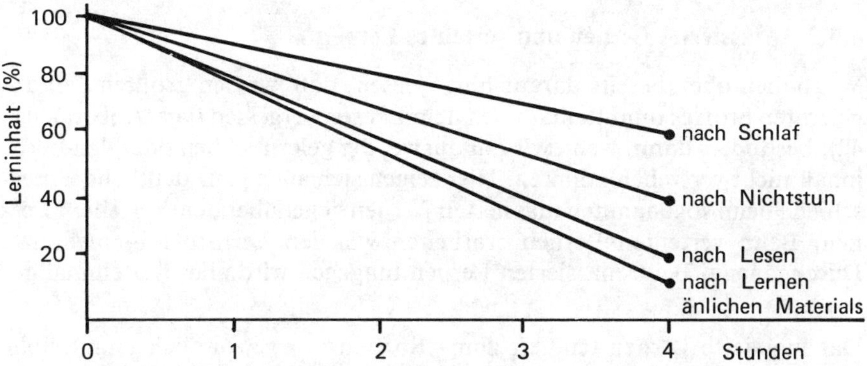

Abb. 42: Vergessenskurven nach unterschiedlichen Aktivitäten

Je mehr sich die nach dem Lernprozeß folgende Aktivität vom Lernmaterial unterscheidet, desto weniger beeinträchtigt sie das Einspeichern des Lernstoffs. Mangelnde Erinnerungsfähigkeit ist also nicht nur auf Zerfall der Informationen im Gedächtnis zurückzuführen, sondern hat ihre Ursache bereits in einer gestörten Abspeicherung. Durch neue Aktivitäten nach dem Lernprozeß können sich keine dauerhaften Spuren im Langzeitgedächtnis bilden.

Die Erregungserscheinungen im Gehirn, die mit dem bewußten Lernen einhergehen, werden als „mentale Erregungen" bezeichnet. Diese hören nach dem bewußten Lernprozeß noch nicht auf, sondern setzen sich eine Weile fort, bis sie zu einer Konsolidierung von Gedächtnisspuren geführt haben.

25 Vgl. Angermeier, Praktische Lerntips . . . S. 56.

Die gedächtnismäßigen Vorgänge *nach* dem bewußten Lernen sind für die Speicherung sehr wichtig. Wir nennen sie „postmentale Erregungen“ (s. auch 4.2.2.3!).

Wenn nun nach dem aktiven Lernprozeß, der „mentalen Erregung“, keine sinnvolle Pause eingeschoben wird, werden die „postmentalen Erregungen“ im Gehirn mit „mentalen Erregungen“ neuer Aktivitäten interferieren, d. h. sich gegenseitig behindern und stören. Sie können sich aber auch ergänzen und dadurch begünstigen, wenn wir sie gegenseitig assoziieren können. Es ist jedoch grundsätzlich ratsam, nach einer Lernphase eine Ruhepause einzulegen, um das Nacharbeiten im Gehirn nicht zu beeinträchtigen.

4.3.3 Massiertes Lernen und verteiltes Lernen

Wir haben oben bereits darauf hingewiesen, daß wir den größten Teil des gelernten Stoffes unmittelbar nach dem Lernen vergessen (vgl. Abb. 36, 41, 42), besonders dann, wenn wir nur auswendig gelernt haben oder den Lerninhalt nicht verstehen konnten. Hier zeigen sich auch ganz deutliche Unterschiede beim sogenannten massierten Lernen gegenüber dem verteilten Lernen. Beim verteilten Lernen erarbeiten wir den Lernstoff in mehreren Durchgängen. Beim massierten Lernen hingegen wird alles auf einmal gelernt.

Das massierte Lernen tendiert zum „Büffeln“ — gewöhnlich unmittelbar vor einer Prüfung — und hemmt im allgemeinen ein dauerhaftes Behalten des Lernstoffs. Bei diesem Pauken lernen wir nämlich nicht „reflektierend“ sondern mehr „rezipierend“. Dazu kommt vielfach auch noch ein negativer

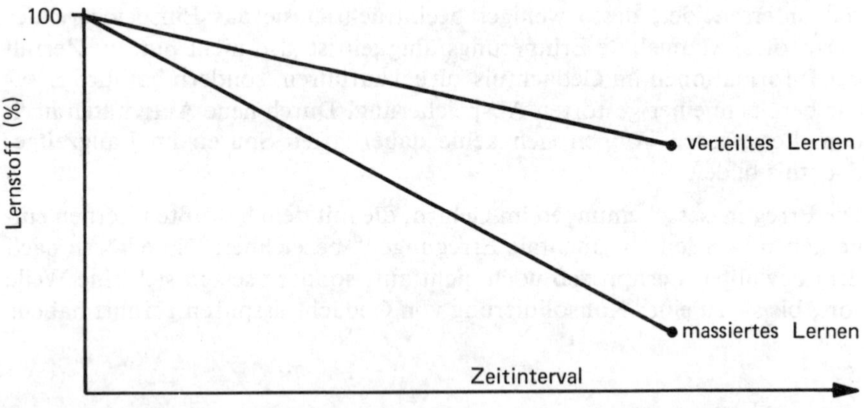

Abb. 43: Vergessenskurven nach massiertem und verteiltem Lernen

emotionaler Effekt durch die Streßsituation des Zeitmangels und die Angst der unzureichenden Vorbereitung. Die Lerninhalte können kaum über das Kurzzeitgedächtnis hinaus gerettet werden, geschweige denn bis zur nächsten Klausur.

Beim verteilten Lernen minimieren wir durch planvolles Aufteilen des Stoffes die Ermüdungserscheinungen und begünstigen mit kleineren Lerneinheiten die „postmentalen" Erregungen. Vor allen Dingen bei langweiligen Lerninhalten verhindert das verteilte Lernen, daß die Motivation ganz abgebaut wird und dadurch wesentliche Voraussetzungen für dauerhaftes Behalten fehlen. Besonders bei schwierigen Aufgaben kann die Verteilung des Lernens die Fixierung auf eine falsche Lösung verhindern. Ein verteiltes Lernen ist deshalb grundsätzlich dem massierten Lernen vorzuziehen. Die Erinnerungsleistungen dieser beiden Lernarten weichen ganz erheblich voneinander ab, wie die Abbildung 43 zeigt.

4.3.4 Die Gedächtnisspanne

Die neuere Gedächtnisforschung konzentriert sich nicht mehr so sehr auf das Vergessen an sich, sondern mehr darauf, wie die gespeicherte Information aus dem Gedächtnis abgerufen werden kann. Die bisherigen Ergebnisse zeigen, daß dabei der Umfang des gelernten Materials und die Motivation, mit der es aufgenommen wurde, viel wichtiger sind als die Störfaktoren, die zwischen Lernen und Erinnern liegen. Die besten Erinnerungsleistungen scheinen von einer Gedächtnisspanne abhängig zu sein, die bei 7 ± 2 Informationseinheiten liegen. Diese Aussage soll näher erläutert werden: Unsere Gedächtnisspanne schwankt zwischen 5—9, d. h., wir können uns in einer Lernphase im Durchschnitt sieben unterschiedliche Informationen einprägen. Durch den sogenannten Zahlentest wollen wir das veranschaulichen:

Übung:

Bitten Sie jemanden, Ihnen die folgende Zahlenreihe ganz langsam vorzulesen, pro Sekunde nicht mehr als eine Zahl. Erst wenn die letzte Zahl vorgelesen ist, versuchen Sie, diese Zahlen in der gleichen Reihenfolge aufzusagen!

8 3 5 9 2 7

Wenn Sie diese Zahlenreihe wiedergeben konnten, versuchen Sie das gleiche Spiel mit der nächsten Reihe!

4 7 9 3 8 1 5 6 2

Danach können Sie den Test auf eine noch größere Zahlenreihe ausdehnen:

7 5 8 1 12 4 9 2 11 3 10 6

Auswertung:

Sechs Zahlen in der richtigen Reihenfolge = gut
Neun Zahlen in der richtigen Reihenfolge = sehr gut
Zwölf Zahlen in der richtigen Reihenfolge = hervorragend.

Im allgemeinen schafft eine Versuchsperson zwischen fünf und sieben Zahlen.

Fassen wir zusammen:

- Unmittelbar nacheinander aufgenommene Lerninhalte haben die Eigenschaft, daß sie sich gegenseitig bei der „Einspeicherung“ im Gedächtnis behindern.
- Je ähnlicher die Lerninhalte und je näher der zeitliche Abstand der Lernprozesse, um so größer ist die Lernhemmung.
- Negative emotionale Einflüsse beim Lernen hemmen die Erinnerungsfähigkeit.
- Mehrere Informationen können nicht gleichzeitig mit uneingeschränkter Aufmerksamkeit aufgenommen werden.
- Für ein dauerhaftes Behalten ist eine ungestörte „postmentale Erregung“ notwendig.
- Die menschliche Aufnahmefähigkeit während einer Lernphase ist beschränkt und umfaßt im Durchschnitt sieben Informationseinheiten.
- Nach verteiltem Lernen können wir mehr und besser behalten als nach massiertem Lernen.
- Als hauptsächliche Ursachen für das Vergessen können folgende Gründe angegeben werden:
    1. Zu geringe oder fehlende Motivation für das Behalten.
    2. Keine positive Einstellung zum Lerninhalt.
    3. Keine intensive geistige Verarbeitung.
    4. Keine Verständniskontrolle der Lerninhalte.
    5. Keine Konzentration auf das Wesentliche.
    6. Zerstreuung beim Lernen.
    7. Lerninhalte wurden nicht mit Bekanntem assoziiert oder nicht mit „Bildern verknüpft“.
    8. Richtige und ausreichende Wiederholungen fehlten.
    9. Verarbeitungspausen („postmentale Erregungsphasen“) wurden nicht eingehalten.
    10. Ungünstige äußere Lernsituationen.

Prüfen Sie Ihren Lernerfolg!

1. Was verstehen Sie unter folgenden Begriffen:
   — Proaktive Hemmung,
   — retroaktive Hemmung,
   — simultane Hemmung,
   — affektive Hemmung,
   — assoziative Hemmung,
   — ekphorische Hemmung,
   — Ähnlichkeitshemmung?
2. Welche Variablen beeinflussen die retro- und die proaktive Hemmung?
3. Erläutern Sie die Begriffe „mentale Erregung" und „postmentale Erregung"!
4. Worauf führen Sie den relativ hohen Behaltenseffekt beim Vorschlaflernen zurück?
5. Erläutern Sie den Begriff „Gedächtnisspanne"!
6. Wie lassen sich die unterschiedlichen Erinnerungsleistungen nach massiertem und verteiltem Lernen begründen?
7. Welche Lernhemmungen können in den unten beschriebenen Situationen auftreten? Ordnen Sie die entsprechenden Buchstaben den Situationen zu!

   A = proaktive Hemmung
   B = retroaktive Hemmung
   C = affektive Hemmung
   D = simultane Hemmung

   a) Während einer Vorlesung schreit der Dozent plötzlich einen Hörer an, weil dieser aus einer Cola-Dose zu trinken beginnt.
   A B C D.

   b) Ein Dozent behandelt unmittelbar nacheinander die Lerntheorie von Skinner und Thorndike. Anschließend führt er eine Lernerfolgskontrolle durch, die sich auf die Theorie Skinners bezieht.
   A B C D.

   c) Sie lernen unmittelbar nacheinander Spanisch und Italienisch. Danach lassen Sie sich das Italienisch abfragen.
   A B C D.

5 Lesetechnik

Lernziele:

Sie sollen

— *erkennen, daß in unserer Gesellschaft die schriftliche Informationsflut ständig wächst,*

— *das gedruckte Material im Studium eine ganz entscheidende Rolle spielt und*

— *daraus die Notwendigkeit eines rationellen Lesens ableiten;*

— *Ihre derzeitige Lesegeschwindigkeit ermitteln,*

— *Möglichkeiten einer besseren Lesetechnik abschätzen,*

— *hinderliche Lesegewohnheiten und deren Ursachen wahrnehmen,*

— *Trainingsmethoden zur Erhöhung der Lesegeschwindigkeit kennenlernen,*

— *die SQ3R-Methode erläutern und beim eigenen Lesen anwenden,*

— *durch Beachten der empfohlenen Verhaltensweisen und gezieltes Training insgesamt zu einem für Sie optimalen Leseverhalten kommen!*

5.1 Informationsflut

Jährlich werden in der Welt mehr als eine halbe Million Bücher gedruckt. In der Bundesrepublik sind es gegenwärtig fast 50000 Titel, wovon etwa die Hälfte Fachbücher sind. Die Tendenz der Buchproduktion ist immer noch steigend — trotz Kabelfernsehen.

Und doch sind Bücher nicht die Hauptquelle geschriebener Informationen. Eine Untersuchung bei Euratom hat ergeben, daß nur 1 % der dort ausgegebenen Dokumentationen Bücher waren, 99 % jedoch Aufsätze aus Zeitungen, Zeitschriften, Berichte aus Konferenzen und Forschungsarbeiten oder sonstige vervielfältigte Manuskripte.

Nach amerikanischen Erhebungen müssen erfolgreiche Führungskräfte der Wirtschaft täglich mindestens zwei bis drei Stunden für das Lesen aufwenden. In vielen Firmen werden schon Mitarbeiter des Mittelmanagements vertraglich zum Studium von Fachzeitschriften verpflichtet.

Wir wollen in diesem Zusammenhang das Lesen nicht nur als Informationsaufnahme verstehen, sondern vor allen Dingen auch als Informationsverarbeitung.

Das Lesen und die ständige Aufnahme aktueller gedruckter Informationen ist nicht nur für die Führungskräfte eines Unternehmens von elementarer Bedeutung. Welcher Student hätte nicht schon geklagt über die Menge an zu verarbeitenden Schriften, über die kaum zu bewältigende Flut an gedrucktem Material, das sich täglich zu vermehren scheint. Haben Sie schon einmal überlegt, wieviel Zeit Sie während Ihres Studiums mit Lesen zubringen?

Täglich lesen wir Zeitung, wir lesen Bücher und Zeitschriften, Manuskripte und sonstige Aufzeichnungen aus den Vorlesungen. Wir nehmen gedruckte Informationen jeglicher Art zur persönlichen Bildung und zur Entspannung auf. Sowohl die Quantität als auch die Qualität der Verarbeitung ist für uns dabei sehr wichtig.

Lesen beeinflußt in ganz entscheidendem Maße unsere geistige Arbeit. Aber wie wenig — im Verhältnis zur Menge des Gelesenen — gelangt tatsächlich in unser Langzeitgedächtnis als abrufbares Wissen? Ist der Aufwand für das Lesen nicht viel zu groß? Vielleicht lesen wir falsch und unökonomisch. Vielleicht könnten wir durch rationelleres Lesen viel Zeit gewinnen für andere Dinge — oder für weiteres Lesen, für noch mehr Informationen. Wir müssen also — und wir können es — schneller lesen und dabei auch noch mehr behalten!

5.2 Einstiegsübung

Natürlich möchten Sie schneller und damit effizienter lesen können, sonst würden Sie diesen Abschnitt nicht bearbeiten. Es wird Sie einige Mühe kosten, die sich aber reichlich lohnt. Was Sie brauchen: den Willen zum Erfolg und eine Uhr mit Sekundenzeiger.

Um die Steigerung Ihres Lesetempos nach einem Lesetraining messen zu können, sollten Sie die folgende Einstiegsübung genau nach den Anweisungen durchführen. Sie ermitteln damit Ihre derzeitige Lesegeschwindigkeit.

Anweisung zur Durchführung der Übung:

Unmittelbar bevor Sie mit dem Lesen des folgenden Textes beginnen, notieren Sie auf einem Blatt die genaue Zeit. Lesen Sie dann den Text aufmerksam durch. Wenn Sie ihn gelesen haben, notieren Sie wieder die Zeit und ermitteln, wie lange Sie brauchten. Dann beantworten Sie die folgenden Fragen, um festzustellen, ob Sie das Wesentliche des Inhalts erfaßt haben! Der Text umfaßt 400 Wörter. Aus der Tabelle in Abbildung 44 können Sie Ihre derzeitige *Lesegeschwindigkeit* ablesen.

Leseübung: (Zeit notieren!)

„,Lesen und Lernen sind nicht voneinander zu trennen.‘

Das Problem des Lesens ist nicht neu. Schon Goethe soll seinem Vertrauten Eckermann geklagt haben, daß es ihn zunächst viel Mühe und Zeit gekostet habe, lesen zu lernen. Er habe schließlich 80 Jahre dazu gebraucht und könne es immer noch nicht.

In den USA gibt es seit vielen Jahren Leseschulen zur Verbesserung der Lesefertigkeit. Selbst an Hochschulen gibt es Lesetrainer, bei denen die Studenten eine effizientere Lesetechnik erlernen können. In Deutschland galt systematisches Schnell-Lesen bis in die 50er Jahre als nutzlose Spielerei.

Ende der 50er Jahre untersuchte das Deutsche Institut für Betriebswirtschaft e. V. im Auftrag des Bundeswirtschaftsministeriums, ob eine bessere Lesetechnik im deutschen Sprachraum möglich ist. Gleichzeitig entwickelte Wolfgang Zielke eine mittlerweile anerkannte Methode, die er ständig verbesserte. Die Lesegeschwindigkeit wird in Worten pro Minute (‚wpm‘) gemessen. Zur Messung der Effizienz der Leseleistung, d. h. zur Nachprüfung, was vom Gelesenen behalten worden ist, werden Kontrollfragen gestellt.

Auch im Zeitalter einer fast perfektionierten Telekommunikation ist das geschriebene Wort immer noch der wichtigste Wissensübermittler.

Man schätzt, daß zur Zeit Gutenbergs im 15. Jahrhundert jährlich etwa 1000 neue Titel in Europa erschienen. Im Jahre 1950 waren es etwa 120000. Mitte der 60er Jahre erschienen täglich auf der ganzen Welt 1000 neue Bücher. Allein die wissenschaftliche Literatur wächst jährlich um etwa 60 Millionen Druckseiten. In vielen wissenschaftlichen Disziplinen verdoppelt sich das Wissen in weniger als 5 Jahren.

Die Weltproduktion an Büchern beträgt gegenwärtig über eine halbe Million Titel. Auf den deutschen Sprachraum entfallen über 50000 Titel. Die Produktion an Büchern ist immer noch steigend. Seit 1951 hat sie sich mehr als verdreifacht. Alles deutet darauf hin, daß dieser Trend anhält.

Diese Zahlen belegen, daß wir von einer Flut gedruckten Materials überschüttet werden. Dabei haben wir nicht einmal die unzähligen Briefe, Drucksachen und sonstigen schriftlichen Materialien berücksichtigt, die uns täglich ins Haus flattern. Mit herkömmlichen Lesemethoden läßt sich das nicht bewältigen.

Es gibt kaum einen Menschen, der sein Lesen nicht effektiver gestalten könnte, sowohl durch Steigerung des Lesetempos, als auch der Merkfähigkeit. Effektiveres Lesen bedeutet nämlich gleichzeitig besseres Behalten. Der Durchschnittsleser kann in kurzer Zeit sein Lesetempo verdoppeln. Er muß üben und die hier vorgestellten Techniken konsequent anwenden. Eine Verdoppelung der Lesegeschwindigkeit ist allemal erreichbar.

Der Durchschnittsleser liest zwischen 150 und 200 Wörter pro Minute. Bei einer Verdoppelung der Lesegeschwindigkeit bedeutet das eine Zeitersparnis um 50 % oder die Möglichkeit, während der gleichen Zeit 50 % mehr Informationen aufzunehmen."

Achtung! Zeit stoppen!

Die Lesegeschwindigkeit können Sie aus der unten stehenden Tabelle ablesen.

Gemessene Lesezeit	Lesetempo wpm	Gemessene Lesezeit	Lesetempo wpm
0 min 15 sek	= 1 600	1 min 30 sek	= 265
0 min 20 sek	= 1 200	1 min 35 sek	= 250
0 min 25 sek	= 960	1 min 40 sek	= 240
0 min 30 sek	= 800	1 min 45 sek	= 230
0 min 35 sek	= 685	1 min 50 sek	= 220
0 min 40 sek	= 600	1 min 55 sek	= 210
0 min 45 sek	= 535	2 min 00 sek	= 200
0 min 50 sek	= 480	2 min 05 sek	= 192
0 min 55 sek	= 435	2 min 10 sek	= 184
1 min 00 sek	= 400	2 min 15 sek	= 178
1 min 05 sek	= 370	2 min 20 sek	= 172
1 min 10 sek	= 340	2 min 25 sek	= 166
1 min 15 sek	= 320	2 min 30 sek	= 160
1 min 20 sek	= 300	2 min 35 sek	= 155
1 min 25 sek	= 280	2 min 40 sek	= 150

Abb. 44: Tabelle zur Ermittlung der Lesegeschwindigkeit

Zur Selbstkontrolle, ob Sie das Wesentliche des Textes auch erfaßt haben, und zur Feststellung Ihrer tatsächlichen *Leseleistung* beantworten Sie folgende Fragen:
(Die Reihenfolge der Fragen genau einhalten!)

1.	Lesen und (?) . . . sind nicht voneinander zu trennen.	5 %
2.	Über die Mühe des Lesens hat schon (?) . . . seinem Vertrauten geklagt.	5 %
3.	Wo gibt es schon lange Leseschulen?	5 %
4.	Wie lange galt in Deutschland systematisches Schnell-Lesen als Spielerei?	5 %
5.	Bei welcher Einrichtung wurden die ersten Untersuchungen über eine bessere Lesetechnik im deutschen Sprachraum durchgeführt?	10 %
6.	Wer entwickelte eine anerkannte Methode?	10 %
7.	Wie wird die Lesegeschwindigkeit gemessen (Abkürzung!)?	5 %
8.	Der wichtigste Wissensübermittler im Zeitalter der Telekommunikation ist . . .	5 %
9.	Wieviele Bücher erschienen jährlich in Europa zur Zeit Gutenbergs?	10 %
10.	Wieviele waren es im Jahre 1950?	10 %
11.	Wieviele erscheinen z. Z. jährlich auf der ganzen Welt?	10 %
12.	Die Merkfähigkeit steigt/steigt nicht mit zunehmender Lesegeschwindigkeit.	5 %
13.	Die Durchschnittslesegeschwindigkeit beträgt . . . Worte in der Minute.	5 %
14.	Durch Training kann allemal . . . erreicht werden.	5 %
15.	Um wieviel ist die Produktion an Büchern seit 1951 gestiegen?	5 %
	Summe =	

Addieren Sie die Prozentanteile der richtig beantworteten Fragen!

Meine *Lesegeschwindigkeit* beträgt z. Z. . . . . wpm.
(lt. Tabelle)

Vom Text habe ich richtig erfaßt: . . . . %
Meine derzeitige Leseleistung beträgt (wpm × Textverständnis) . . . . .
(Beispiel: 230 wpm × 80 % beantworteter Fragen = Leseleistung 184)

5.3 Lesegeschwindigkeiten

Aus dem „Einstiegstest" konnten Sie folgern, daß eine Lesegeschwindigkeit von 200 Wörtern pro Minute (wpm) bei einem mittelschweren Text schon eine über dem Durchschnitt liegende Leistung ist. In Wirklichkeit schafft der durchschnittliche Leser etwa 150 wpm bei solchen Texten.

Wenn wir genau sein wollten, müßten wir die Leistung in Silben berechnen; denn unsere Lesetexte bestehen aus sehr kurzen und sehr langen Wörtern. Aber im Durchschnitt längerer Texte gleicht sich das wieder aus.

Vorweg sei also begründet in Aussicht gestellt, daß etwa 400 wpm mit großer Wahrscheinlichkeit erreicht werden, wenn wir ungefähr 15 bis 20 Stunden — selbstverständlich nicht an 2 oder 3 Tagen — sondern verteilt auf etwa 3 bis 4 Wochen — üben. Aber auch höhere Leseleistungen können bei entsprechend intensiveren und längeren Übungen erreicht werden.

800 wpm indessen sind Spitzenleistungen, die nur wenigen gelingen. John F. Kennedy soll z. B. 900 wpm erreicht haben. Dabei ist es nicht so, daß mit der Steigerung des Lesetempos die Merkfähigkeit abnähme. Der Versickerungseffekt der aufgenommenen Informationen ist bei geringerem Lesetempo sehr viel höher.

Wie oft ist es uns schon passiert, daß wir ganze Seiten gelesen haben und doch keine Informationen im Gedächtnis behalten konnten. Unsere Augen liefen die Zeilen entlang, aber unsere Gedanken waren woanders.

Besseres Lesen bedeutet schnelleres Tempo und bessere Konzentration. Beides muß also geübt werden. Dabei ist es ganz natürlich, daß wir beim schnelleren Lesen auch mehr behalten. Das höhere Tempo erfordert höhere Konzentration, weil wir keine Zeit haben, gedanklich abzuschweifen. Die Aufnahmefähigkeit wird durch unser Lesetempo voll in Anspruch genommen. Zusammenfassend können wir sagen, daß ein Trainingsprogramm zum schnelleren Lesen durch die erhöhte Konzentration bessere Lernvoraussetzungen schafft.

5.4 Hinderliche Lesegewohnheiten

5.4.1 Buchstabieren

Unsere ersten Leseversuche in der Grundschule begannen meist damit, daß wir einzelne Buchstaben schreiben durften und dann zu lesen versuchten. Die Buchstaben wurden zu Wörtern aneinandergereiht; wir lasen Buchstaben für Buchstaben und versuchten so, das Wort zu erfassen. Fehlte ein Buchstabe oder stand ein falscher dazwischen, gab es Verständnisschwierigkeiten. Jahrelang haben wir diese Lesemethode in der Schule praktiziert — und als Erwachsene können wir schließlich gar nicht mehr anders, als beim Lesen Buchstaben für Buchstaben mit den Augen abzutasten. Dabei nehmen wir die Wörter viel langsamer auf, als wenn wir das einzelne Wort oder gar mehrere Wörter insgesamt erfassen würden. Wir können deshalb auch den Sinn des Gelesenen nicht so schnell verstehen.

Die sogenannte Ganzheitsmethode, die vorübergehend in den Grundschulen eingeführt wurde, sollte diese Nachteile beim Lesen, das Buchstabieren also, ausschalten. Bei dieser Lesetechnik sehen die Kinder ein Bild und daneben steht dessen Bedeutung, z. B. Auto. Dabei buchstabiert das Kind nicht das Wort, sondern es erfaßt ein ganzes „Wortbild". Auf diese Weise lernen die Kinder nicht nur sehr viel schneller lesen, sondern erzielen dadurch später auch eine wesentlich höhere Lesegeschwindigkeit. Die Methode ist aber nicht ohne Nachteil. Er liegt darin, daß erhebliche Rechtschreibdefizite auftreten, so daß das „Ganzheitslesen" als Technik für das Lernen des Lesens in der Grundschule heute weitgehend abgelehnt wird.

5.4.2 Inneres Mitsprechen

Unser angelerntes Leseverhalten bringt es mit sich, daß wir nicht nur buchstabieren, sondern die Wörter in Gedanken auch mitsprechen. Man nennt das Subvokalisation. Dieses Subvokalisieren fördert aber nicht das Verständnis des Textes, es vergrößert auch nicht die Aufnahmefähigkeit, im Gegenteil, es blockiert eher die Aufnahmekanäle. Wir können nämlich nur so schnell lesen, wie wir sprechen können.

Auch dieses Verhalten resultiert aus unserem natürlichen Lernprozeß. In der Schule haben wir das Lesen im allgemeinen laut gelernt, wir haben jedes zu lesende Wort gesprochen, bis wir schließlich lesen konnten. Als dann in der Schule auf das laute Lesen kein Wert mehr gelegt wurde, hatten wir das innere Mitsprechen bereits „internalisiert" (verinnerlicht). Kein Lehrer hat uns gesagt, daß wir uns davon lösen müssen. Erfahrungsgemäß ist dies wohl die größte Hürde, die wir auf dem Weg zu unserem Ziel zu nehmen haben. Wir müssen versuchen, uns von den einzelnen Wörtern und damit vom inneren Mitsprechen freizumachen und statt dessen die durch die einzelnen Wörter auszudrückende Information durch Bilder zu ersetzen, d. h. uns ein Bild vom Text zu machen. Unsere Phantasie muß aktiviert werden. Dies gelingt um so besser, je größer der Blickwinkel unserer Augen (die Fixationsbreite) ist, weil ein einzelnes Wort, also nur eine Information, für ein Bild vielfach nicht ausreicht und mehrere Wörter immer ein reichhaltigeres und damit ein besseres Bild ergeben. Bessere Bilder prägen sich auch besser im Gedächtnis ein, womit wir bereits einen Behaltenseffekt des schnelleren Lesens ansprechen. Es ist demnach durchaus einsichtig, daß schnelleres Lesen nicht oberflächliches Lesen bedeutet, sondern im Gegenteil, durch erhöhte Konzentration und „Sichtbarmachung" (Visualisierung) des Gelesenen die Information auch besser verarbeitet wird. Damit ist die Wahrscheinlichkeit, daß sie sich im Langzeitgedächtnis festsetzt, erheblich größer.

Diese Auffassung läßt sich auch rein biologisch begründen: Mit unserem in der Schule angelernten Leseverhalten nutzen wir nämlich unsere angeborenen Fähigkeiten nicht voll aus, weil wir unser Gehirn nicht optimal aktivieren. Wir wissen, daß das menschliche Großhirn aus zwei Hälften mit sehr unterschiedlichen Funktionen besteht.

- Die linke Hälfte analysiert und verarbeitet die Sprache und ist für das logische Denken zuständig.
- Die rechte Hälfte verarbeitet Bilder und räumliche Wahrnehmungen.

Wenn wir nun nach herkömmlicher Methode lesen, Wort für Wort („linear"), bleibt das Lesen überwiegend auf die linke Hirnhälfte beschränkt, weil wir nur abstrakte Sprache und keine Bilder verarbeiten. Beim effizienten Lesen muß aber auch die rechte Hirnhälfte mitarbeiten, indem wir

- uns das Gelesene „bildhaft" vorstellen,
- uns über das Gelesene einen „Überblick" verschaffen und
- die neuen Informationen mit Bekanntem verknüpfen.

5.4.3 Regression

Wohl alle konventionellen Leser überlassen es ihren Augen, wie schnell sie die Zeilen entlanggleiten sollen. Wir haben alle schon die Erfahrung gemacht, daß wir zwar viele Seiten gelesen, aber nur wenig begriffen haben. Unsere Augen nehmen die Worte auf, unsere Gedanken kreisten indes bei anderen Problemen. Erst nach einiger Zeit stellten wir fest, daß wir nicht bei der Sache waren und gingen zurück bis zu einer bekannten Stelle, um dort von neuem zu lesen zu beginnen.

Den „Rückgriff" auf bereits gelesenen Text nennen wir Regression. Dieser Prozeß vollzieht sich im kleinen sehr häufig. Unsere Augen springen auf bereits gelesene Wörter zurück. Wir wollen uns noch einmal vergewissern über das Gelesene.

Solche Regressionen, auch bei schwierigen Texten, sind grundsätzlich überflüssig und kosten Zeit. Beim rationellen Lesen lassen sie sich fast völlig ausschalten.

Im folgenden Abschnitt wollen wir eine sehr einfache, aber um so wirkungsvollere Trainingsmethode besprechen.

5.5 Trainingsmethoden

Bevor Sie mit dem Lesetraining beginnen, sollten Sie auf folgende Bedingungen achten:

- Kleine Schrift, unleserliche Typen, schlechtes Papier und unübersichtliche Aufteilung mindern die Leseleistung.
- Die Beleuchtung soll hell, aber blendungsfrei sein.
- Die persönliche Verfassung, Intelligenz und Arbeitsstimmung, Konzentrationsfähigkeit und Ärger sind nicht ohne Einfluß auf das Lesen.
- Eine entspannte Haltung ist die beste Voraussetzung zum effektiven Lesen.
- Ablenkungen, z. B. Lärm, extreme Temperaturen, Gerüche oder Unterbrechungen durch andere, sollten beim Training vermieden werden.

Regelmäßiges und intensives Üben wird sich sehr schnell auf Ihr Leseverhalten auswirken. Bereits nach wenigen Übungstagen werden Sie das feststellen. Wenn Sie täglich trainieren, wird nach spätestens 8 Wochen ein besseres und schnelleres Leseverhalten Gewohnheit sein. Jedes Lesen wird sich dann als Übung auswirken. Sie sollten sich allerdings ab und zu kontrollieren, ob Sie nicht wieder in die alten schlechten Gewohnheiten verfallen sind.

5.5.1 Peripheres Sehen

Beim konventionellen Lesen erfassen wir jede Zeile durch willentlich herbeigeführte „Fixationen". Wir gleiten also nicht gleichmäßig die Zeile entlang, sondern unsere Augen „springen" in kurzen, ruckartigen Abständen. Dabei halten wir jeweils 0,2—0,3 sec inne. Diese Pausen oder Haltepunkte nennen wir Fixationen. Die Augensprünge werden auch „sakkadische" Bewegungen genannt. Für eine Zeile auf einer DIN A 4-Seite brauchen wir im allgemeinen 6—8 solcher Bewegungen. Die Fixationspunkte sind reine Reflexbewegungen unserer Augen. Die Anzahl und die Dauer des Innehaltens werden nicht vom Bewußtsein gesteuert. Die Anzahl der Haltepunkte ist deshalb auch hemmend und nur mit Mühe veränderbar. Sie sind ein großes Hindernis zu einem schnelleren Lesen.

Nur während der Dauer einer Fixation wird das Schriftbild von unseren Augen aufgenommen. Während der sakkadischen Bewegung selbst, so wie bei allen anderen Bewegungen unserer Augen, können keine klaren visuellen Eindrücke entstehen.

Ziel der ersten Übung ist es nun, das Fixationsfeld zu vergrößern, um dadurch die sakkadischen Bewegungen pro Zeile zu vermindern. Durch folgendes Beispiel soll das erläutert werden:

Beispiel:

Unter Fixation verstehen wir also die Blickkonzentration auf ein Schriftbild. Wir haben oben dargestellt: Für das bewußte Erfassen dieser Information benötigen wir etwa 1/3 sec. Das ist ein natürlicher Durchschnittswert.

Als Anfänger lesen wir: „Das Programm ist gut".

Fixationen: 1. 2. 3. 4.

Diese vier Wörter sind für den „Normalleser" vier Fixationspunkte. Vier mal 1/3 sec. = 1,2 sec.

Der schon etwas fortgeschrittene Leser benötigt für diesen Satz vielleicht zwei Fixationen. Er liest:

„Das Programm ist gut"

1. Fixation 2. Fixation

Das bedeutet, daß die Augen nicht von Wort zu Wort wandern, sondern der Blick jeweils auf zwei Wörter gleichzeitig gerichtet ist. Der geübte Leser wird jedoch diesen Satz mit nur einer Fixation erfassen:

Das Programm ist gut

1 Fixation

Dies entspricht auch viel mehr dem natürlichen Blickfeld des Auges. Wenn wir nämlich etwas anschauen, konzentrieren wir uns zwar auf einen Mittelpunkt, sehen aber peripher, d. h. wir erfassen eine ganze Menge Informationen aus dem Umfeld der eigentlichen Information, auf die wir uns konzentriert haben. Vereinfacht könnte dies etwa so dargestellt werden:

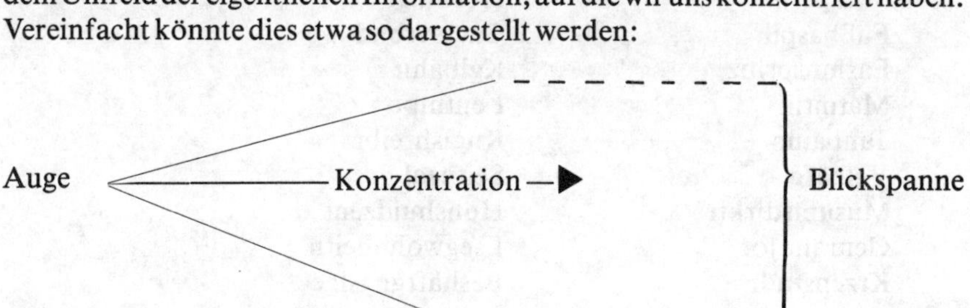

Abb. 45: Peripheres Sehfeld

Auf unseren kurzen Übungssatz bezogen, ergeben sich beim ungeübten Leser etwa folgende Fixationsbreiten:

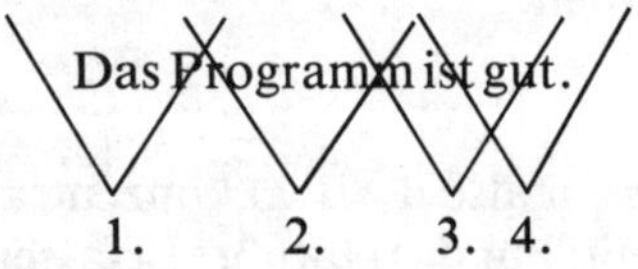

Abb. 46: Fixationsfelder

Wir sehen auch an diesem Beispiel, daß vor allem im 1. und 4. Feld ein gutes Stück „verschenkt“ wird, während wir im 2. und 3. Feld jeweils Informationen doppelt aufnehmen.

Durch unsere frühen Lesegewohnheiten aus der Grundschule haben wir gelernt, zunächst den Buchstaben und dann das Wort und dann Wort für Wort zu erfassen. Wir haben unser natürliches Blickfeld dadurch „verbildet“. Bei den meisten Menschen ist es für das Lesen „verkümmert“, weil sie nicht gelernt haben, geschriebene oder gedruckte Informationen mit dem natürlichen Blickwinkel ihrer Augen aufzunehmen.

Unser erster Schritt zum schnellen Lesen muß also sein, die Fixationsbreite unseres Auges auch beim Lesen zu erweitern. Diese Übung muß systematisch durchgeführt werden, d. h., daß wir nicht gleich am Anfang eine halbe Zeile erfassen wollen, sondern durch Übung und Sicherheit nach und nach immer mehr Wörter mit einer Fixation aufnehmen.

Als erste Fixationsübung lesen Sie die Wortfragmente der Abbildung 47 von oben nach unten. Lesen Sie so schnell Sie können, aber erfassen Sie die jeweilige Wortbedeutung genau!

Blistift
Titnfas
Hefrand
Mitagesn
Fußbaspilr
Fashinsprinz
Matmtik
Tanbaum
Vglkäfg
Musumsdirktr
Genralmjor
Krzenstndr

Autabgs
Pakanlge
Gragntor
Hosntägr
Catasvrbnd
Kglbahn
Lentmpo
Kuglshreibr
Seitnzal
Hohshuldzent
Lsegwohnheitn
Beshäftgngslge

Abb. 47: Fixationsübung

Bei dieser Übung haben Sie sicher festgestellt, daß Sie die Wörter ohne Schwierigkeiten erfassen konnten, obwohl sie unvollständig sind. Sie sehen also, daß es beim rationellen Lesen nicht darauf ankommt, die einzelnen Buchstaben zu „kontrollieren".

Für weitere Fixationsübungen können Sie sich ein Hilfsmittel nach Abbildung 48 herstellen:

Aus einem Stückchen Karton ungefähr in der Größe der Abbildung schneiden Sie sich ein Fenster heraus, etwa in der angegebenen Länge und in der Höhe der Zeile einer Zeitung. Diese Schablone schieben Sie dann in Ihrer Zeitung von Zeile zu Zeile von oben nach unten und versuchen, so schnell Sie können, die im Fester erscheinenden Wörter zu erfassen!

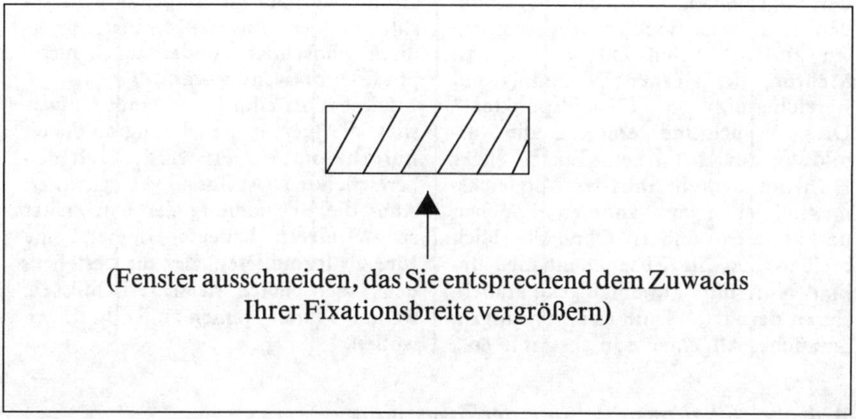

Abb. 48: Schablone für Fixationsübungen

Eine weitere Übung, die Sie täglich durchführen sollten, besteht darin, daß Sie sich aus Ihrer Zeitung jeweils eine Spalte als Trainingsmaterial vornehmen. Dazu ziehen Sie sich mit Bleistift in dieser Spalte senkrechte Hilfslinien, die Ihnen die Fixationspunkte auf den einzelnen Zeilen markieren. Vergleichen Sie dazu die folgende Abbildung!

Lesen Sie dann diesen Artikel, indem Sie mit Ihren Augen von Fixationspunkt zu Fixationspunkt „springen". Legen Sie am Anfang Ihrer Übungsphase diese Linien nicht zu weit auseinander. Sie werden feststellen, daß Sie schon nach einigen Tagen die Zahl der Fixationspunkte je Zeile verringern können.

genheit sollten deutlich gemacht haben, daß wenige Jahre einer laxen und anspruchslosen Lehre genügen, um Können und Verantwortlichkeit in Praxis und Wissenschaft empfindlich zu schädigen.

Von Burckhardt kann man auch lernen, daß die akademische Lehre nicht, wie heute häufig der Fall ist, zu einem „Spezialistenkabinett" entarten darf. In der Forschung ist Spezialisierung unvermeidlich. „Nur noch in einem begrenzten Zweige (kann man) Meister sein, ... und irgendwo soll man dieß sein. Soll man aber nicht die Fähigkeit der allgemeinen Übersicht ... einbüßen, so sei man noch an möglichst vielen andern Stellen Dilettant, ... zu Mehrung der eigenen Erkenntnis und Bereicherung an Gesichtspunkten." Dies gilt auch und gerade für die Ausbildung des Historikers. Ein zu enger Horizont beraubt ihn der Vergleichsmöglichkeiten aus anderen Epochen und anderen Ländern. Ohne Überblick bleiben ihm die Zusammenhänge unklar. Nur „durch unablässiges Parallelisieren der facta" kann es ihm gelingen, „manches Allgemeine zu abstrahieren".

Gespür dafür, ob Professoren Wissenschaft nur aus Karrieregründen betreiben oder ob sie selbst von den geistigen Dingen ihrer Disziplin geprägt sind. Im ersteren Fall vermögen sie nur „an den Intellekt" der Studenten, im letzteren auch an „den Geist zu appellieren, der den Menschen reifen läßt".

Schließlich vermag uns Burckhardt daran zu erinnern, daß es die Pflicht der Universität ist, „zum erkennenden Menschen (auszubilden), dem die Wahrheit ... über Alles geht". Die Universität als Ort des Strebens nach Wahrheit: Dies ist wohl auch der Grund, weshalb für Burckhardt die Institution der Universität nicht nur irdisch wünschbar, sondern auch metaphysisch notwendig war.

Diese Vorstellung von einer Universität, die hier, in Anlehnung an Jacob Burckhardt, skizziert wurde, läuft den herrschenden Auffassungen zuwider. Aber die Bestimmung der Universität zu definieren bedeutet immer, eine Idee zu formulieren, der die bestehenden Hochschulen nacheifern müssen, wenn sie ihren Namen zu Recht tragen wollen.

Abb. 49: Fixationsübung aus der Tageszeitung

Zwischendurch können Sie sich immer wieder eine Liste von mehrstelligen Zahlen untereinander aufschreiben, die Sie dann mit einer Fixation, so schnell Sie können, zu erfassen suchen.

Beispiel:

9	43	456	324	45	2
16	47	859	961	63	84
28	34	1742	384	973	652
547	651	2635	4917	852	974
289	347	9793	4166	5631	7925
↑		↑		↑	
Fixation		Fixation		Fixation	

Mit diesen Übungen müßten Sie im Laufe der nächsten Wochen so weit kommen, daß Sie die Zeitungsspalten mit 2 bis 3 Fixationspunkten lesen können.

Die Lesgeschwindigkeit allein sagt jedoch noch nichts darüber aus, ob wir einen Text überhaupt verstanden und aufgenommen haben. Deshalb müßte zur Kontrolle eines Lesetests immer auch das Verständnis ermittelt werden. Die eigentliche Leseleistung stellt das Produkt aus Verständnis mal Lesegeschwindigkeit dar. Es nützt uns wenig, wenn wir einen Text mit der mehrfachen Geschwindigkeit zwar lesen können, jedoch nur einen geringen Teil davon verstehen.

5.5.2 Erkennen der Redundanz

Lernen wird auch als Erzeugung von Redundanz beschrieben. Wir können dieses Wort übersetzen mit „Überflüssigem". Das bedeutet, wenn wir lernen, erzeugen wir Redundanz, da wir neue Lerninhalte verarbeiten, die damit bekannt werden und beim Lesen weiterer Texte „überflüssig" (redundant) sind.

Wenn wir unbekannte Informationen aufnehmen, bemerken wir beim Lesen, was wichtig ist. Alles andere sortieren wir aus. Unbewußt erkennen wir sofort: Bekannt — unbekannt. In der Kybernetik würde dies als Zweierschritt bezeichnet: Ja — nein bzw. 0 — 1.

Die bereits bekannten Informationen sind redundant. Sie werden als solche erkannt und daher nicht bewußt aufgenommen. Die neuen Informationen, die also unbekannt sind, werden im Gedächtnis eingespeichert (apperzipiert).

Beim rationellen Lesen kommt es nun darauf an, möglichst viele Wörter als redundant zu erkennen und sofort auszusondern. Dadurch wird unsere Aufnahmekapazität entlastet und die Lesegeschwindigkeit gesteigert.

Wir können die Redundanz erhöhen, wenn wir den Text nicht unvoreingenommen angehen. Vor jedem Lesen sollten wir uns auf den Text genau einstellen. Wir müssen die Vorinformation, die wir haben bzw. uns erarbeiten können, bewußt einsetzen, um die Menge an Bekanntem, d. h. an Redundanz des zu lesenden Textes zu erhöhen.

5.5.3 Vermeiden der Regression

Durch die Fixationsübungen und das Aussondern der Redundanz beim Lesen schalten wir vor allen Dingen das Buchstabieren und die Subvokalisation aus. Nun gilt es, auch noch den dritten Hauptfehler, die Regression, beim Lesen zu vermeiden.

Durch die Fixationsübungen ist ein erster Schritt in dieser Richtung schon getan. Das beste Übungsmaterial auch zur Vermeidung der Regression ist wieder die Tageszeitung. Bei der Lektüre dieser Nachrichten gelingt es uns anfänglich am leichtesten, im Text immer fortzufahren und auf keinen Fall „nachzufassen", d. h. das Gelesene zu wiederholen, wenn wir glauben, die Einzelheit nicht richtig aufgenommen zu haben. Selbst wenn uns eine Information verloren gehen sollte — so wichtig kann sie gar nicht gewesen sein; und außerdem: Sie wird ja nicht abgeprüft. Auch dieses Bewußtsein macht das Üben anhand der Tageszeitungen oder ähnlicher Texte unbeschwerter. Wir können auch grundsätzlich davon ausgehen, daß wichtige Gedanken in einem Text mehr als nur einmal aufgegriffen werden. Vieles wird deshalb erst im nachhinein verständlich und ergibt sich aus den anschließenden Darstellungen. Es ist bei den Übungen sehr wichtig, daß wir uns immer wieder im Geiste vorsagen: „Tempo! Tempo!"

5.5.4 Diagonales und kursorisches Lesen

Beim Diagonallesen durchmessen wir eine Seite diagonal von links oben nach rechts unten je Zeile mit einer Fixation. Dies setzt voraus, daß wir uns durch entsprechende Übungen bereits eine angemessene Fixationsbreite antrainiert haben. In der Minute sollten wir dabei ungefähr drei Seiten lesen können, je Stunde ein Büchlein von etwa 100—150 Seiten.

Bei diesem Diagonallesen oder kursorischen Lesen geht es darum, zunächst das Wesentliche zu erfassen: Wir greifen nur die wichtigsten Wörter auf, z. B. nur Verben und Substantive, um die Gedankenrichtung des Verfassers schnell ermitteln zu können. Wir wollen uns dabei einen Eindruck verschaffen, ob das Werk einer gründlichen Durcharbeitung wert ist.

5.5.5 SQ3R-Methode

Es ist ganz selbstverständlich, daß wir an unterschiedlich wichtiges Material mit unterschiedlicher Intensität und Sorgfalt herangehen. Während des Studiums wird es immer wieder Texte geben, die wir nicht nur mehrmals lesen müssen, sondern bei denen es u. U. auf jedes Wort ankommt. Ein solches „Studieren" hat mit unserem dynamischen Lesen wenig gemeinsam. Wir wollen deshalb noch eine Methode vorstellen, die alle Erfordernisse des Lesens während des Studiums abdeckt.

Der Amerikaner F. Robinson hat in den 60er Jahren Untersuchungen über effizientes Lesen bei Studenten durchgeführt. Seine Ergebnisse hat er zur SQ3R-Methode zusammengefaßt. Diese Lesetechnik, die schon eher eine Studiertechnik ist, wird auch die „Fünf-Punkte-Methode" genannt.

Die Buchstaben S, Q, R, R, R sind die Anfangsbuchstaben fünf englischer Wörter und bedeuten:

Survey = Überblick gewinnen, durchsehen
Question = Fragen
Read = Lesen
Recite = Aufsagen, in Erinnerung rufen
Review = Repetieren, nochmals durchsehen.

1. **Survey = Überblick gewinnen**

In diesem ersten Schritt sollen wir uns mit dem Buch und dem Autor vertraut machen, uns selbst motivieren für den Inhalt.

Hierzu finden wir in jedem Buch eine Reihe von Hinweisen, die wir nur kurz zu überfliegen brauchen, um die ersten notwendigen Informationen zu erhalten. Danach entscheiden wir, ob wir das Buch durcharbeiten oder beiseite legen sollen. Dazu verhelfen uns folgende Informationsquellen:

Der Titel: Er sollte den Buchinhalt in wenigen Worten umschreiben, sofern nicht eine reißerische Werbung zuviel verspricht.

Verfasser: Der Verfassername kann uns bereits Auskunft über den Wert des Inhalts geben. Ist er bekannt? Welche Kompetenz besitzt er?

Schutzumschlag: Besonders die vordere Einschlaglasche enthält im allgemeinen wichtige Hinweise über die Absicht des Buches. Mitunter sind hier auch kleine Kritiken zu finden.

Verlagsangaben: Die Copyrightvermerke auf dem Titelblatt und dessen Rückseite geben an, wo das Buch erschienen ist und wie alt es ist. Die Auflagenhöhe hat ebenfalls eine bestimmte Aussagekraft.

Vorwort: Im Vorwort oder Geleitwort können wir sowohl über den Verfasser als auch über seine Arbeiten Näheres erfahren sowie über die Zielrichtung des vorliegenden Buches. Im allgemeinen führt es uns in das behandelte Sachgebiet ein und macht uns mit den Vorarbeiten vertraut, die zu diesem Werk geführt haben.

Inhaltsverzeichnis: Es gibt nicht nur die Präzision der vorliegenden Arbeit wieder, sondern zeigt auch die Schwerpunkte auf und informiert darüber, was behandelt wird und was vielleicht zum Thema fehlt. Dazu bieten die Kapitelüberschriften, Haupttitel, Untertitel usw. wertvolle Informationen.

Abbildungen: Bilder, Graphiken, Übersichten usw. sind hilfreiche Erklärungen und Ergänzungen zum Text und weisen vielfach auf verständliche Struktur hin.

Zusammenfassungen: Am Ende einzelner Abschnitte wiederholen Zusammenfassungen in wenigen Sätzen das Wichtigste des Inhalts. Sie enthalten sehr große Hilfen besonders für Lernende.

Register: Solche Verzeichnisse am Ende des Buches sind die Fundgruben der Informationen.

Glossarien: Vor allem für Studierende sind sie eine unersetzliche Quelle, sich in der Fachsprache zurechtzufinden.

Lesbarkeit: Auch die optische Gestaltung muß schließlich beachtet werden. Schlecht zu lesende Schrifttypen mindern nicht nur die Motivation, sondern binden auch unsere Geisteskräfte, die wir besser bei der Bearbeitung des Inhalts einsetzen.

Wenn wir sehr viele der aufgeführten Punkte negativ bewerten müßten, ist es vielleicht ratsam, das Buch sofort wegzulegen und uns nach einem besseren umzusehen.

2. **Question = Fragen**

Nach dem ersten Überblick sollten wir an das Buch gezielte Fragen richten, vor allem um es gleich von Anfang an zu bewerten und mit Bekanntem zu assoziieren.

Beispiele für Fragen: Was ist das für ein Buch? Welcher Autor spricht hier? Was ist er? Welchen Standpunkt vertritt er? Sind mir Gegner bekannt? Wie ist der Stil? Wer schreibt die Geleitworte? Bin ich mit der Gliederung einverstanden? Wie beurteile ich die wissenschaftliche Gründlichkeit? Wie ist die didaktische Aufbereitung? Was erwarte ich mir von der Lektüre dieses Werkes?

Die Fragen werden bei jedem Werk neue Schwerpunkte umfassen. Viele Fragen werden aber auch immer wieder die gleichen sein.

3. **Read = Lesen**

Der dritte Schritt könnte das umfassen, was wir oben das dynamische Lesen genannt haben. Der Inhalt wird zügig durchgelesen. Dabei können wir bereits Notizen, Markierungen usw. anbringen oder entsprechende Lesezeichen einschieben. Bei diesem Schritt kommt es auf Geschwindigkeit an. Wichtige und unwichtige Stellen sind zu kennzeichnen: Die wichtigen, die noch des studierenden Lesens bedürfen, und die weniger wichtigen, die nicht mehr gelesen werden müssen.

4. **Recite = auswendig Aufsagen**

Diese Phase bezeichnet das studierende Lesen: Wir versuchen, das Gelesene zu verarbeiten, indem wir den Inhalt „rezitieren“. Wir vergleichen, ziehen Schlußfolgerungen und bewerten.

Bei diesem Schritt sollten wir neue Erkenntnisse nach Möglichkeit auch schriftlich fixieren, wesentliche Aussagen aus den entsprechenden Kapiteln zusammenfassen oder Gegenargumente aufzeigen. Dabei ist es sehr wichtig, daß wir unsere eigenen Formulierungen verwenden. Eine wörtliche Wiedergabe des Gelesenen ist auf Dauer wenig nützlich, wenn die Ausdrucksweise nicht zum persönlichen Wortschatz gehört. Solche Notizen dürfen aber nur wenig Zeit in Anspruch nehmen.

Anstatt getrennter Aufzeichnungen können wir auch im Buch selbst Anmerkungen anbringen oder wesentliche Aussagen kenntlich machen — sofern es unser eigenes Buch ist. Mit Unterstreichungen, Querverweisen usw. sollten wir jedoch sparsam umgehen.

Besonders dieser vierte Schritt ist für das Behalten des Inhalts von großer Bedeutung. Je intensiver wir versuchen, die wesentlichen Aussagen zusammenzufassen, desto besser prägen sie sich unserem Gedächtnis ein. Außerdem hat das Abwechseln zwischen Lesen und Schreiben, zwischen Aufnehmen von Informationen und Rekapitulieren, den Vorteil, daß wir länger durchhalten können und nicht so schnell ermüden.

5. **Review = Repetieren**

In diesem letzten Schritt vergegenwärtigen wir uns noch einmal die einzelnen Überschriften, versuchen wesentliche Aussagen der jeweiligen Kapitel in Erinnerung zu bringen, fassen nach, wo wir glauben nachholen zu müssen und stellen den Gesamtzusammenhang der gelesenen Informationen her. Diese Repetition dient vor allem der Kontrolle, ob wir das Gelesene auch tatsächlich verstanden haben.

5.5.6 Lesen und markieren

Beim Lesen ist Notizpapier und Bleistift sehr wichtig. Alle bedeutsamen Aussagen des Autors sollten sofort festgehalten werden. Der Vorteil der eigenen Bibliothek besteht u. a. auch darin, daß wir in den Büchern entsprechende Bleistifthinweise anbringen können, worauf schon des öfteren hingewiesen wurde. Unwichtige Stellen können z. B. mit Bleistift leicht durchgestrichen werden, wichtige Stellen können am Rand durch einen senkrechten Strich, besonders wichtige u. U. durch doppelte senkrechte Striche, Fragwürdiges durch Fragezeichen oder durch eine Schlangenlinie markiert werden. Bei fremden Büchern empfehlen sich Auszüge, ggf. Kopien, die jedoch genau zu bezeichnen wären, damit wir das Original leicht auffinden.

Es ist wenig nutzbringend, unausgeruht sich an wissenschaftliche Texte zu begeben. Die Schwierigkeit des Leseinhalts sollte auch der situativen Bedingung angepaßt sein, d. h. im Zug oder in der Straßenbahn können wir uns im allgemeinen nur Lektüre vornehmen, bei der voraussichtlich weniger Aufzeichnungen oder Notizen zu machen sind. Doch auch hier sollte stets Bleistift und Papier zur Hand sein.

5.5.7 Zeitschriften und Zeitungen

Fachzeitschriften setzen meistens ein spezielles Interesse und eine bestimmte Kompetenz des Lesers im entsprechenden Fach voraus. Es sollte für jeden Studenten selbstverständlich sein, mindestens *eine* einschlägige Fachzeitschrift selbst im Abonnement zu halten und weitere regelmäßig zu lesen. Nur so hat er die Gewähr, in seinen Spezialgebieten ständig auf dem neuesten Stand der Information zu sein.

Auch das tägliche Studium der Tageszeitung wird zum wissenschaftlichen Arbeiten. Ohne eine bestimmte Lesetechnik müssen wir dafür zuviel Zeit aufwenden. Anhand der Überschriften prüfen wir zunächst einmal, welche Beiträge ggf. lesenswert sind. Wichtiges wird dann ausgeschnitten und zur vorläufigen Aufbewahrung beiseite gelegt. Erst nach etwa 5—6 Wochen — nachdem vieles u. U. schon überholt ist — entscheiden wir über eine endgültige Verwendung.

Fassen wir zusammen:

Die wichtigsten Aussagen des Abschnitts 5 wollen wir als Regeln für ein optimales Leseverhalten formulieren:

Allgemeine Regeln

1. Nehmen Sie Informationen selektiv auf: Verschaffen Sie sich Klarheit über das, was Sie wissen müssen, um Ihr Ziel zu erreichen!
2. Suchen Sie nach Alternativen, die Zeit und Energie sparen: Wo könnte ich das benötigte Wissen schneller oder besser erhalten?
3. Bemühen Sie sich bei der Lektüre von Fachbüchern zunächst um einen Überblick: Inhaltsverzeichnis, Vorwort, Zusammenfassungen, Bilder und Graphiken!
4. Formulieren Sie Fragen an den zu lesenden Text und suchen Sie nach Antworten auf diese Fragen!
5. Machen Sie sich beim Lesen Notizen!
6. Prüfen Sie die Notwendigkeit, die Information langfristig zu behalten! Vielleicht genügt es zu wissen, wo es steht.

7. Veranschaulichen Sie den Text durch Strukturen, Graphiken oder eigene Gliederungen und suchen Sie nach Beispielen! Sie fördern das Verstehen und Behalten.
8. Fassen Sie das Gelesene so mit eigenen Worten zusammen, als würden Sie die Information an andere weitergeben!
9. Trainieren Sie ständig Ihre Lesetechnik durch die aufgezeigten Möglichkeiten!
10. Kontrollieren Sie öfters ganz gezielt Ihr Leseverhalten!

Prüfen Sie Ihren Lernerfolg!

Anstatt der üblichen Kontrollfragen empfehlen wir Ihnen, das Lesetraining erst einmal konsequent eine Woche lang durchzuhalten. Danach vergleichen Sie die erreichte Lesegeschwindigkeit mit der beim Einstiegstest erzielten, und prüfen Sie, inwieweit sich Ihr Leseverhalten gegenüber dem früheren verändert hat!

6 Verfassen wissenschaftlicher Arbeiten

6.1 Allgemeine Anforderungen

Lernziel:

Sie sollen

— *die Notwendigkeit einheitlicher Formalien für die Darstellung wissenschaftlicher Arbeiten einsehen!*

Schriftliche Arbeiten sind fester und notwendiger Bestandteil eines jeden Studiums: Hausarbeiten, Klausuren, Diplomarbeiten oder sonstige Studienarbeiten sind zu fertigen. Dabei handelt es sich immer um wissenschaftliche Inhalte.

Nicht nur von Hochschule zu Hochschule, selbst von Hochschullehrer zu Hochschullehrer gehen die Vorstellungen darüber auseinander, wie eine wissenschaftliche Arbeit darzustellen ist. Oft entsteht dadurch Verunsicherung. Die Studierenden möchten aber konkrete Anweisungen.

Die Frage der Wissenschaft ist sowohl eine Frage des Inhalts als auch eine Frage der Methode ihrer schriftlichen Aufzeichnung, und die Wissenschaftssprache ist nicht nur eine Angelegenheit der persönlichen Einstellung.

Wissenschaftliche Darstellung ist auf Verständlichkeit und Genauigkeit angewiesen. Unabdingbare Kriteren sind deshalb Klarheit, Objektivität und Nachvollziehbarkeit. Es werden nicht die Kniffe der Rhetorik gefragt, sondern die Schritte der logischen Argumentation. Allgemein anerkannte Regeln sollen diesen Anforderungen Rechnung tragen.

Für die äußere Darstellung wissenschaftlicher Schriften gibt es zwar keine bis ins Detail gehende Normierung. Trotzdem besteht ein kleinster gemeinsamer Nenner übereinstimmender Formalien. Deren Beachtung ermöglicht oft erst eine Aussage über den wissenschaftlichen Wert der Arbeit. Außerdem sollen einheitliche Regeln die Studierenden nicht einengen, sondern Zeit und Energie für die eigentliche wissenschaftliche Tätigkeit freihalten.

Wir wollen in diesem Abschnitt diejenigen Formen und Grundsätze aufzeigen, die generell anerkannt werden. Einige Verfahrensweisen sind durch DIN-Normen geregelt. In solchen Fällen werden wir besonders darauf hinweisen. Die Formvorschriften sollen Ihnen Hilfe sein und Möglichkeiten weisen, wie wissenschaftliche Arbeiten gestaltet werden können. Sie haben damit die Gewähr formal einwandfreier wissenschaftlicher Methode und schriftlicher Gestaltung — auch wenn andere Formen möglich und anerkannt sind.

6.2 Sprachliche Darstellung

Lernziel:

Sie sollen

— *auf Stil, Rechtschreibung, Zeichensetzung, Grammatik und Syntax bei der schriftlichen Darstellung Ihrer Arbeiten achten können und Fremdwörter bzw. Fachausdrücke nur dann verwenden, wenn sie der Klarheit und Eindeutigkeit wissenschaftlicher Kommunikation dienen!*

6.2.1 Sprachstil

Nicht selten werden schriftliche Arbeiten weniger ihres Inhalts wegen, sondern weil sie erhebliche Stil-, Sprach- und Formmängel aufweisen, schlecht bewertet oder gar abgelehnt — völlig zu Recht. Wir müssen immer wieder darauf hinweisen, daß eine einwandfreie Darstellung, auch was die Orthographie und Syntax betrifft, zu den unabänderlichen Bedingungen wissenschaftlicher Texte gehört. Leider wird in vielen Gymnasien auf diese Qualifikationen kein großer Wert mehr gelegt. Während des Studiums müssen sprachliche Defizite dann ausgeglichen werden; denn weder in der freien Wirtschaft noch im öffentlichen Dienst können Führungskräfte auf solche Fähigkeiten verzichten. Das Wissen aber um die Normen reicht dazu nicht aus, sie müssen geübt und angewendet werden.

Der Stil der Sprache kann und soll nicht allgemein reglementiert werden. Über die schriftliche Darstellung entscheidet grundsätzlich der Autor selbst. Dennoch stellt die Wissenschaft sehr konkrete Anforderungen auch an das Sprachverhalten. Es geht dabei nicht um stilistische Kunstgriffe, sondern um Sachlichkeit und Präzision.

Trotzdem — oder gerade deswegen — müssen Sie auf einwandreien Stil achten. Die folgenden Hinweise können Ihnen dazu verhelfen[26]:

1. Lesen Sie Ihre Arbeit grundsätzlich mehrmals durch — auch in der Absicht, den Stil zu verbessern!
2. Korrekte Grammatik ist erste Voraussetzung für guten Stil.
3. Kurze, klare Sätze sind besser als lange Schachtelsätze.
4. Das „Haupt“-sächliche steht im „Haupt“-satz, das „Neben“-sächliche im „Neben“-satz.
5. Die deutsche Sprache bietet für die meisten Fälle bessere Formulierungen als Konstruktionen mit den Hilfszeitwörtern „sein“ und „haben“.

---

26 Vgl. Herrmann, Ingrid, S. 188.

6. Verwenden Sie viele Eigenschaftswörter! Sie beleben nicht nur den Stil, sondern dienen auch der Klarheit und Eindeutigkeit.
7. Vermeiden Sie Wiederholungen von Wörtern innerhalb von 4-5 Zeilen!
8. Phrasen wirken unsachlich.
9. Der Stil der gesamten Arbeit soll eine Einheit bilden („aus einem Guß")! Verzichten Sie deshalb auf Darstellungen, die nicht zu Ihrem Sprachstil gehören!
10. Ein guter Schluß setzt auch für den Stil einen besonderen Akzent.

Unsicherheiten entstehen immer wieder bei der Überlegung, ob eine Arbeit in der „Wir"-Form oder „Ich"-Form abzufassen ist. Grundsätzlich ist während des Studiums die „Ich"-Form vorzuziehen. Sie ist auch ein Bekenntnis zur persönlichen Arbeit. Die „Wir"-Form, der „pluralis modestiae", der Plural der Bescheidenheit, sollte bedeutenderen wissenschaftlichen Arbeiten vorbehalten werden und bei Studienarbeiten nur in Aussagen gebracht werden, mit denen sich jeder Leser identifizieren kann, z. B.: „Wir wissen, daß in der Pädagogik . . .", oder „Wir haben oben gelesen . . .".

6.2.2 Rechtschreibung und Zeichensetzung

„Auf eine einheitlich geregelte Rechtschreibung kann unsere kulturell und technisch hochentwickelte Gesellschaft nicht verzichten. Sie dient der Klarheit. Es ist daher selbstverständlich, daß Rechtschreibung erlernt und geübt werden muß. Sie ist jedoch kein Selbstzweck, und sie ist erst recht kein ausschließlicher Gradmesser für Begabung und Intelligenz. Lehrer wie Lernende sollten daher zu einer aufgeschlossenen Einschätzung gelangen, die Überbewertung von Rechtschreibfehlern abbauen und Rechtschreibung als das betrachten, was sie sein soll: ein geeignetes Mittel zur Erleichterung der schriftlichen Kommunikation." So steht es im Vorwort des Rechtschreib-Duden[27].

Dem Appell der Duden-Redaktion ist kaum etwas hinzuzufügen. Die deutsche Rechtschreibung ist nicht einfach. In vielen Zweifelsfällen streiten sich selbst die Experten. Wir brauchen uns deshalb nicht genieren, den Duden immer wieder zur Hand zu nehmen. Er muß daher an unserem Arbeitsplatz stets in greifbarer Nähe stehen.

6.2.3 Grammatik und Syntax

Lebende Sprachen sind weder homogen noch beständig. Durch ihren Gebrauch entwickeln sie sich fort. Es wird demnach auch in der Grammatik und Satzlehre immer konkurrierende Auffassungen geben. Der Modus

27 Duden, Band 1, Vorwort.

schriftlicher Kommunikation ist aber entscheidend für die Klarheit und Eindeutigkeit der Information. Wissenschaftliche Sprache verlangt nicht Wortgewandtheit, die dem Leser womöglich Rätsel aufgibt, sondern verständlichen und korrekten Sprachaufbau. Das elementare Gliederungsmittel hierzu ist der Satz.

Leider haben gerade wissenschaftliche Texte oft nicht nur zu lange Sätze, auch der Satzaufbau hat vielfach unübersichtliche Konstruktionen und ungenaue syntaktische Bezüge. Wenn sich ein einziger Satz über vier und mehr Schreibmaschinenzeilen erstreckt, sollte er unbedingt nochmals auf seine Verständlichkeit geprüft werden. Damit soll in keiner Weise nur kurzen und nüchternen Sätzen das Wort geredet werden. Guter Stil zeichnet sich auch aus durch angemessenen Wechsel zwischen einfachen Sätzen und solchen, die durch wirkungsvollen, aber verständlichen grammatikalischen Aufbau zur besonderen Aufmerksamkeit anregen.

6.2.4 Fremdwörter

Im europäischen Kulturraum gibt es in der Geschichte keine isolierte Sprachentwicklung. Alle Sprachen haben fremdes Wortgut aufgenommen und werden es weiterhin aufnehmen. Gemeinsame kulturelle Verknüpfungen, gemeinsame politische und wirtschaftliche gegenwärtige Beziehungen lassen keine „Sprachreinheit“ mehr zu. Häufig müßten auch Wörter und Begriffe, die sich in jeder Sprache immer wieder neu bilden und fortentwickeln, ohne fremde Einflüsse durch umständliche und unübersichtliche Nebensätze oder Wortbildungen ersetzt werden. Die Sprache würde ungenau und vieldeutig.

Lehnwörter und Fremdwörter werden daher mit der Zeit von jeder Sprache aufgesogen und schließlich als solche gar nicht mehr empfunden. Goethe sagte einmal, daß sich die Gewalt einer Sprache nicht dadurch erweise, daß sie das Fremde abweise, sondern daß sie es verschlinge[28].

Zweifellos wird immer wieder aus einem fragwürdigen standeselitären Anspruch heraus ein Fremdwort gewählt, wo das Gemeinte mit einem Wort in deutscher Sprache genauso klar und präzise ausgedrückt werden kann. Oft aber ist das Fremdwort, oder besser „Fachwort“, nur schwer oder ungenau mit einem deutschen Wort wiederzugeben. Die Wissenschaft ist dann auf das Fachwort angewiesen. Sie nennt es „Terminus“. Ein Terminus ist durch Festsetzungsdefinition absolut eindeutig und bezeichnet nur *eine* ganz bestimmte Sache. Er wird auch „normierter Praedikator“ (= genormte Bezeichnung) genannt. Dieser läßt dann an wissenschaftlicher Klarheit und

28 Vgl. Kunz , Unterrichtsblätter . . . Heft 19/1976 S. 19.

Eindeutigkeit keine Frage mehr offen. Die Gesamtheit der Termini einer Wissenschaft bilden dann die Terminologie.

Fassen wir zusammen:

- Kriterien wissenschaftlicher Darstellung sind u. a. Klarheit und Korrektheit der Sprache.
- Für die schriftliche wissenschaftliche Arbeit gibt es allgemeingültige Grundsätze und Regeln.
- Bestimmte Formvorschriften sind in DIN-Normenblättern enthalten.
- Rechtschreibung, Zeichensetzung, Grammatik und Syntax sowie der Sprachstil sind wichtige Beurteilungsmerkmale wissenschaftlicher Schriften.
- Fachwörter sind immer dann notwendig, wenn sie der Eindeutigkeit der Aussagen dienen. In der Wissenschaftssprache werden die Fachwörter als Termini bezeichnet.

Prüfen Sie Ihren Lernerfolg!

1. Für wissenschaftliche Darstellungen sollen allgemeingültige Formvorschriften beachtet werden. Wie begründen Sie das?
2. Welche Anforderungen stellen Sie an die sprachliche Gestaltung wissenschaftlicher Arbeiten?

6.3 Äußere Form

Lernziele:

Sie sollen

— *einsehen, daß pragmatische Grundfertigkeiten die eigentliche wissenschaftliche Tätigkeit erleichtern,*

— *allgemeine Anforderungen an die äußere Form einer schriftlichen wissenschaftlichen Arbeit beachten,*

— *wichtige Regeln für das Schreibmaschinenschreiben nach DIN 5008 beherrschen,*

— *die Begriffe „Anmerkungen“ und „Fußnoten“ erläutern und die dafür geltenden Grundsätze anwenden,*

— *schriftliche wissenschaftliche Arbeiten nach allgemeingültigen Richtlinien korrekt gliedern und darstellen,*

— *begründen, weshalb in wissenschaftlichen Werken zitiert wird,*

— *zwischen Primär- und Sekundärzitat unterscheiden,*

— *die Begriffe „Interpolation", „Ellipse", „Hervorhebung", „Verschmelzung", „Zitat im Zitat" erläutern und Beispiele dafür richtig darstellen,*
— *Titel aus Büchern, Zeitschriften und Zeitungen in der Fußnote und im Literaturverzeichnis korrekt belegen und auch*
— *die angelsächsische Zitierweise fehlerfrei anwenden können!*

Normen beim wissenschaftlichen Arbeiten werden von Studenten vielfach als Pedanterie oder formaler Krimskrams abgetan und für überflüssig erachtet. Eine solche Auffassung ist irrig und verhängnisvoll. In jedem Beruf gibt es pragmatische Grundfertigkeiten, die Voraussetzungen sind, um im eigentlichen Tätigkeitsfeld bestehen zu können. Bei den methodischen Empfehlungen für die schriftlichen Arbeiten während des Studiums geht es um Darstellungstechniken, die allgemein bei Veröffentlichungen aus Wissenschaft, Technik, Wirtschaft und Verwaltung angewendet werden und dadurch Klarheit sowie Eindeutigkeit der Aussagen gewährleisten.

Außerdem ist der folgende Aspekt dabei nicht unerheblich: Bei schriftlichen Arbeiten, die von Studierenden abzugeben sind, wird vielfach zu wenig bedacht, daß diese einem Prüfer vorgelegt werden. Er möchte das zu Bewertende nicht nur problemlos lesen können; die Einhaltung allgemeingültiger Darstellungsmethoden erleichtert ihm die Korrektur und damit auch die Beurteilung wissenschaftlicher Relevanz und Korrektheit. — Selbst ein Prüfer kann sich emotionalen Einflüssen nicht immer entziehen!

6.3.1 Grundregeln

Wir wollen die wichtigsten Formalien für die schriftliche Darstellung einer Arbeit zur besseren Übersicht auflisten.

1. Alle Prüfungsarbeiten — mit Ausnahme der Klausuren — sind mit Schreibmaschine auf DIN A 4-Format eineinhalbzeilig auszufertigen.

   Zwei Gründe, die dafür sprechen, sind besonders herauszuheben:

   - Zum einen sind durch die Schreibmaschinenschrift alle Zweifel an der Bedeutung der Schriftzeichen ausgeräumt.
   - Zum anderen erleichtert gute Lesbarkeit das Prüfen der Arbeit sehr wesentlich. Negative emotionale Bewertungseinflüsse — meistens sogar unbewußte — z. B. Verärgerung wegen schlechter Lesbarkeit, weil sie vor allem einen höheren Zeitaufwand erfordert, bleiben weitgehend ausgeschlossen.

2. Die Anzahl vorzulegender Exemplare ist mit dem zuständigen Hochschullehrer abzusprechen.
3. Als Schrifttype ist Pica wegen der guten Lesbarkeit vorzuziehen.

4. Farbband und Kohlepapier (schwarz) sollten frisch, die Typen der Schreibmaschine sauber sein!
5. Die Blätter werden nur einseitig beschrieben.
6. Für die maschinenschriftliche Erstellung ist das Normenheft DIN 5008 „Regeln für Maschinenschreiben“ zu beachten!
7. Wichtige allgemeine Schreibregeln:
   - Satzzeichen werden ohne Leerschritte an den letzten Buchstaben angeschlossen.
   - Nach jedem Satzzeichen, auch nach Anführungszeichen oder Klammer folgt ein Leerschritt.
   - Als Trennungsstrich wird der Bindestrich benutzt und nicht das Gleichheitszeichen (=).
   - Das Unterführungszeichen wird unter dem ersten Buchstaben gesetzt.

     Beispiel:
     Vorlesung bei Professor Müller (Pädagogik)
     „ „ „ Huber („)
   - Für Zahlen dürfen keine Unterführungszeichen verwendet werden. Sie sind immer zu wiederholen.
8. Die Arbeiten dürfen weder in losen Blättern vorgelegt, noch mit Büroklammern geheftet werden. Je nach Umfang eignen sich Schnellhefter oder Heftrücken. Kleinere Arbeiten können auch am linken oberen Rand schräg geheftet werden. Klarsichthüllen sind zweckmäßig.

   Für Diplomarbeiten und Dissertationen sollten Einzelheiten mit den zuständigen Professoren abgesprochen werden.
9. Seitenbenummerung:
   Die Seiten sind oben in der Mitte (Grad 40) fortlaufend zu benummern. Titelseite, Inhalts- und Anlagenübersicht, ggf. Fußnotenzusammenstellung oder Anhang werden in die Zählung einbezogen. Auf der ersten Seite wird jedoch keine Nummer vermerkt. Die Benummerung erfolgt in arabischen Ziffern. Römische Ziffern sind nicht mehr vorzusehen. Die Methode, das Inhaltsverzeichnis in römischen Ziffern zu benummern und beim Literaturverzeichnis sowie bei den Anmerkungen, die nach dem Text stehen, mit der Zählung in römischen Ziffern fortzufahren, ist unzweckmäßig und überholt.

   Die Seitennummer steht in der dritten Zeile von oben.[29]

---

29 DIN 5008 12.19 Seite 12. Analog DIN 1422, Teil 1. 6.3 Seite 4.

10. Textbeginn:
Der Text beginnt in der 5. Zeile vom oberen Rand.
Linker Rand: Grad 15 (15 Leeranschläge).
Rechter Rand: Grad 75 (etwa 5 Anschläge), kein Buchstabe sollte jedoch weniger als 1 cm vom rechten Rand entfernt stehen.
Unterer Rand: Etwa 4 Leerschaltungen[30].

11. Anmerkungen
Anmerkungen haben folgende möglichen Funktionen:
— Belegen von Zitaten,
— Hinweise auf weiterführende Literatur,
— Zusammenfassungen oder Übersichten,
— Erläuterungen, die im Text stören würden,
— Querverweise, die zum besseren Verständnis führen sollen.

Anmerkungen stehen grundsätzlich am Ende des Textes (eines Kapitels oder Abschnitts) oder am Fuß der betreffenden Seite. Wir sollten aber dabei beachten, daß wir Anmerkungen sehr sparsam verwenden und nicht zur Selbstdarstellung oder um alles mögliche Wissen los zu werden benutzen. Auf keinen Fall dürfen wir wichtige Aussagen, die wir vergessen haben und die in den Text gehören, in Anmerkungen unterbringen.

Im Text wird auf eine Anmerkung durch eine um eine halbe Zeile hochgestellte arabische Ziffer verwiesen, die weder einen Punkt noch eine Klammer erhält. Sternchen und andere Zeichen werden nur dort verwendet, wo Ziffern zu Verwechslungen führen können, z. B. in Tabellen und mathematischen Werken. Die Ziffer steht unmittelbar hinter dem Wort oder Satzteil, worauf sich die Anmerkung bezieht. Sie schließt sich also ohne Leertaste an den letzten Buchstaben oder an das letzte Satzzeichen an. Die Ziffer steht am besten hinter dem Satzzeichen. Es gilt folgende Grundregel: Wenn sich die Anmerkung auf den ganzen Satz bezieht, steht die Ziffer nach dem schließenden Satzzeichen; wenn sie sich nur auf das unmittelbar vorangehende Wort oder eine unmittelbar vorangehende Wortgruppe bezieht, steht die Ziffer vor dem schließenden Satzzeichen. Die Anmerkungszählung richtet sich nach der Zuordnung des Anmerkungsapparats: Stehen die Anmerkungen jeweils am Ende eines Kapitels usw., beginnen sie mit jedem Kapitel usw. wieder mit der Nr. 1; stehen sie am Ende der Arbeit, werden sie für die ganze Arbeit durchgezählt; stehen sie am Fuß der betreffenden Seite, können sie für jede Seite getrennt oder auch für die ganze Arbeit durchgezählt werden. Beachten Sie hierzu auch die Empfehlungen unter 6.3.3.

30 Vgl. DIN 5008.

12. Fußnoten:

Fußnoten sind Anmerkungen (vor allem Literaturhinweise), die am Fuß einer Seite stehen. Die Hinweiszeichen auf die Fußnoten entsprechen denen der Anmerkungen. Am Fuß der jeweiligen Seite werden die Fußnoten vom Text durch einen waagrechten Strich (mindestens 8 Anschläge) abgesetzt. Über und unter dem Fußnotenstrich bleiben 2 Leerzeilen. Die Hinweiszahl wird der Fußnote ohne Hochstellung vorangestellt und durch 2 Leerschritte von ihr getrennt. Die Fußnoten selbst werden mit einfachem Zeilenabstand geschrieben. Zwischen mehreren Fußnoten auf derselben Seite bleibt ein eineinhalbzeiliger Abstand.

6.3.2 Gliederungstechnik

6.3.2.1 Grundsätze

Um den Text überschaubar zu gestalten, soll die Arbeit nach thematischen Gesichtspunkten gegliedert werden. Dabei erhält sie nicht nur durch die Abschnitte mit besonderen Überschriften, sondern auch durch die einzelnen Absätze eine äußere Form, die dem Bedürfnis nach aufgelockerter Darstellung entspricht. Der Inhalt wird für den Leser übersichtlicher und Zusammenhänge werden leichter faßbar.

Dazu sagt das einschlägige DIN-Normenblatt:

Alle Texte werden nach „logischer und inhaltlicher Zusammengehörigkeit in Abschnitte und Absätze gegliedert“[31]. Die Abschnitte sind nach DIN 1421 zu benummern.

Absätze bilden die feinste Auflockerung des Textes. Sie werden nur durch einen geringfügig breiteren Zeilenabstand kenntlich gemacht. Bei eineinhalbzeiliger Schreibweise bedeutet das, daß die Walze um ein Raster (= zweizeilig) weitergedreht wird. Der Zeilenanfang wird zu Beginn der Absätze nicht eingerückt.

6.3.2.2 Abschnittsnummern

Nach den neuen Normenblättern (DIN 1421, 1422) wird nicht mehr unterschieden zwischen Hauptabschnitten und Unterabschnitten. Die Abschnitte erhalten arabische Zahlennummern. Sie können weiter unterteilt und benummert werden. Nur zwischen zwei Stufen der Abschnittsnummern steht ein Punkt als Gliederungszeichen. Am Ende einer Abschnittsnummer steht demnach nie ein Punkt[32].

---

31 DIN 1422 Teil 1, S. 2.

32 DIN 1421, S. 1.

Beispiel:

1. Stufe	2. Stufe	3. Stufe
1	2.1	2.3.1
2	2.2	2.3.2
3	2.3	2.3.3
.	.	.
.	.	.
.	.	.
10	10.1	2.3.10
11	10.2	2.3.11
12	10.3	2.3.12
usw.	usw.	usw.

Wird der erste Abschnitt einer Gliederungsstufe nur allgemeine Angaben enthalten (Grundsätze, Einleitung usw.), kann hierfür auch die „0“ verwendet werden, z. B. „2.0 Grundsätzliches“.

6.3.2.3 Überschriften

Jede Abschnittsnummer soll auch eine Abschnittsüberschrift erhalten, die kurz und treffend auf den folgenden Inhalt hinweist. Die Überschriften beginnen an der linken Fluchtlinie mit der Nummer des Abschnitts.

Überschriften der ersten Gliederungsstufe sollten auf einer neuen Seite am oberen Satzspiegelrand beginnen. Überschriften der weiteren Unterteilungen innerhalb der Textseite stehen bei eineinhalbfachem Zeilenabstand zwei Schaltschritte vom Text getrennt. Die Überschriften sollten nicht in Großbuchstaben geschrieben werden[33]. Von der zweiten Stufe der Gliederung an kann auch anstatt einer Abschnittsüberschrift in der ersten Zeile des betreffenden Abschnitts ein Stichwort besonders hervorgehoben werden, z. B. durch Unterstreichen, Sperren oder dergleichen. Wichtig ist aber, daß innerhalb der einzelnen Gliederungsstufen bei der ganzen Arbeit einheitlich verfahren wird.

6.3.2.4 Unterteilungen und Aufzählungen

Absätze können mit Ziffern weiter unterteilt werden. Um diese Zahlen von den Gliederungsnummern unterscheiden zu können, werden sie entweder eingeklammert oder mit nachfolgendem Bindestrich versehen[34].

---

33 DIN 1422 Teil 1, S. 5.
34 DIN 1421, S. 2.

Beispiel:

2.4.3 xxxxxxxxxxxxxxxxx

(1) xxxxxxxxxxxxxxxxxx
xxxxxxxxxxxxxxxxxxxx
xxxxxxxxxxxxxxxxxxxx

(2) xxxxxxxxxxxxxxxxxx
xxxxxxxxxxxxxxxxxxxx
xxxxxxxxxxxxxxxxxxxx
usw.
oder
2.4.3 xxxxxxxxxxxxxxxxx

1— xxxxxxxxxxxxxxxxxx
xxxxxxxxxxxxxxxxxxxx
xxxxxxxxxxxxxxxxxxxx

2— xxxxxxxxxxxxxxxxxx
xxxxxxxxxxxxxxxxxxxx
xxxxxxxxxxxxxxxxxxxx

Aufzählungen innerhalb eines Absatzes können mit einer arabischen Ordnungszahl, mit Buchstaben oder durch Bindestrich gekennzeichnet werden. Dabei sind unterschiedliche Fluchtlinien einzuhalten.

Beispiel[35]:

2.4.3. xxxxxxxxxxxxxxxx

1. xxxxxxxxxxxxxxxxxx
   xxxxxxxxxxxxxxxxxx
   xxxxxxxxxxxxxxxxxx

2. xxxxxxxxxxxxxxxxxx
   xxxxxxxxxxxxxxxxxx
   xxxxxxxxxxxxxxxxxx

    a) xxxxxxxxxxxxxxxxx
       xxxxxxxxxxxxxxxxx

    b) xxxxxxxxxxxxxxxxx

usw.
oder
2.4.3 xxxxxxxxxxxxxxxxx

---

35 Vgl. DIN 1421 S. 2.

a) xxxxxxxxxxxxxxxxxx
xxxxxxxxxxxxxxxxxx

b) xxxxxxxxxxxxxxxxxx
xxxxxxxxxxxxxxxxxx

2.4.4. xxxxxxxxxxxxxxxx
xxxxxxxxxxxxxxxxxxxx
usw.
oder
2.4.3 xxxxxxxxxxxxxxxxxx
xxxxxxxxxxxxxxxxxxxxx
— xxxxxxxxxxxxxxxxxx
xxxxxxxxxxxxxxxxxx
— xxxxxxxxxxxxxxxxxx
xxxxxxxxxxxxxxxxxx
usw.

Alle Zeilen sowohl von Abschnitten als auch von Absätzen beginnen an einer gemeinsamen ersten Fluchtlinie, z. B. mit der ersten Ziffer der Gliederungsnummer. Die Kennzeichnungen der Aufzählungen beginnen ebenfalls an dieser ersten Fluchtlinie, während der dazugehörige Text eingerückt eine zweite Fluchtlinie bildet. Entsprechend wird verfahren, wenn innerhalb einer Aufzählung eine weitere folgt.

Hinter einer Abschnittsnummer folgen zwei Leerschritte, hinter einer Absatznummer und Aufzählungsnummer bzw. -buchstaben jedoch nur ein Leerschritt.

6.3.2.5 Inhaltsverzeichnis

Dezimalsystem

Wir haben oben darauf hingewiesen, daß nach DIN 1421 grundsätzlich nach dem Dezimalsystem zu gliedern ist. Danach beginnen im Inhaltsverzeichnis sowohl die Abschnittsnummern als auch die Abschnittsüberschriften je an einer gemeinsamen Fluchtlinie. Im Inhaltsverzeichnis können auch unbenummerte Überschriften aufgenommen werden.

Beispiel[36]:

	Inhalt	Seite
1	Begriff des Rechts	3
1.1	Recht im objektiven Sinn	3
1.2	Recht im subjektiven Sinn	7

36 Vgl. DIN 1421, S. 3; Dittrich, S. IX ff.

2	Grundsätzliches über das Recht im objektiven Sinn	11
2.1	Wesen des Rechts, Abgrenzung gegenüber Sitte und Moral	11
2.2	Aufgaben des Rechts	15
2.2.1	Ordnungsfaktor	18
2.2.2	Rechtssicherheit	21
2.2.3	Steigerung des Gemeinwohls	23
.		
.		
.		
2.3.2	Abgrenzungskriterien	46
2.3.2.1	Subjektions- oder Subordinationstheorie	46
2.3.2.2	Subjekts- oder Sonderrechtstheorie	51
.		
.		
.		
3.5.20.1	Alimentationsprinzip	73
3.5.20.2	Leistungsprinzip	75
4	Verfassungsgrundsätze nach Art. 20	82
4.1	Republik	82
usw.		

Gliederungspunkte und Überschriften werden im Text der Arbeit wörtlich wiederholt.

Das Inhaltsverzeichnis einer wenn auch nur kurzen wissenschaftlichen Arbeit enthält immer die Seitenzahlen der einzelnen Kapitel- bzw. Abschnittsanfänge. Sie stehen um etwa sechs Anschläge vom rechten Ende des Schriftspiegels entfernt. Dabei ist zu beachten, daß zwischen dem Textende der Überschrift und dem Hinweis auf die Seitenangabe ein ausreichender Abstand bleibt. Gegebenenfalls ist der Wortlaut der Überschrift auf mehrere Zeilen aufzuteilen. In diesem Fall befindet sich die Seitenangabe auf der jeweils letzten Textzeile. Das Titelblatt und das Inhaltsverzeichnis werden nicht besonders aufgeführt. Hingegen wird das Literaturverzeichnis, das in aller Regel nach dem zusammenhängenden Text steht, auch im Inhaltsverzeichnis besonders erwähnt, wenn auch ohne Gliederungspunkt.

Alphanumerische Gliederung

Die alphanumerische Gliederungstechnik ist sehr mühsam zu schreiben und im allgemeinen nicht mehr üblich. Die Fluchtlinien sind ständig zu wechseln und für die zugehörigen Texte nach der größten Platzbeanspruchung im voraus zu berechnen. Große Buchstaben sollten erst bei dreistufiger Gliederung, römische Zahlen erst bei vierstufiger Gliederung verwendet werden. Nach diesem System wäre das Inhaltsverzeichnis folgendermaßen anzuordnen:

Beispiel[37]:

I. Begriff des Rechts
 A. Recht im objektiven Sinn
 B. Recht im subjektiven Sinn
II. Grundsätzliches über das Recht im objektiven Sinn
 A. Wesen des Rechts, Abgrenzung gegenüber Sitte und Moral
 B. Aufgaben des Rechts
  1. Ordnungsfaktor
  2. Rechtssicherheit
  3. Steigerung des Gemeinwohls

.

.

.

  2. Abgrenzungskriterien
   a) Subjektions- oder Subordinationstheorie
   b) Subjekts- oder Sonderrechtstheorie

usw.

6.3.3 Zitieren

6.3.3.1 Funktion und Quelle

Es entspricht wissenschaftlicher Gründlichkeit, bei der eigenen Arbeit auch fremdes Material zu prüfen und zu berücksichtigen. Aber es ist auch ein Kriterium wissenschaftlicher Genauigkeit und Ehrlichkeit, das fremde Gedankengut als solches auszuweisen. Wir nennen das „belegen". Dafür gibt es drei hauptsächliche Möglichkeiten:

— die Zitation
— die Titelangabe
— die Anmerkung.

Als *Zitation* verstehen wir die wörtliche Wiedergabe schriftlicher oder mündlicher Äußerungen, die als solche auch besonders zu kennzeichnen sind.

In der *Titelangabe* wird das Werk, aus dem wir Gedanken und Anregungen entnommen haben, genau bezeichnet. Die verschiedenen Formen werden wir unten aufzeigen.

---

37 Vgl. DIN 5008, S. 7.

Anmerkungen sind nützliche oder notwendige Informationen für den Leser, die außerhalb des Textes stehen, um den Zusammenhang nicht zu stören, z. B. Titelangabe oder Querverweise.

Wir unterscheiden Primär- und Sekundärquellen. Primärquellen sind z. B. unmittelbare Akten, Urkunden, Manuskripte von Reden und dergleichen. Sekundärquellen sind Wertungen, Beurteilungen oder sonstige Ausführungen zu den Primärquellen. Die Grenzen zwischen beiden sind jedoch fließend.

Die Begriffe Primär- und Sekundärquellen dürfen aber nicht verwechselt werden mit

— Primärzitat und
— Sekundärzitat.

Beim Primärzitat zitieren wir unmittelbar aus einem Werk. Das sollte grundsätzlich die Regel sein.

Beim Sekundärzitat übernehmen wir ein Zitat, das in dem uns zur Verfügung stehenden Werk selbst schon zitiert ist.

Das Belegen erfüllt einen inhaltlichen und einen formalen Zweck.

Inhaltlich: Es soll die eigene Gedankenführung entweder

1. ergänzen,
2. bestätigen,
3. weiterführen oder
4. die Bedeutung eigener Gedanken durch gegenteilige Auffassung anerkannter Autoritäten herausstellen.

Formal: Der Beleg soll

1. eine Trennung zwischen eigenen und fremden Aussagen vornehmen und
2. die Nachprüfbarkeit der fremden Aussagen ermöglichen.

Es gibt keine allgemeine Richtschnur darüber, wieviel zitiert werden kann oder wieviel zitiert werden muß, um die wissenschaftliche Bedeutung eines Werkes zu unterstreichen.

Zu wenige Zitate können die Nachprüfbarkeit einer wissenschaftlichen Abhandlung erschweren und die Verständigung zwischen Autor und Leser beeinträchtigen. Zu viele Zitate können den Gang der Diskussion unnötig aufhalten und u. U. zu einer unvertretbaren Aufschwellung der Arbeit führen.

6.3.3.2 Genauigkeit

Zitate verfehlen ihren Zweck, wenn sie im Text weder sorgfältig vorbereitet noch richtig ausgewertet sind. Da jedes Zitat irgendwie aus einem Zusammenhang genommen ist, muß darauf geachtet werden, daß es seinen ursprünglichen Sinn behält. Oberstes Gebot ist dabei: Immer wörtlich zitieren!

Achtung vor dem fremden Gedankengut ist die erste Voraussetzung einer korrekten Zitation. Wörtlich zitieren heißt, den Text bis auf die Schreibung und Interpunktion genau zu übernehmen. Eine Modernisierung älterer Schreibung oder die Veränderung der Zeichensetzung ist nicht statthaft.

Folgende Abweichungen sind möglich:

1. *Zeichensetzung:* Am Ende eines Zitats steht ohne Rücksicht auf das Original das Satzzeichen, das der syntaktische Zusammenhang erfordert. Man kann also zitieren: Wenn nun „die didaktischen Grundgedanken, die zur Organisation des Studiums geführt haben", ihre Bedeutung verloren haben . . . wenn der Originaltext lautet:

   „Die didaktischen Grundgedanken, die zur Organisation des Studiums geführt haben und die Lernbedeutung der einzelnen didaktischen Elemente der Studienorganisation wurden dem Ministerium unterbreitet."

2. *Groß- und Kleinschreibung:* Wird der Beginn eines zitierten Satzes so mit dem eigenen Text verschmolzen, daß er nicht mehr am Anfang steht, so darf das betreffende Anfangswort kleingeschrieben werden:

   Beispiel: Der Dozent erläuterte sodann die „allgemeine Methodik des Studiums als hochschulpädagogisches Problem." — Orginal: „Allgemeine Methodik . . ."

   Ebenso darf ein förmlich eingeführtes Zitat mit einem großgeschriebenen ersten Wort beginnen, auch wenn es im Original in der Mitte des Satzes auftritt und daher kleingeschrieben ist.

6.3.3.3 Allgemeine Regeln

Beim Zitieren sind folgende allgemeine Regeln unbedingt zu beachten:

1. Das Zitat muß als solches gekennzeichnet werden.
2. Das Zitat muß unmittelbar sein.
3. Das Zitat muß genau sein.
4. Das Zitat muß zweckmäßig sein.
5. Das Zitat muß quellenmäßig belegt werden.

Wird gegen die Kennzeichnungspflicht verstoßen, so nennt man das „Diebstahl geistigen Eigentums" (Plagiat).

Zu 1. Das Zitat muß als solches gekennzeichnet werden.

Wir müssen die wörtliche Wiedergabe in Anführungszeichen setzen. Wird der fremde Wortlaut nur inhaltlich wiedergegeben, entfallen die Anführungszeichen; der Name des betreffenden Verfassers und der Titel des Werkes werden jedoch trotzdem vermerkt.

Zu 2. Das Zitat muß unmittelbar sein.

Als Unmittelbarkeit verstehen wir, daß der Verfasser die zitierte Schrift selbst unmittelbar eingesehen hat. Das bedeutet, daß grundsätzlich nicht aus zweiter Hand zitiert werden soll.

Beim Zitieren aus zweiter Hand gehen wir folgendes Risiko ein:

Es können Fehler übernommen werden, die im ersten Zitat bereits enthalten sind. Außerdem bilden Zitate Textteile, die in ganz bestimmten gedanklichen Zusammenhängen stehen und möglicherweise durch erneute Übernahme in einen anderen Text völlig mißverständlich wirken können.

Das Zitieren aus zweiter Hand wird vielfach auch als unwissenschaftlich bezeichnet. Vor allem sollte es vermieden werden in Diplomarbeiten, Staatsexamensarbeiten, Dissertationen oder Habilitationen.

Oft ist es jedoch nicht möglich, den Originaltext zu beschaffen. In solchen Fällen sind wir auf die Quelle aus zweiter Hand angewiesen, was wir dann aber als Zweitzitat auch korrekt vermerken müssen. Als Beleg wird erst die Originalquelle genannt und dann das Werk, aus dem das Zitat aus zweiter Hand entnommen ist.

Zu 3. Das Zitat muß genau sein.

Das Zitat darf in einem neuen Zusammenhang keinen neuen Sinn ergeben. Veraltete Schreibweisen, orthographische Besonderheiten, Zeichensetzungen, Druckfehler und sonstiges müssen mitübernommen werden. In solchen Fällen kann auf die Besonderheiten usw. besonders hingewiesen werden, indem an der betreffenden Stelle entweder ein Ausrufezeichen in Klammern (!) oder das lateinische (sic!) eingeschoben wird.

Zur Genauigkeit gehört auch, daß Sperrungen und Hervorhebungen, die im Originaltext vorhanden sind, mitübernommen werden. Eigene Hervorhebungen im Zitat sind als solche vom Verfasser besonders zu kennzeichnen.

Zu 4. Das Zitat muß zweckmäßig sein.

Wir sollten nur dann zitierten, wenn mit dem Zitat etwas Besonderes hervorgehoben oder eine Aussage bewiesen werden soll.

Zu 5. Das Zitat muß quellenmäßig sein.

Dies hat den Grund, daß der Leser jedes Zitat nachprüfen kann. Die Belegung muß so eindeutig sein, daß das Auffinden ohne Schwierigkeiten möglich ist.

6.3.3.4 Besondere Regeln

Ergänzungen (Interpolationen)

Mitunter ist es notwendig, das Zitat zu ergänzen, um Mißverständnisse zu vermeiden, oder um das Zitat an die eigene Syntax anzupassen. Die Interpolation wird dann innerhalb des Zitats in Klammern gesetzt. Es besteht keine einheitliche Meinung darüber, ob diese rund oder eckig sein sollen[38]. Die Interpolation in der Klammer kann einen zusätzlichen Hinweis auf die Ergänzung durch den Verfasser erhalten.

Beispiel:

Original: „In diesem Jahr nahm er sein Studium auf."

Zitat mit Ergänzung:

„In diesem Jahr (1980, d. Verf.) nahm er sein Studium auf."

Orginal: „Er schoß Tore, wie in seinen besten Jahren."

Zitat mit Anmerkung:

Der Trainer kommentierte, daß er „. . . Tore (schoß), wie in seinen besten Jahren."

Auslassungen (Ellipsen)

Längere Zitate sollten grundsätzlich vermieden werden. Sie lassen sich oft straffen, wenn weniger Wichtiges innerhalb des Zitates weggelassen wird. Das ist aber nur zulässig, wenn der ursprüngliche Sinn des Zitats dadurch nicht verändert wird. Solche Auslassungen nennen wir „Ellipsen". Sie werden durch drei Punkte bezeichnet, denen ein Leeranschlag vorhergeht und folgt. Ein weiteres Satzzeichen schließt sich den Punkten jedoch unmittelbar an. Es hat sich bereits eingebürgert, daß am Satzende, wenn eigentlich ein zusätzlicher Punkt als Satzzeichen stehen müßte, nicht mehr als drei Punkte gesetzt werden. Für diese Regelung spricht, daß durch die nachfolgende Großschreibung meistens der Neubeginn des Satzes genügend markiert und die Syntax im allgemeinen eindeutig ist. Steht am Ende ein schlie-

38 Standop z. B. postuliert eckige Klammern; ebenso Poenicke und Wodke-Repplinger; Rückriem/Stary/Franck setzen die Interpolation jedoch in runde Klammern.

ßendes Anführungszeichen, setze man besser einen zusätzlichen Punkt. z. B. „. . . bestätigt wird . . .“.

Kürzere Zitate können dem syntaktischen Zusammenhang eingeschmolzen werden, längere bedürfen meist einer förmlichen Einführung mit Doppelpunkt.

Zitate von mehr als drei oder vier Zeilen werden vom Text abgesetzt. In diesem Fall kann auf die Anführungszeichen verzichtet werden. Mißverständnisse werden dadurch vermieden, daß das Zitat als solches schon aus dem Formulierungszusammenhang erkenntlich ist.

Beispiel:
Dies geht aus einer Pressenotiz hervor, in der es heißt: [Zitat, Absatz und eingerückt].

Beispiele für *Ellipsen:*
Am Satzanfang: „. . . Text.“
Mitten im zitierten Satz: „Text . . . Text.“
Am Satzende: „Text . . . “.
Auslassung eines Satzendes bei Zitat mehrerer Sätze:
entweder: „Text . . . . Text.“
oder: „Text . . . . Text.“
oder: „Text . . . Text.“
Auslassung eines oder mehrerer Sätze bei Zitat mehrerer Sätze: „Text. (. . .) Text.“

Hervorhebungen

Falls notwendig, können bestimmte Stellen des Zitats durch Unterstreichen o. ä. besonders hervorgeboben werden. In diesem Falle ist dem Zitat in Klammern eine entsprechende Bemerkung hinzuzufügen, daß die Hervorhebung nicht im Original steht. Der Hinweis kann ebenso in einer entsprechenden Fußnote untergebracht werden. Es sind auch alle im Original vorkommenden Hervorhebungen im Zitat wiederzugeben, wie schon erwähnt wurde. Darauf ist besonders hinzuweisen: [Hervorhebung im Original].

Die Schreibmaschine ermöglicht Hervorhebungen durch einfache Unterstreichung, durch Großbuchstaben und durch Sperrung. Im Buchdruck sind Unterstreichungen selten, dafür stehen aber zusätzlich zur Normalschrift Lettern verschiedener Größe und verschiedenen Charakters zur Verfügung.

Pedantische Hervorhebungen müssen vermieden werden. Es ist zu bedenken, daß unsere Sprache zahlreiche Möglichkeiten kennt, die Betonung der Sätze auch auf andere Weise als durch Unterstreichen oder dergleichen kenntlich zu machen. Wir sollten deshalb von der Hervorhebung nur sparsam Gebrauch machen.

Möglichkeiten der Hervorhebung:

Mit der Schreibmaschine durch Unterstreichung,

VERSALIEN (nur große Buchstaben);

S p e r r u n g; sofern ein Drucker zur Verfügung steht, auch: kursiv, fett und halbfett oder durch

KAPITÄLCHEN (nur große Buchstaben, die jedoch die Größe der kleinen haben).

Kennzeichnung der Hervorhebung:

(Hervorhebung von A. K.) oder

(Hervorhebung von mir) oder

(Hervorhebung vom Verfasser) oder

(Hervorhebung nicht im Original).

Verschmelzungen

Es verstößt durchaus nicht gegen wissenschaftliche Aufrichtigkeit, wenn einzelne zitierte Wörter in den eigenen Text eingebaut werden, ohne daß diese „Verschmelzung" belegt wird. Die übernommenen Wörter können auch durch syntaktisch notwendige Deklination oder Konjugation verändert werden.

Beispiel:

Original:

„Der Vortrag betraf die Erfolgswahrscheinlichkeit hochmotivierter Studenten."

Verschmelzung:

Er vertrat die Auffassung, daß „hochmotivierte Studenten" eher das Studienziel erreichen.

Zitat im Zitat

Es kommt immer wieder vor, daß wir aus einem Werk ein Zitat übernehmen, in dem wiederum ein Zitat enthalten ist. Das Zitat im Zitat muß nicht besonders identifiziert werden. Es wird lediglich zusätzlich in Apostrophe gesetzt.

Beispiel:

„Ich habe wiederholt darauf hingewiesen, daß die ‚Bildung im Laufe der Zeit immer wieder der Gefahr der Ideologisierung ausgesetzt und oft mit Metaphysik überladen war' und dadurch an Bedeutung verloren hatte."

6.3.3.5 Literaturnachweis

Das benutzte Material ist durch exakte Bezeichnung der entsprechenden Titel nachzuweisen. Bei den erforderlichen Angaben lehnen wir uns — soweit hierfür DIN-Normen zur Verfügung stehen — an die Empfehlungen des Normenausschusses Bibliotheks- und Dokumentationswesen (NABD) im DIN Deutsches Institut für Normung e. V. an.

Im Normenblatt DIN 1505 heißt es unter 2.1 auf Seite 2: „In der bibliographischen Beschreibung werden die zur Identifikation und zur formalen Beschreibung der Schrift wichtigen Daten in standardisierter Form und Reihenfolge angegeben.“ Es geht also um Standards, deren genaue Beachtung der Klarheit und Eindeutigkeit dient und zweifelsfreie schriftliche Darstellung wissenschaftlicher Aussagen mit gewährleistet.

Für den Literaturnachweis gibt es folgende Möglichkeiten:

1. Arbeiten ohne besonderes Literaturverzeichnis: Die Titelangabe zur Belegung erfolgt verkürzt in den Fußnoten.
2. Arbeiten mit Literaturverzeichnis: Die Belegung erfolgt mit kurzen Hinweisen in den Fußnoten; im Literaturverzeichnis steht die ausführliche Titelangabe. (Diese Methode wurde im vorliegenden Fachbuch angewendet.)
3. Die angelsächsische Zitierweise bei Arbeiten mit Literaturverzeichnis: Die Belegung erfolgt verkürzt unmittelbar im Anschluß an das Zitat innerhalb der Textstelle; die ausführliche Titelangabe steht im Literaturverzeichnis.

Arbeiten ohne besonderes Literaturverzeichnis

Belegung in den Fußnoten

Bei weniger umfangreichen Schriften muß die verwendete Literatur nicht unbedingt gesondert nachgewiesen werden, wenn alle benutzten Quellen hinreichend in den Fußnoten aufgeführt sind. Es ist jedoch sehr zu empfehlen, für jede wissenschaftliche Arbeit grundsätzlich ein getrenntes Literaturverzeichnis anzulegen, auch wenn alle Titel in den Fußnoten erscheinen.

In den Fußnoten können wir die Titel in etwas gekürzter Form angeben. Wir wollen in diesem Rahmen nur auf die häufigsten Belegungsarten hinweisen und dafür auch Beispiele aufzeigen. Wir schließen uns in vielen Zitationsweisen, für die keine Normen nach DIN bestehen, den Empfehlungen von Rückriem/Stary/Franck an[39].

39 Vgl. Rückriem/Stary/Franck, S. 196 ff.

a) Bücher mit einem Verfasser

Reihenfolge	Satzzeichen
1. Nachname des Verfassers	,
2. Vorname des Verfassers (abgekürzt)	.:
3. Sachtitel (ohne Untertitel)	.
4. Auflage (abgek. = Aufl.)	(ohne)
5. Ort	(ohne)
6. Jahr	.
7. Seitenangabe (S.)	.

Beispiel:

Blumenthal, E.: Wege zur inneren Freiheit.
4. Aufl. München 1976. S. 120.

b) Bücher mit mehreren Verfassern

Die Reihenfolge der Angaben ist grundsätzlich die gleiche wie unter a).

Beispiel:

Rückriem, G.; Stary, G.; Franck, N.: Die Technik wissenschaftlichen Arbeitens. 2. Aufl. Paderborn 1980. (= UTB 724). S. 196.

Das zitierte Buch ist ein Taschenbuch aus der UTB-Reihe, es trägt die Nr. 724. Es hat mehrere Erscheinungsorte. Es genügt die Angabe des bedeutendsten oder des erstgenannten Ortes. In Klammern kann zusätzlich angegeben werden: (u. a.).

Hat ein Werk bis zu 3 Autoren, werden alle genannt. Bei mehr als 3 Autoren genügt die Angabe des erstgenannten mit dem Zusatz „u. a.“. Ab dem zweiten Namen kann auch zuerst der Vorname (abgekürzt) und dann der Nachname geschrieben werden.

c) Zeitschriften

Reihenfolge	Satzzeichen
Nachname des Verfassers	,
Vorname des Verfassers (abgekürzt)	.:
Sachtitel des Aufsatzes	.
Haupttitel der Zeitschrift	.
Jahrgang (abgek.: Jg.)	
Jahr	()
Heftnummer (abgek.: H.)	,
Seitenangabe (abgek.: S.)	.

Beispiel:

Stoltenberg, U.: Studium an der Fachhochschule des Bundes für öffentliche Verwaltung. Zeitschrift für das Post- und Fernmeldewesen o. Jg. (1981) H. 1, S. 28.

Die vorliegende Zeitschrift enthält keine Jahrgangsangaben. Deshalb wird vermerkt: „o. Jg.".

d) Zeitungen

Reihenfolge	Satzzeichen
1. Nachname des Verfassers	,
2. Vorname des Verfassers (abgekürzt)	.:
3. Titel des Artikels	.
4. Titel der Zeitung	.
5. Nummer d. Ausgabe	
6. „vom"	
7. Datum	

Beispiel:

Gutting, E.: Hungermarsch setzt Zeichen. Die Rheinpfalz. Nr. 236 vom 12. 10. 1981.

e) Sammelwerke

Reihenfolge	Satzzeichen
1. Nachname des Verfassers	,
2. Vorname des Verfassers (abgekürzt)	.:
3. Sachtitel	.
4. „In:"	
5. Titel des Sammelwerks	.
6. ggf. Bandangabe	.
7. Auflage (abgek. = Aufl.)	
8. Ort	
9. Jahr	.
10. Seitenangabe	.

Beispiel:

Haist, W.: Innovation in Fernmeldesystemen. In: Jahrbuch der Deutschen Bundespost. Bad Windsheim 1980. S. 41.

f) Zweites Zitat aus einem bereits zitierten Werk

Wenn aus einer bereits zitierten Stelle ein weiteres Mal belegt werden muß, so genügt ein verkürzter Hinweis in der Fußnote:

Beispiel:

Haist, a.a.O. S. 44.

Wird auf einer Seite mehrmals auf die gleiche zitierte Seite verwiesen, so kann — wenn kein anderes Zitat dazwischensteht — auf die unmittelbar vorangehende Belegung mit „Ebd." verwiesen werden.

Beispiel:

1 Schwacke, P.; Uhlig, R.: Methoden des Verwaltungshandelns. Köln 1978. S. 10.

2 Edb.

Arbeiten mit besonderem Literaturverzeichnis

Wir haben oben schon darauf hingewiesen, daß grundsätzlich bei jeder wissenschaftlichen Arbeit ein besonderes Literaturverzeichnis (Bibliographie) erstellt werden sollte, besonders wenn die Schrift etwas umfangreicher ist. Es bietet dem Verfasser die Möglichkeit einer verkürzten Titelangabe bei Zitaten im Text, und der Leser erhält einen konzentrierten Überblick über die verwendete Literatur am Ende des Textes.

Auch wenn ein Literaturverzeichnis angefügt ist, zeigen wir nach einem Zitat den entsprechenden Titel durch eine Hinweisziffer an — wie oben schon beschrieben — und wiederholen sie in der Fußnote. Da im Literaturverzeichnis das benutzte Werk genau identifiziert ist, reicht in der Fußnote eine verkürzte Anmerkung aus. Sie besteht aus dem Nachnamen des Autors und der betreffenden Seitenzahl. (Vgl. Fußnoten im vorliegenden Buch!)

Beispiel:

1 Lück, S. 14.
Oder, sofern mehrere Werke desselben Autors verwendet werden:
1 Lück, Psychologie . . ., S. 14.
2 Lück, Verhalten . . ., S. 226.

Das Literaturverzeichnis enthält:

— alle Schriften, die zur Thematik zu Rate gezogen wurden, und zwar nicht nur diejenigen, aus denen zitiert ist,
— statistisches Material und
— mündliche Informationen.

Der Umfang des Literaturverzeichnisses soll nicht den Verdacht erwecken, daß darin alle möglichen Werke zusammengetragen wurden, die für das Thema zwar relevant sein könnten, vom Verfasser aber nicht bearbeitet sind.

Es steht am Ende des Textes. Alle anzugebenden Titel sind in alphabetischer Reihenfolge der Verfasser- bzw. Herausgebernamen geordnet. Ist Verfasser oder Herausgeber eine Institution, eine Behörde oder irgendein Gremium, wird der Titel nach dem Anfangsbuchstaben der Institution usw. eingeordnet. Der evtl. vorhandene Artikel (der, die, das, ein usw.) wird dabei nicht berücksichtigt. Im Gegensatz zu den Angaben in Fußnoten müssen die Titel im Literaturverzeichnis ausführlich beschrieben sein.

Mitunter werden auch Literaturverzeichnis und Anmerkungen zu einem besonderen „Anmerkungsapparat“ zusammengefaßt, der am Ende eines Kapitels oder Abschnitts steht[40]. In einem solchen Anmerkungsverzeichnis stehen dann — nach fortlaufender Nummernfolge ohne Trennung zwischen Titelangaben und sonstigen Anmerkungen — Erläuterungen, Ergänzungen, Querverweise, Titelbezeichnungen und anderes mehr durcheinander. Das kann — besonders wenn sehr viele Titel angegeben werden müssen und auch noch zahlreiche sonstige Anmerkungen notwendig sind — nicht nur unübersichtlich werden, sondern auch den Lesefluß und die Lesefreude beeinträchtigen. Wir raten deshalb von dieser Methode ab.

Beispiel für einen Anmerkungsapparat:

1 Vgl. H. Weinrich: Narrative Theologie.

2 Das gilt für Frye wie für Weinrich.

3 P. Tillich: Systematische Theologie. Bd. 2. S. 13.

4 Ich verdanke diese Einsichten einem Referat des amerikanischen Literaturhistorikers R. M. Frye, der gewichtige Gedanken vortrug, die in Europa allzusehr vernachlässigt wurden.

5 Vgl. Th. W. Adorno: Negative Dialektik. Frankfurt 1966. S. 353—359.

Die nachstehende Reihenfolge der Titelbezeichnungen für das Literaturverzeichnis und die sich anschließenden Beispiele lehnen sich an die Normen DIN 1505 an.

a) Bücher

Reihenfolge	Satzzeichen
1. Nachname des Verfassers	,
2. Vorname des Verfassers	:
3. Sachtitel	.
4. Untertitel	.

40 Vgl. oben 6.3.1 Ziff. 11 S. 149.

5. Auflage („Aufl.")
6. Ort(e) :
7. Verlag
8. Jahr
9. Serien- oder Reihentitel (= .
10. Band- oder Heftangabe).

Beispiel:

Rüthers, Bernd: Die unbegrenzte Auslegung. Zum Wandel der Privatrechtsordnung im Nationalsozialismus. Heidelberg: R. v. Decker & C. F. Müller 1973. (= Athenäum Taschenbücher. 6011).

Auch hier gilt, daß bis zu drei Verfassern alle genannt werden müssen. Bei mehr als drei Autoren genügt die Angabe des erstgenannten mit dem Zusatz „u. a.".

Ist das Werk unter dem Namen eines Herausgebers erschienen, so wird dieser ebenfalls vermerkt. Die Reihenfolge der Angaben richtet sich nach den Bezeichnungen auf der Titelseite des Buches. Wird der Herausgeber zuerst benannt, steht sein Name auch an erster Stelle in der Belegung. In Klammern wird vermerkt: „Hrsg.".

Beispiel:

Schoreit, Armin (Hrsg.): Moderner Selbstbedienungsverkauf und Kriminalität. Heidelberg: Kriminalistik 1979.

Werden die Namen der Autoren zuerst genannt, dann steht der Name des Herausgebers nach dem Buchtitel bzw. nach dem Untertitel.

Beispiel:

Schneider, Ernst: Erfolgreich sich selbständig machen. Leitfaden für den richtigen Start. Hrsg.: Durniok, Peter u. a. 8. Aufl. Bamberg: Bayerische Verlagsanstalt 1985 (= Arbeitshefte zur Betriebswirtschaft. 5/1).

Die näheren Bezeichnungen im Titel zur Auflage werden in abgekürzter Form in der Belegung vermerkt. Die häufigsten Zusatzbezeichnungen sind:

Erweiterte Auflage = „erw. Aufl."
Neu bearbeitete Auflage = „neu bearb. Aufl."
Unveränderte Auflage = „unveränd. Aufl."
Durchgesehene Auflage = „durchges. Aufl."

b) Zeitschriften

Reihenfolge	Satzzeichen
1. Nachname des Verfassers	,
2. Vorname des Verfassers	:
3. Sachtitel des Aufsatzes	.
4. Titel der Zeitschrift	,
5. Erscheinungsort	,
6. Band- oder Jahrgangszahl	
7. Erscheinungsjahr	()
8. Heftnummer	,
9. Erste bis letzte Seite des Aufsatzes	.

Beispiel:

Stoltenberg, Ulrich: Studium an der Fachhochschule des Bundes für öffentliche Verwaltung. Zeitschrift für das Post- und Fernmeldewesen, Starnberg, o. Jg. (1981) H. 1, S. 28—33.

Wenn keine Heftnummer vorhanden ist, wird der Monatsname angegeben.

c) Zeitungen

Reihenfolge	Satzzeichen
1. Nachname des Verfassers	,
2. Vorname des Verfassers	:
3. Titel des Artikels	.
4. Titel der Zeitung	,
5. Erscheinungsort (sofern nicht im Titel)	()
6. Ggf. Ausgabe	.
7. Nummer der Zeitung	
8. „vom“	
9. Datum	.
10. Seitenangabe	.

Beispiel:

Fest, Joachim: Das Loch im Haushalt. Frankfurter Allgemeine, Ausgabe B. Nr. 244 vom 21. 10. 1981. S. 2.

Gutting; Erich: Hungermarsch setzt Zeichen. Die Rheinpfalz (Ludwigshafen), Ausgabe D. Nr. 236 vom 12. 10. 1981.

d) Sammelwerke

Reihenfolge	Satzzeichen
1. Nachname des Verfassers	,
2. Vorname des Verfassers	:
3. Titel des Aufsatzes	.
4. „In“	:
5. Titel des Sammelwerkes	.
6. „Hrsg.“	:
7. Vorname des Hrsg. (abgek.)	
8. Nachname des Hrsg.	.
9. „Aufl.“	
10. Erscheinungsort(e)	:
11. Verlag	
12. Erscheinungsjahr	.
13. Erste bis letzte Seite des Aufsatzes	.
14. Serien- oder Reihentitel und Band- oder Heftangabe	(=).

Beispiel:

Haist, Waldemar: Innovation in Fernmeldesystemen. In: Jahrbuch der Deutschen Bundespost. Hrsg.: K. Gscheidle u. D. Elias. Bad Windsheim: Vlg. für Wissenschaft und Leben 1980. S. 41—110.

Angelsächsische Zitierweise

Bei einer weiteren Möglichkeit des Zitierens, die auch als „angelsächsische Zitierweise“ bezeichnet wird, verzichten wir völlig auf Fußnoten. Diese Methode, die vor allem in den Wirtschafts- und Sozialwissenschaften des angelsächsischen Wissenschaftsbereichs angewandt wird, berücksichtigt, daß eine Fußnotenzitation den Lesefluß immer stört. Die Belegung erfolgt deshalb im laufenden Text, ohne diesen in seiner Verständlichkeit zu beeinträchtigen. Das Verfahren sieht vor, daß unmittelbar nach dem Zitat in runden Klammern der Name des Autors und die Seitenzahl angegeben werden. Voraussetzung für die angelsächsische Zitation ist jedoch, daß der Arbeit zusätzlich ein Literaturverzeichnis angefügt ist.

Reihenfolge	Satzzeichen
Nachname des Verfassers	,
Seite (abgek. „S.“)	.
Seitennummer	

Beispiele:

(Zitat im Text:) „. . . sind folgende Formen von Leitungssystemen zu unterscheiden, die kurz im Überblick dargestellt werden“ (Niegel, S. 52). (Text)

oder

(Zitat im Text:) „Die Situationstheorie ist eine Fortentwicklung der Gruppentheorie, die die Beziehungen zwischen Führungskraft und Mitarbeiter sowie von Mitarbeitern untereinander lediglich als einen ‚Nutzenaustausch‘ sieht“ (Gonschorrek/Schimmelpfennig, S. 98).

Diese Zitier- und Belegungsweise möchten wir sehr empfehlen, da sie den Lesefluß am wenigsten stört. Der vollständige Titel kann schließlich bei Bedarf dem anhängenden Literaturverzeichnis entnommen werden.

Fassen wir zusammen:

- Für die äußere Form wissenschaftlicher Arbeiten gibt es besondere Regeln. Sie dienen der Übersichtlichkeit und Eindeutigkeit der wissenschaftlichen Aussagen.
- Korrekte Darstellung schriftlicher Arbeiten erleichtert deren Beurteilung.
- Die während des Studiums erforderlichen Prüfungsarbeiten — außer Klausuren — sind sauber mit Schreibmaschine auszufertigen!
- Die Blätter werden einseitig mit 1 1/2zeiligem Abstand beschrieben.
- Die Regeln für das Maschinenschreiben (DIN 5008) sind zu beachten!
- Die Seiten werden grundsätzlich in arabischen Ziffern oben in der Mitte durchnumeriert.
- Wissenschaftliche Arbeiten werden nach DIN 1421 und DIN 1422 in Abschnitte mit arabischen Ziffern gegliedert. Diese können weiter unterteilt werden.
- Für die Anordnung von Abschnitten und Absätzen sowie deren weitere Unterteilungen gelten einheitliche Normen.
- Im Inhaltsverzeichnis beginnen die Gliederungsnummern an einer 1., die Gliederungsüberschriften an einer 2. Fluchtlinie.
- Fremdes Gedankengut in der eigenen Arbeit ist zweifelsfrei zu kennzeichnen (Zitation).
- Zitate sind zweckentsprechend, unmittelbar und genau zu übernehmen und als solche immer zu markieren.

- Unter bestimmten Voraussetzungen sind Änderungen im Zitat erlaubt. Darauf muß jedoch besonders hingewiesen werden (Auslassungen, Ergänzungen, Hervorhebungen, Verschmelzungen).
- Sekundärzitate sollen auf Ausnahmefälle beschränkt bleiben.
- Die Belegung kann in einer Fußnote oder in einem besonderen Anmerkungsapparat stehen. Die angelsächsische Zitierweise wird immer mehr gebräuchlich.
- Anmerkungen können den Text erläutern und ergänzen. Sie sind jedoch sparsam zu verwenden!
- Fußnoten sind Anmerkungen am Fuß einer Seite. Für die Anordnungen gelten besondere Regeln.
- Grundsätzlich ist ein besonderes Literaturverzeichnis zu empfehlen.
- Die Zitationen sind analog dem Normenblatt DIN 1505, Titelangabe von Schrifttum, vorzunehmen.

Prüfen Sie Ihren Lernerfolg!

1. Welche Gründe sprechen für eine korrekte schriftliche Darstellung wissenschaftlicher Arbeiten?
2. Nach welchen Regeln richtet sich eine maschinenschriftliche Ausfertigung von Übungs- oder Prüfungsarbeiten?
3. Was verstehen Sie unter den Begriffen „Anmerkung“, „Fußnote“, „Ellipse“ und „Interpolation“?
4. In welchen Fällen kann, in welchen muß einer schriftlichen wissenschaftlichen Arbeit ein besonderes Literaturverzeichnis beigefügt werden?
5. Welche grundsätzlichen Regeln gelten für eine Gliederung nach dem Dezimalsystem?
6. Welche Funktionen erfüllt das Zitieren?
7. Wie vermerken Sie im Literaturverzeichnis das Werk, dessen Titelseite in der Abbildung 50 abgebildet ist?
8. Wir unterstellen, daß Sie aus demselben Werk einen Satz von der Seite 83 wörtlich in Ihre schriftliche Arbeit übernommen haben. Wie belegen Sie
   a) in der Fußnote, wenn Sie kein besonderes Literaturverzeichnis angelegt haben,
   b) wie unter a), jedoch ein weiteres Mal,
      — ohne daß Sie inzwischen einen anderen Autor zitierten,
      — wenn Sie inzwischen einen anderen Autor anführten,
   c) in der Fußnote, wenn ein besonderes Literaturverzeichnis vorhanden ist,
   d) nach der angelsächsischen Methode?

Angewandte Sozialwissenschaften in der Verwaltung

Verwaltungspädagogik und Führungslehre

von

Ulrich Gonschorrek

und

Adam H. Schimmelpfennig

R. v. Decker's Verlag, G. Schenck
Heidelberg · Hamburg 1981

Abb: 50 Titelseite eines Buches mit den für das Literaturverzeichnis notwendigen Angaben

6.4 Arbeitsstufen

Lernziele:

Sie sollen
— *die Schwierigkeiten für den Einstieg in eine wissenschaftliche Arbeit erkennen, sich darauf einstellen und sie bewältigen,*
— *unterschiedliche Methoden und Stufen schriftlicher wissenschaftlicher Arbeiten kennen und eine der jeweiligen Thematik entsprechende anwenden,*
— *für schriftliche Übungs- und Prüfungsarbeiten*
  - *das Material rationell sammeln,*
  - *sinnvoll verarbeiten und*
  - *wissenschaftlich korrekt darstellen können!*

6.4.1 Einstieg

Nicht nur Studenten kennen das Gefühl der Leere im Gehirn, einer absoluten Denkblockade oder der Hilflosigkeit gegenüber einer Aufgabe oder dem zu verarbeitenden Material. Wir machen alle immer wieder die Erfahrung, daß wir bei umfangreichen oder schwierigen Projekten im Turnus etwa folgende Phasen durchlaufen:

1. Phase: Problemloser Start, Aktivität, Optimismus.

2. Phase: Leere im Gehirn, Gefühl der Inkompetenz, Unzufriedenheit mit sich und der Welt, Stillstand der Arbeit.

3. Phase: Es geht wieder voran; die Umwelt ist wieder im Lot; Ergebnisse werden sichtbar; die Arbeit macht Spaß.

Wir haben es längst erfahren: Schreiben ist keine leichte Sache. Es bedarf nicht nur der Fachkompetenz, um das, was wir zu sagen haben, auch sprachlich gestalten zu können. Denken und Sprache gehören zusammen.

Im Laufe unserer Arbeit wird sich regelmäßig ein Leistungstief einstellen (2. Phase!). Das ist normal und darf uns deshalb nicht aus der Bahn werfen. Wir haben oben (2.2 Affektive Bedingungen) ausführlich darauf hingewiesen und auch Wege aufgezeigt, die zu gehen sind.

Für den Einstieg in unsere wissenschaftliche Arbeit ist es wichtig, daß das Thema exakt formuliert und die eigentliche Aufgabe präzise abgesteckt wird. Die Zielsetzung muß sich genau erkennen lassen. U. U. sind ergänzende Untertitel möglich oder notwendig.

Da vor allem auch unsere zeitliche Belastbarkeit nicht unerschöpflich ist, können folgende Überlegungen beim Einstieg sehr hilfreich sein:

- Wann muß die Arbeit abgeschlossen sein?
- Was ist der Kernpunkt des Themas? Worum geht es?
- Welche Teilprobleme stellen sich?
- Welche persönliche Bindung oder Verbindung habe ich zur Thematik?
- Aus welchem Anlaß muß oder will ich diese Aufgabe erledigen?
- Wie komme ich an das Material? (Literatur, Experiment, Befragung, empirische Erhebung usw.)
- Welche Arbeitsschritte sind zweckmäßig?

Es ist sehr nützlich, die Antworten zu diesen Überlegungen schriftlich zu fixieren. Die ersten Arbeitsschritte sind damit schon getan — und sie fallen bestimmt nicht schwer.

6.4.2 Materialsuche

Für alle infrage kommenden Studienarbeiten können wir das notwendige Schrifttum im wesentlichen nach zwei sehr unterschiedlichen Methoden suchen:

1. systematische Suche in Bibliothekskatalogen, einschlägigen Bibliographien und sonstigen Dokumentationsstellen oder
2. Materialsuche nach dem Schneeballsystem.

Es kann nicht Aufgabe der doch sehr zahlreich anzufertigenden Studienarbeiten, Seminararbeiten, Referate und sonstiger schriftlicher Übungen während des Studiums sein, die zu einem Thema erschienene Literatur vollständig aufzuarbeiten. (Bei Diplom- oder Promotionsarbeiten bestehen andere Anforderungen.) Das ist schon aus zeitlichen Gründen gar nicht möglich. Außerdem ist das Schrifttum nahezu für jede Thematik fast nicht mehr überschaubar. Es kommt also bei der Materialsuche darauf an, daß wir das Aktuelle und Entscheidende finden.

Systematische Suche

Bei der systematischen Suche orientieren wir uns an den Verzeichnissen der Bibliotheken und Dokumentationsstellen, aus denen wir die relevante Literatur zu ermitteln versuchen. Das einschlägige Katalogsystem ist im Abschnitt 7.2.2.3 erläutert. Diese Methode hat jedoch den Nachteil, daß die für uns ggf. wesentlichen Werke nicht sofort erkennbar sind und wir zunächst einmal alles prüfen müssen.

Schneeballsystem

Das Schneeballsystem geht davon aus, daß die einschlägige Literatur zu einem Thema aus einem Kompendium besteht, von dem zumindest ein Teil in jedem Werk aufgeführt ist. Wir gehen also vom Literaturverzeichnis eines Buches aus und verfolgen danach die weiteren Literaturverzeichnisse der hier aufgeführten Werke. Diejenigen Titel, die immer wieder genannt sind, bilden mit großer Wahrscheinlichkeit die sogenannte Schlüsselliteratur. Diese Bücher wären vorzugsweise zu beschaffen und durchzuarbeiten.

Ausgangspunkt für das Schneeballsystem können vor allem Enzyklopädien und Fachlexika sein. Wir haben aber oben schon festgestellt, daß bei einfacheren wissenschaftlichen Darstellungen die Literatur nicht vollständig aufgearbeitet werden kann. Das entscheidende Kriterium unserer Arbeiten ist nicht die Menge der benutzten Bücher, sondern die Intensität der Verarbeitung und die Darstellung der eigenen Reflexion.

6.4.3 Stoffsammlung

Es gibt sicher kein Schema der Stoffsammlung oder des Arbeitsbeginns, das für alle möglichen wissenschaftlichen Schriften gleichermaßen gut und erfolgreich angewendet werden könnte. Wir müssen uns von Fall zu Fall die uns am günstigsten scheinende Methode suchen oder auch mehrere Methoden miteinander kombinieren. Wir wollen einige solcher Schemata aufzeigen. Sie sollen nur exemplarisch verstanden werden und lassen sich vor allem in geisteswissenschaftlichen, wirtschaftswissenschaftlichen und sozialwissenschaftlichen Disziplinen mit Erfolg einsetzen. Für besondere Problemstellungen aus den Naturwissenschaften oder der Rechtswissenschaft, beim Experiment oder der Fallösung, sind jedoch disziplin- und aufgabenspezifische Bearbeitungsmethoden notwendig.

a) Eine ergiebige Stoffsammlung läßt sich durch dialektische, d. h. im wesentlichen „gegensätzliche“ Überlegungen zusammentragen und darstellen:

These - Antithese
Vorteile - Nachteile
objektiv - subjektiv
allgemein - speziell
Möglichkeiten - Grenzen
historisch - gegenwärtig - künftig

Eine solche gegensätzliche Fragestellung läßt sich themenbezogen fast immer finden. Der dialektische Ansatz belebt jede wissenschaftliche Abhandlung.

b) Der folgende 5-Stufen-Plan kann bei den meisten Aufgabenstellungen angewendet werden und zum Erfolg führen:

1. Stufe: Problemanalyse, Zielvorstellung
2. Stufe: Stoffsammlung durch
   — Information suchen,
   — Information zusammentragen,
   — Information auswerten
   — Information ordnen,
3. Stufe: Lösung entwickeln, Zielvorstellung realisieren
4. Stufe: Manuskript entwerfen
5. Stufe: Manuskript korrigieren und Reinschrift fertigen

Zwischen der 4. und 5. Stufe sollten wir eine größere Pause (wenigstens einige Tage) einplanen, um Abstand zum ersten Entwurf des Manuskripts zu gewinnen.

c) Eine ganz andere Methode legt eine erste Grobgliederung zugrunde. Die Problemstellung kann es auch erfordern, zunächst eine vorläufige Gliederung zu erstellen. Sie wird sich jedoch mit dem Fortschritt der Arbeit ändern und verfeinern. Wir müssen uns also nicht sklavisch an unsere erste Disposition halten.

Gliedern, Neugliedern und Umgruppieren des Stoffes gehört besonders bei dieser Methode zur Bearbeitung. Die entstehenden Notizzettel oder Entwurfseiten werden dann mit den zugehörigen Gliederungspunkten versehen.

Je nach Thematik gibt es sehr unterschiedliche Gliederungsaspekte. Dialektische Überlegungen, wie sie unter a) beispielhaft aufgeführt wurden, können hierfür wertvolle Anregungen bieten. Einheitlichkeit und Logik sind in jedem Falle entscheidende Kriterien. Die Logik wird um so gebietender, je feiner wir gliedern. Wir müssen jedoch besonders darauf hinweisen, daß die Gliederung nicht „übertrieben" wird. Allzu viele Gliederungspunkte reißen den Text zu sehr auseinander und „zergliedern" das Thema. Dadurch geht der Zusammenhang verloren.

Die Gliederung stellt schließlich auch das Inhaltsverzeichnis dar. Es muß in einem angemessenen Verhältnis zum Gesamtumfang der Ausführungen stehen. Bei einer Seminararbeit von etwa 25 Schreibmaschinenseiten sind 5 Seiten für die Disposition schon bedenklich. Vielfach finden sich dann unter einer Überschrift nur zwei bis drei Sätze. Der erste Eindruck bei einer solchen Arbeit, der auch für die Benotung sehr wichtig ist, läßt auf wenig Sorgfalt schließen.

Die Methode, die von einer Gliederung ausgeht, kann in folgenden Arbeitsschritten fortgeführt werden:

1. Erstellen einer ersten Grobgliederung
2. Stoffsammlung durch „Brain-storming-Methode“
3. Inhaltliche Orientierung anhand der Fachlexika
4. Auswertung der infrage kommenden Fachliteratur
5. Begründung der Zielvorstellung
6. Aufstellen von Arbeitshypothesen
7. Darstellung und Diskussion sich widersprechender Auffassungen
8. Ausarbeiten einer persönlichen Stellungnahme
9. Schlußfolgerungen: Verifizierung oder Falsifizierung
10. Zusammenfassung

In umfangreichen und sehr differenziert darzustellenden Arbeiten empfiehlt sich eine solche Methode kleiner Schritte.

d) Für die wissenschaftlichen Arbeiten, um die es hier geht — Referate, Seminararbeiten, häusliche Studienarbeiten, Diplomarbeiten und was wir sonst noch an schriftlichen Darstellungen während des Studiums zu erbringen haben — wollen wir noch eine sehr pragmatische Methode vorstellen, die für den größten Teil der möglichen Aufgabenstellungen angewendet werden kann. Sie hat für die Studierenden unschätzbare Vorteile, auf die wir auch näher eingehen werden. Wir wollen diese Technik „6er-Schritt-Methode“ nennen.

Zu Beginn der Arbeit benötigen wir erst einmal eine größere Menge Entwurfpapier im Format DIN A 4.

1. Arbeitsschritt:
Das Thema ist uns bekannt bzw. vorgegeben. Ohne Frage fällt uns dazu spontan eine ganze Menge ein. Nach der „Brain-storming-Methode“ schreiben wir uns zunächst einmal alle „Schlüsselbegriffe“ zum Thema, die uns ohne große Mühe in den Sinn kommen, auf, und zwar jeweils nur einen Begriff auf den oberen Rand eines Blattes — am besten mit einem kräftigeren Stift (z. B. Filzschreiber). Dabei soll noch nicht entschieden werden, ob wir diese Begriffe später bei der Ausarbeitung weiter berücksichtigen.

Der 1. Arbeitsschritt kann zwischen 5 und 15 Minuten dauern. Er sollte sofort nach Bekanntwerden des Themas ausgeführt werden. Aus zwei Gründen ist der sofortige Beginn notwendig: Zum einen wird unsere Fantasie unmittelbar, nachdem wir das Thema erfahren haben, angeregt — bedingt durch unsere wissenschaftliche (epistemische) Neugier. Diese Kreativitätsphase sollten wir nutzen[41]! Zum andern ist der 1. Arbeitsschritt kurz, und wir haben in einem sehr frühen Stadium nicht nur eine ganze Anzahl von Gedanken bereits festgehalten, sondern uns auch einen problemlosen Start ermöglicht. Das ist ein wichtiger psychologischer Aspekt: Wir sind uns bewußt, die Arbeit begonnen zu haben und sind für die weiteren Schritte motiviert.

2. Arbeitsschritt:
Nachdem unsere eigene Gedankenreserve erschöpft ist, suchen wir in Fachlexika weitere Schlüsselbegriffe zum Thema. Neue Konzeptblätter werden angelegt, bereits vorhandene durch Informationen aus den Lexika ergänzt.

3. Arbeitsschritt:
Nunmehr konzentrieren wir uns ganz auf die Begriffe der vorhandenen Arbeitsblätter. Sie werden erläutert, vervollständigt und Gedankenverbindungen werden aufgezeigt. Dabei werten wir die einschlägige Fachliteratur aus. Die Konzeptblätter füllen sich.

4. Arbeitsschritt:
Das bis jetzt er- und verarbeitete Material wird geordnet. Bei den drei ersten Arbeitsschritten haben wir uns um eine Gliederung noch keine konkreten Gedanken gemacht. Das kann für den Arbeitsfluß gerade am Anfang unserer Konzeption von nicht unerheblichem Vorteil sein. Wir haben immer nur Detailaspekte — konzentriert auf unsere Schlüsselbegriffe — berücksichtigt und ausgearbeitet.

Wir sortieren in dieser Phase unsere DIN A 4-Blätter, d. h. wir legen sie so auseinander, daß wir die Schlüsselbegriffe gut lesen können (wir haben sie ja mit Filzstift am oberen Rand deutlich vermerkt). Danach legen wir die Blätter in uns logisch erscheinender Reihenfolge wieder zusammen, und zwar untereinander. Wenn wir jetzt die Schlüsselbegriffe der einzelnen Blätter der Reihe nach auf ein neues Blatt abschreiben, haben wir die erste Grobstruktur einer Gliederung. Wir müssen nun die einzelnen Punkte über-, unter- und zuordnen, um eine sachgerechte Disposition zu erhalten.

5. Arbeitsschritt:
In der nächsten Phase müssen die Verbindungen geschaffen werden zwischen den einzelnen Kapiteln, soweit dies noch notwendig erscheint. Außerdem ist die stilistische Feinarbeit vorzunehmen, nachdem die Gesamtkonzeption inhaltlich und sachlogisch überarbeitet ist.

41 Vgl. auch 6.4.1 Einstieg, 1. Phase, S. 173.

6. Arbeitsschritt:
Ausfertigen der Reinschrift. Es empfiehlt sich sehr, diese selbst vorzunehmen, weil immer noch einiges geändert, das eine oder andere sprachlich besser dargestellt werden kann.

6.4.4 Materialverarbeitung

6.4.4.1 Grundsätze

Das schriftliche Material, das wir verarbeiten, entnehmen wir in aller Regel aus Büchern, Aufsätzen in Fachzeitschriften und auch aus Zeitungsartikeln. Es ist sehr wichtig, daß wir es systematisch erfassen und beim Erstellen unseres Manuskripts immer griffbereit haben. Aus diesem Grunde kennzeichnen wir die einzelnen Seiten in den benutzten Werken, indem wir aus Entwurfpapier geschnittene Blattstreifen einlegen und auf unseren Konzeptbögen jeweils die entsprechenden Bücher usw. vermerken, die wir zu Rate gezogen haben. Das erspart uns später lange Sucharbeit. Es wird nämlich immer wieder vorkommen, daß wir — insbesondere bei der endgültigen Ausformulierung und Reinschrift — einen Ursprungsgedanken aus der Literatur noch einmal nachlesen wollen, sei es, daß wir ihn unvollständig oder unverständlich excerpiert haben oder daß wir ihn noch ergänzen möchten.

6.4.4.2 Exzerpieren

Für das Suchen und Sammeln des Materials werden wir im allgemeinen die Hälfte der uns zur Verfügung stehenden Zeit ansetzen müssen. Ein sinnvolles Exzerpieren ist für die Materialverarbeitung unabdingbare Voraussetzung.
Unter Exzerpieren verstehen wir das Anlegen schriftlicher Auszüge aus der Literatur. Sie bilden den Grundstock unserer Arbeit.

Es ist zweckmäßig, die Exzerpte nicht zu aufwendig und nicht zu sparsam auszufertigen. Auffällige Thesen, gute Formulierungen und sonstige wesentliche Gesichtspunkte für unsere Thematik sollten wir uns stichwortartig notieren und dazu die Fundstelle genau bezeichnen. Es ist viel zu aufwendig, die einschlägige Literatur erst einmal durchzulesen und auf sich wirken zu lassen. Statt dessen empfiehlt es sich, schon bei der ersten Durchsicht Lektüre-Notizen anzulegen. Für diese Exzerpte sind Zettel in der Größe DIN A 6 (Postkartengröße) zweckmäßig, die wir nur einseitig beschriften. Sie lassen sich karteimäßig ordnen, und ggf. können wir sie auch numerieren.

Das fremde Gedankengut mit eigenen Worten zu notieren, zwingt uns, es auch tatsächlich geistig zu verarbeiten. Diese Arbeitsweise ist der wörtlichen Übernahme grundsätzlich vorzuziehen. Es kann jedoch auch geboten sein, bestimmte Formulierungen oder ganze Sätze abzuschreiben. Die Zitate müssen dann durch Anführungszeichen besonders gekennzeichnet und auch belegt werden.

Bei größeren Arbeiten ist es zweckmäßig, ein Arbeitsbegleitbuch anzulegen. Hier können wir die einzelnen Arbeitsschritte nach Prioritäten vermerken und den jeweiligen Stand der Bearbeitung sichtbar machen.

6.4.4.3 Entwurf

Die Frage, ob der Entwurf handschriftlich oder maschinenschriftlich erstellt werden soll, läßt sich wahrscheinlich nicht allgemeingültig beantworten. Schließlich haben wir alle unseren persönlichen Arbeitsstil, und der soll in jedem Fall dabei Berücksichtigung finden.

Es ist allerdings zu betonen, daß die Schreibmaschine zweifellos gegenüber der Handschrift gewichtige Vorteile bietet: übersichtliches Schriftbild, leichtere Überprüfbarkeit, bessere Abschätzungsmöglichkeit für den Gesamtumfang und vor allem die bessere Lesbarkeit.

Das Erstellen des Rohentwurfs ist ein ganz entscheidender Schritt in unserem Arbeitsverlauf. Er muß sehr übersichtlich sein und genügend Raum für Änderungen und Ergänzungen bieten. Sofern er mit der Schreibmaschine gefertigt wird, sollte ein linker Rand von 30° freibleiben. Zweizeilige Schreibweise ermöglicht auch Ausbesserungen zwischen den Zeilen.

Wenn wir mit dem ersten Entwurf beginnen, wird die Sammel- und Lesetätigkeit vorübergehend eingestellt. Es erleichtert die Konzentration auf das vorläufige Gesamtbild unserer Arbeit. Ein frühzeitig angefertigter Rohentwurf läßt die bis dahin erzielten Ergebnisse sichtbar zutage treten und vermittelt uns einen Eindruck vom voraussichtlichen Umfang unseres Werkes und der Gewichtsverteilung innerhalb der einzelnen Kapitel oder Abschnitte. Es ist besser, erste Ergebnisse frühzeitig zu Papier zu bringen, auch wenn sie später korrigiert oder Teilaspekte wieder verworfen werden müssen, als den Beginn der ersten Gesamtkonzeption immer wieder hinauszuschieben. Der visualisierte Erfolg ist für unsere weitere Motivation notwendig. Vielfach wird auch der zeitliche Aufwand des „Zusammenschreibens“ bis zur fertigen Reinschrift erheblich unterschätzt. Dadurch manövrieren wir uns in empfindliche Streßsituationen hinein.

Wir müssen nicht unbedingt beim Rohentwurf mit der Einleitung beginnen. Wir können auch dasjenige Kapitel für die erste Darstellung auswählen, dessen Konzeption uns besonders klar vor Augen steht. Der Anfang ist schwer. Es gibt eine Befangenheit gegenüber dem leeren Blatt Papier, die dem Lampenfieber nicht unähnlich ist. Die ersten Sätze bedürfen besonderer Energie. Sie sollten in ihrer ersten Fassung zunächst einmal stehen bleiben, ohne daß an ihnen gleich „herumgebastelt“ wird, auch wenn sie noch unbefriedigend sind. Die Feinarbeit wird später nachgeholt. Vom Rohentwurf kann ohnehin nur schwer unmittelbar die Reinschrift gefertigt werden. Dafür bedarf es mindestens einer weiteren Konzeption. In der letzten Ausfertigung vor der Reinschrift wird der Text vollständig ausformuliert. Es werden alle Zitate und Anmerkungen übernommen, die bisher noch offenstanden oder auf beigehefteten Zetteln vermerkt waren. Unter Umständen reicht es bei weiteren Entwürfen auch aus, nur bestimmte Seiten oder Passagen neu zu schreiben und älteren Text ggf. zu überkleben.

Die Endfassung muß aber sowohl in sachlicher als auch formaler und stilistischer Hinsicht überarbeitet sein. Die folgenden 10 Aspekte können dabei als Checkliste dienen:

1. Sachliche Richtigkeit
2. Schlüssigkeit der Argumentation
3. Eindeutigkeit der Aussagen
4. Formale Korrektheit
5. Präzise Verwendung der Termini
6. Zweckmäßigkeit und Ehrlichkeit der Zitation
7. Flüssiger Stil
8. Interessante Gestaltung
9. Syntaktische und grammatikalische Genauigkeit
10. Konzentration auf das Wesentliche

6.4.5 Materialdarstellung in der Reinschrift

6.4.5.1 Grundsätze

Eine Reinschrift sollte nicht diktiert, sondern immer von einem Entwurf abgeschrieben werden; denn selbst beim Abschreiben wird sich das eine oder andere noch verbessern lassen. Ein „sichtbar gemachter“ Gedanke läßt sich hierfür gründlicher beurteilen als ein gesprochener. Diesen Vorteil können wir aber nur nutzen, wenn wir die Reinschrift selbst fertigen. Daß sie mit Schreibmaschine zu erstellen ist, sei nur am Rande nochmals erwähnt.

Formal soll die wissenschaftliche Arbeit deutlich eine Einleitung, einen Hauptteil und einen Schluß aufweisen. Diese drei Teilbereiche müssen auch in ihrem Umfang angemessen gewichtet sein. Für Seminar-, Übungs- oder sonstige Prüfungsarbeiten erscheint uns ein Verhältnis ausgewogen, das der Einleitung und dem Schluß je ein Sechstel, dem Hauptteil vier Sechstel des Gesamtumfangs zuweist, ein Richtwert also von 1:4:1. Bei sehr umfangreichen Darstellungen werden sich aber die Anteile zugunsten des Hauptteils verschieben.

Die Endfassung einer Arbeit sollte — je nach Umfang und Bedeutung — der Reihe nach folgende Bestandteile aufweisen:

1. Angemessener Einband
2. Unbeschriebenes Deckblatt
3. Titelblatt
4. Vorwort*
5. Inhaltsverzeichnis
6. Abkürzungsverzeichnis*
7. Bearbeitung des Themas
8. Verzeichnis der Abbildungen*
9. Literaturverzeichnis
10. Personenregister*
11. Sachregister*

Die mit * gekennzeichneten Abschnitte sind nur bei umfangreicheren Arbeiten erforderlich.

Die Formalien auf dem Titelblatt werden zweckmäßigerweise mit dem zuständigen Dozenten abgesprochen. Im allgemeinen sollen jedoch folgende Angaben enthalten sein:

- Name der Hochschule
- Fachbereich
- Thema (typographisch hervorgehoben)
- Name und Amtsbezeichnung des betreuenden Dozenten
- Name und Anschrift des Verfassers
- Semesterzahl
- Vorlegedatum

Und noch einen letzten allgemeinen Grundsatz: Da Manuskripte gegen Verlust nicht gefeit sind, fertigen wir uns immer mindestens einen Durchschlag oder eine Kopie mehr an, als wir abliefern müssen.

6.4.5.2 Einleitung

Für die verschiedenen Arten wissenschaftlicher Arbeiten sind auch Modifikationen für die jeweiligen Einleitungen möglich und notwendig. Trotzdem lassen sich Gemeinsamkeiten finden, die in jeder Einleitung berücksichtigt werden sollten.

Dazu gehören die

- Fragestellung,
- Zielsetzung,
- Arbeitshypothese,
- angewandte Methoden und
- Eingrenzung des Themas.

Die Einleitung muß Klarheit über die Aufgabenstellung bringen, Begriffe definieren, die Thematik unter Umständen in praktische und wissenschaftliche Zusammenhänge einordnen und auch Interesse für den Inhalt wekken. Darüber hinaus ist es auch sinnvoll, auf das bearbeitete Material hinzuweisen. Eine Erläuterung der Gesamtstruktur der Arbeit macht dem Leser die Gliederung verständlich und bietet wichtige Vorinformationen für die Ausführungen.

Nur in umfangreichen wissenschaftlichen Darstellungen (z. B. Dissertationen, Diplomarbeiten) sind zusätzliche persönliche Bemerkungen über Umstände, die bei der Entstehung der Arbeit von Bedeutung waren (etwa Schwierigkeiten durch unzureichende Forschungsergebnisse, mangelhafte Literatur, besondere Unterstützung usw.) angebracht.

6.4.5.3 Hauptteil

Der Hauptteil einer wissenschaftlichen Arbeit hat mehrere Hauptgliederungspunkte, die in weitere Abschnitte unterteilt sind. Alle Gliederungsnummern sollten eigene Überschriften haben, die sich streng am folgenden Text orientieren. Wenigstens die Hauptgliederungspunkte (einstellige Gliederungsziffern) beginnen auf einer neuen Seite.

Die einzelnen Abschnitte sind inhaltlich klar voneinander getrennt. Es sind geschlossene Einheiten, die zusammengenommen das Thema tragen. Die aufeinanderfolgenden Gedanken müssen für den Leser nach den Regeln der Logik nachvollziehbar sein.

Viele Aufgaben — vor allem im naturwissenschaftlichen, wirtschafts- und sozialwissenschaftlichen Bereich — lassen sich schon von der Thematik her zweiteilen: z. B. in einen theoretischen (wenn etwa eine Theorie erörtert werden muß) und einen praktischen (in dem eine Transferleistung theoretischer Aussagen vollzogen werden soll) oder in einen experimentellen (in dem Forschungsergebnisse oder -methoden dargestellt werden) und einen allgemeinen (in dem dann aus den experimentellen Befunden Hypothesen oder Theorien abgeleitet werden).

Eine schlüssige Gedankenführung im Hauptteil kann auch durch folgende Arbeitsschritte erreicht werden:

1. Aufstellen einer Behauptung (Hypothese)
2. Prämissen, Erläuterungen zur Hypothese
3. Beweisführung, Veranschaulichung (Experimente, Erhebungen)
4. Verifizierung oder Falsifizierung
5. Auswertung, Zusammenfassung

Nach einem solchen Ablaufschema können zwar nicht alle Themen bearbeitet werden; es läßt sich jedoch auch modifizieren und dadurch noch häufiger einsetzen.

Die Gründlichkeit der Auseinandersetzung mit der Thematik zeigt sich schließlich auch in der sorgfältigen Bearbeitung des relevanten Materials (Literatur, Erhebungen, Berechnungen usw.). In welchem Umfang wissenschaftlichem Anspruch Rechnung getragen wird, ergibt sich unter anderem auch daraus, inwieweit Hypothesen bewiesen werden können, oder — sofern sie nicht bzw. noch nicht beweisbar sind — ob sie zumindest vernünftig, logisch oder plausibel sind.

6.4.5.4 Schluß

Den Schlußteil einer Arbeit können wir mit unterschiedlichen Ansätzen gestalten:

— Als Rückblick kann er die wesentlichen Erkenntnisse des Inhalts zusammenfassen. Er darf aber nicht in langatmige und dadurch langweilige Wiederholungen ausarten.

  Eine sinnvolle Zusammenfassung könnte auf folgende Weise erreicht werden:

  - Die Hauptgedanken der thematischen Ausführungen werden in numerierten Sätzen wiederholt.
  - Die Hauptgedanken der thematischen Ausführungen werden zu einem übergeordneten Ganzen verbunden.

— Der Schluß kann auch weiterführende Überlegungen oder Fragen enthalten und somit interessante Aspekte aufzeigen.

— Wenn Fragen zur Thematik offen geblieben sind, sollten sie schon aus wissenschaftlicher Ehrlichkeit im Schlußteil der Arbeit aufgezeigt werden.

— Wir können auch Gedanken der Einleitung aufgreifen, sie abschließen oder rechtfertigen.

— Es kann durchaus angebracht sein, sich zum Schluß selbst kritisch zur Arbeit zu äußern, etwa zu den Methoden oder Ergebnissen.

— Schließlich können wir auch eine persönliche Meinung artikulieren und begründen, die sich nicht mit wissenschaftlichen Maßstäben messen läßt.

Je nach Ansatz des Schlußteils können wir dann auch die Überschrift wählen: z. B. „Rückblick“, „Zusammenfassung“, „Ausblick“, „Abschließende Begründung“, „Offene Fragen“, „Kritische Schlußbetrachtung“.

Jeder Arbeit — außer den Klausuren — ist, sofern nichts anderes angeordnet wird, eine eigenhändig unterschriebene wahrheitsgemäße Erklärung anzufügen, daß sie ohne fremde Hilfe erstellt wurde. Sie kann mit folgenden Worten abgefaßt sein:

„Ich versichere, daß ich diese Arbeit (Studien-, Diplom-, Seminararbeit usw.) ohne Hilfe Dritter verfaßt und keine anderen als die angegebenen Hilfsmittel benutzt habe. Die den benutzten Hilfsmitteln wörtlich oder inhaltlich entnommenen Stellen habe ich unter Quellenangabe kenntlich gemacht[42]*.“*

Ort, Datum
Unterschrift

Fassen wir zusammen:

- Wissenschaftliches Arbeiten zeigt vielfach einen Phasenverlauf, der abwechselnd als Leistungshoch und Leistungstief bezeichnet werden kann.
- Der Einstieg wird durch grundsätzliche Fragestellungen und Planungen wesentlich erleichtert.
- Für die Stoffsammlung einer wissenschaftlichen Arbeit können unterschiedliche Methoden eingesetzt werden. Sie richten sich nach der Thematik. Entscheidend ist, daß der Stoff systematisch gesammelt wird.
- Die „6er-Schritt-Methode“ ermöglicht einen schnellen und einfachen Beginn der Stoffsammlung. Dabei soll mit dem Entwurfpapier (DIN A 4!) nicht gespart werden.
- Die Fachliteratur wird anhand von Exzerpten ausgewertet.
- Umfangreichere Arbeiten erfordern vor der Reinschrift mehrere Entwürfe, die nicht nur fachlich, sondern auch grammatikalisch und stilistisch immer feiner ausgearbeitet werden.

42 Studienführer der Fachhochschule des Bundes für öffentliche Verwaltung, Fachbereich Post- und Fernmeldewesen.

- Die Reinschrift soll nach Möglichkeit vom letzten Entwurf selbst abgeschrieben werden, weil wir auch in dieser Phase noch Verbesserungen einarbeiten können.
- Die Endfassung einer wissenschaftlichen Arbeit muß in ihrer äußeren Form dem Inhalt entsprechen.
- Die methodische Gestaltung von Einleitung, Hauptteil und Schluß richtet sich nach der Thematik. Es gibt jedoch allgemeine Orientierungspunkte, die beachtet werden sollten.
- Einleitung, Hauptteil und Schluß einer Arbeit müssen in einem angemessenen Verhältnis zueinander stehen.

Prüfen Sie ihren Lernerfolg!

Die folgenden Kontrollaufgaben helfen Ihnen auch in den Klausuren, bei denen Sie methodische Fragen nicht nachschlagen können. Sie sollten sich deshalb mit diesen Problembereichen sehr intensiv befassen!

1. Welche Überlegungen können Ihnen den Einstieg in eine wissenschaftliche Arbeit erleichtern?
2. Was verstehen Sie unter „dialektischer Stoffsammlung"? Führen Sie dazu Beispiele an!
3. Eine 5-Stufen-Methode läßt sich auch in der Themenbearbeitung einer Klausur umsetzen. Nennen Sie diese Stufen!
4. Eine detailliertere Bearbeitungsmethode geht von 10 Arbeitsschritten aus. Lesen Sie hierzu den entsprechenden Text nochmals aufmerksam durch! Prüfen Sie bei Ihrer nächsten Arbeit die Anwendungsmöglichkeit dieser Methode!
5. Für häusliche Studienarbeiten eignet sich besonders eine sehr pragmatische Methode, die in 6 Arbeitsschritten durchzuführen ist. Erläutern Sie diese Methode!
6. Was verstehen Sie unter „Exzerpieren"?
7. Nach welchen Kriterien sollte die Endfassung einer schriftlichen Arbeit nochmals durchgesehen werden?
8. Beschreiben Sie Ansätze zur Konzeption
   - der Einleitung,
   - des Hauptteils und
   - des Schlusses

   einer wissenschaftlichen Arbeit!

7 Wissenschaftliche Informationsstellen

Lernziele:
Sie sollen
— *die Informationsstellen für wissenschaftliche Literatur kennenlernen,*
— *das System der Bibliotheken in der Bundesrepublik erklären,*
— *das Dienstleistungsangebot der Bibliotheken kennen und nutzen,*
— *die Katalogsysteme verstehen und danach Literatur herausfinden,*
— *Klassifikationssysteme für Bibliotheken erklären,*
— *zwischen Bibliotheken und Archiven unterscheiden,*
— *das System der Dokumentations- und Informationszentren in der Bundesrepublik darstellen können!*

7.1 Überblick

Für Studenten ist wissenschaftliche Arbeit immer verbunden mit der Reflexion fremden Gedankenguts. Eine einzige Quelle, wo die richtige Literatur gefunden werden kann, gibt es nicht. Die Suche hängt von vielen Faktoren ab. Für die leihweise Beschaffung der notwendigen Werke können wir uns hauptsächlich an folgende Institutionen wenden:

- Bibliotheken
- Archive
- Informations- und Dokumentationszentren
- Bildstellen

Darüber hinaus müssen wir — je nach Zielsetzung unserer wissenschaftlichen Arbeit — auch Eigeninitiative entwickeln. Es gibt z. B. bei jeder größeren Firma und bei jeder Behörde eigene Fachbibliotheken, die grundsätzlich auch öffentlich zugänglich sind und besonders dem wissenschaftlich Arbeitenden gerne geöffnet werden.

In den aufgeführten Informationsstellen finden wir vor allem Bücher und Fachzeitschriften. Diese beiden Typen wissenschaftlicher Literatur haben unterschiedliche Funktionen:

- Bücher befassen sich intensiver mit einer einzigen Thematik, sind aber mehr oder weniger auf diese begrenzt. Ihre Herstellung dauert länger, sie sind daher oft nicht so aktuell wie Fachzeitschriften und veralten schneller.

- Fachzeitschriften befassen sich mit einem breiten Spektrum von Teilproblemen innerhalb eines Wissensbereichs. Sie informieren immer über den neueren Stand wissenschaftlicher Diskussion und sind deshalb aktueller. Die Fachbeiträge sind aber meist nur Aufsätze und können nicht so ausführlich sein wie ein Buch. Sehr wichtig sind auch deren Auseinandersetzungen mit den Neuerscheinungen auf dem Buchmarkt. Kontroverse wissenschaftliche Darstellungen gewährleisten eher objektive eigene Meinungsbildung.

7.2 Bibliotheken

7.2.1 Funktionsstufen

Im Jahre 1973 wurde in der Bundesrepublik Deutschland ein Bibliotheksplan erstellt, der die Bibliotheken in 4 Funktionsbereiche einstufte. Die Abbildung 51 vermittelt dazu einen Überblick.

Funktionsstufe	Funktion	Benutzung
1. Stufe: Kleinere Büchereien, z. B. Volksbücherei, Gemeindebücherei	Unmittelbare Bedarfsdeckung für die breite Öffentlichkeit ● Allgemeine Literatur ● Sonstige Informationsträger	Meistens als Freihandbibliotheken unmittelbar zugänglich
2. Stufe: Lokale oder regionale Bibliotheken, z. B. Stadtbibliothek	Versorgung mit ● anspruchsvoller Literatur, auch mit ● wissenschaftlichen Werken und ● sonstigen Informationsträgern	Meistens als Freihandbibliotheken unmittelbar zugänglich
3. Stufe: Landes- und Hochschulbibliotheken, spezielle Großbibliotheken	Bereitstellung ● größere Bestände wissenschaftlicher Fachlicheratur und ● sonstiger Informationsträger	z. T. als Freihandbibliotheken, z. T. als geschlossene Bibliotheken (= Ausleihe nur nach Katalog)
4. Stufe: Nationalbibliotheken, Zentralbibliotheken von überregionaler Bedeutung	Nach Möglichkeit vollständige Sammlungen wissenschaftlicher Literatur und sonstiger Informationsträger für Forschung, Lehre und Studium	z. T. als Freihandbibliotheken, z. T. als geschlossene Bibliotheken

Abb. 51: Funktionsstufen der Bibliotheken in der Bundesrepublik Deutschland

Vor allem die Funktionsstufen 3 und 4 dienen überwiegend dem wissenschaftlichen Studium, der Forschung und Lehre. Diese Bibliotheken haben grundsätzlich Archivcharakter, da die erworbenen Werke in der Regel auf Dauer aufbewahrt werden. Sie erweitern und aktualisieren fortlaufend ihre Bestände, die deshalb auch sehr präzise erfaßt werden müssen.

Die Bibliotheken der 1. und 2. Stufe orientieren sich nicht in erster Linie an der Wissenschaft, sondern an der sogenannten Allgemeinbildung. Ihr Zweck ist insofern vielseitiger. Sie dienen der Unterhaltung und Bildung im weitesten Sinne: allgemein, politisch, beruflich. Vor allem die Bibliotheken der 1. Stufe erneuern oder ergänzen vorhandene Bücher kaum, veraltete und verbrauchte werden ausgesondert.

In den letzten Jahrzehnten haben sich jedoch die Funktionsbereiche wissenschaftlicher und allgemeiner Bibliotheken mehr und mehr verwischt oder angenähert. Alle Typen arbeiten deshalb heute auch im Verbund. Das bedeutet für den Studenten, daß er bei seiner eigenen Hochschulbibliothek auf dem Wege der Fernausleihe auch Bücher anderer Bibliotheken beziehen kann, wenn sie am Ort nicht vorhanden sind.

7.2.2 Wissenschaftliche Bibliotheken

7.2.2.1 Bibliothekstypen

Die wissenschaftlichen Bibliotheken lassen sich unterteilen in

- wissenschaftliche Allgemeinbibliotheken (Universalbibliotheken) und
- wissenschaftliche Fachbibliotheken (Spezialbibliotheken).

Die Abbildung 52 zeigt die wichtigsten Bibliothekstypen auf.

Wissenschaftliche Universalbibliotheken	Wissenschaftliche Spezialbibliotheken
• Nationalbibliotheken • Staatsbibliotheken • Bibliotheken der Universitäten und Hochschulen • Regionale staatliche Bibliotheken (Landesbibliotheken) • Wissenschaftliche Stadtbibliotheken	• Bibliotheken technischer Hochschulen • Institutsbibliotheken an Universitäten • Bibliotheken von Forschungsanstalten • Firmeneigene Bibliotheken • Bibliotheken von Behörden

Abb. 52: Wissenschaftliche Bibliothekstypen

Um eine Vorstellung von der Größe einer Bibliothek zu gewinnen, sollen an dieser Stelle einige bedeutende erwähnt werden. Die größte Bibliothek der Welt ist mit großer Wahrscheinlichkeit die Lenin-Bibliothek in Moskau. Sie verfügt über mehr als 22 Millionen Bände. Mit Abstand folgen die Saltykow-Schtschedrin-Bibliothek in Leningrad und die Library of Congress in Washington mit je über 14 Millionen Büchern. Der Rang 4 nimmt sich den größten Bibliotheken gegenüber geradezu bescheiden aus: die Bibliothek des British Museum in London, die Bibliothèque Nationale in Paris und die „Deutsche Bücherei" in Leipzig mit je 7—8 Millionen Bänden.

Im Jahre 1946 wurde in Frankfurt am Main die „Deutsche Bibliothek" gegründet. Sie ist als „Pflichtbibliothek" die Sammelstelle für alle in der Bundesrepublik Deutschland erscheinenden Bücher und umfaßt mittlerweile etwa 3,4 Millionen Bände (Stand 1985) — ohne den Bestand des „Deutschen Musikarchivs" in Berlin, das zur „Deutschen Bibliothek" in Frankfurt gehört. Die größte Bibliothek in der Bundesrepublik Deutschland ist jedoch die Bayerische Staatsbibliothek mit über 5,2 Millionen Büchern (Stand 1984).

Die Universalbibliotheken pflegen alle Wissensbereiche gleichermaßen, setzen jedoch auch gewisse Schwerpunkte. Die wissenschaftlichen Spezialbibliotheken sammeln hingegen nur bestimmte Fachgebiete. Aktuelle Literatur kann deshalb hier auch besser berücksichtigt werden, ebenso besondere wissenschaftliche Schriften, die in Universalbibliotheken nicht immer vorgefunden werden, z. B. spezielle Forschungsberichte, Gutachten, Geschäftsberichte, Statistiken.

Nach der Art ihrer Benutzung unterscheiden wir

- Präsenzbibliotheken und
- Ausleihbibliotheken.

Die Präsenzbibliotheken lassen eine Benutzung ihres Bestandes nur innerhalb der Bibliotheksräume zu. Sie leihen nichts aus.

Die meisten Bibliotheken sind jedoch als Ausleihbibliotheken organisiert, bei denen das meiste ausgeliehen und mit nach Hause genommen werden kann. Innerhalb der Ausleihbibliotheken gibt es wesentliche Unterschiede im Zugang zum wissenschaftlichen Material:

Ausleihbibliotheken:

a) Freihandbibliothek:

Der Benutzer hat unmittelbar Zugang zu den Beständen in den Regalen. Hier können die Bücher zunächst einmal angesehen und geprüft werden, ob sich eine Ausleihe lohnt.

b) Geschlossene Bibliothek:

Der Benutzer hat keinen Zugang zu den Beständen. Eine Ausleihe ist nur über Kataloge und Verzeichnisse möglich. Die Bücher etc. können vorher nicht eingesehen werden.

Fast alle Ausleihbibliotheken stellen auch eine sogenannte Präsenzabteilung zur Verfügung, den Lesesaal, wo bestimmte Werke nur an Ort und Stelle benutzt werden dürfen, z. B. die vielen Fachzeitschriften, Fachlexika und Enzyklopädien.

7.2.2.2 Dienstleistungsangebot

Bibliotheken stellen nicht nur ihre Einrichtungen und ihr Material zur Benutzung bereit, sondern bieten auch noch weitere Dienstleistungen an. Die für Studenten wichtigsten wollen wir kurz auflisten:

1. Lesesäle

In Hochschulbibliotheken haben die Lesesäle eine doppelte Funktion. Sie sind für die Studenten Arbeitsraum zum ungestörten wissenschaftlichen Arbeiten. Deshalb ist hier auch grundsätzlich Stillschweigen und allgemeine Ruhe notwendig und auch vorgeschrieben. Ein weiterer Zweck besteht darin, in einer Präsenzbibliothek Standardwerke, Lehrbücher, Enzyklopädien und sonstige Nachschlagewerke zum unmittelbaren Gebrauch bereitzuhalten. Dazu gehören auch die relevanten Fachzeitschriften und großen Tageszeitungen.

2. Ausleihe

Durch die Ausleihe werden die Bestände, soweit sie nicht für die Präsenzabteilung reserviert sind, dem Benutzer auf eine begrenzte Zeit mitgegeben. Die Leihfrist beträgt in der Regel 3—4 Wochen. Hierfür müssen nach örtlichen Vorschriften Leihscheine ausgefüllt werden. Im allgemeinen ist die Ausleihe an Hochschulbibliotheken kostenlos.

3. Fernleihe

Die meisten Bibliotheken vermitteln auch Fernleihe. Dadurch können Materialien fremder Bibliotheken angefordert werden. Unter Umständen sind dafür zumindest die Portokosten zu tragen.

4. Fotokopier- und Filmdienst

An Fotokopiergeräten können — meist gegen Münzeinwurf — erforderliche Ablichtungen zum persönlichen Gebrauch gefertigt werden, und zwar aus nahezu allen schriftlichen Materialien der Bibliothek. Weiterhin stehen in fast allen Bibliotheken Lesegeräte für Mikrofilme, Tonbandgeräte, Kassettenrekorder und Projektionsapparate zum Abhören und Abspielen der entsprechenden Materialien bereit. Damit passen sich die Bibliotheken auch den neueren Informationsträgern an.

5. Persönliche Beratung

Eine sehr hilfreiche Dienstleistung ist die persönliche Beratung in der Bibliothek. Größere Institutionen haben eigene Beratungsbibliothekare, die den Studenten nicht nur für Fragen der Bibliotheksbenutzung, sondern weitergehend auch für Teilbereiche des wissenschaftlichen Arbeitens zur Verfügung stehen.

7.2.2.3 Bibliotheksbenutzung

Bestandsarten der Bibliothek

Wenn wir eine Bibliothek richtig benutzen wollen, müssen wir vor allen Dingen wissen, was dort für uns bereitgehalten wird. Die Abbildung 54 vermittelt dazu einen Überblick.

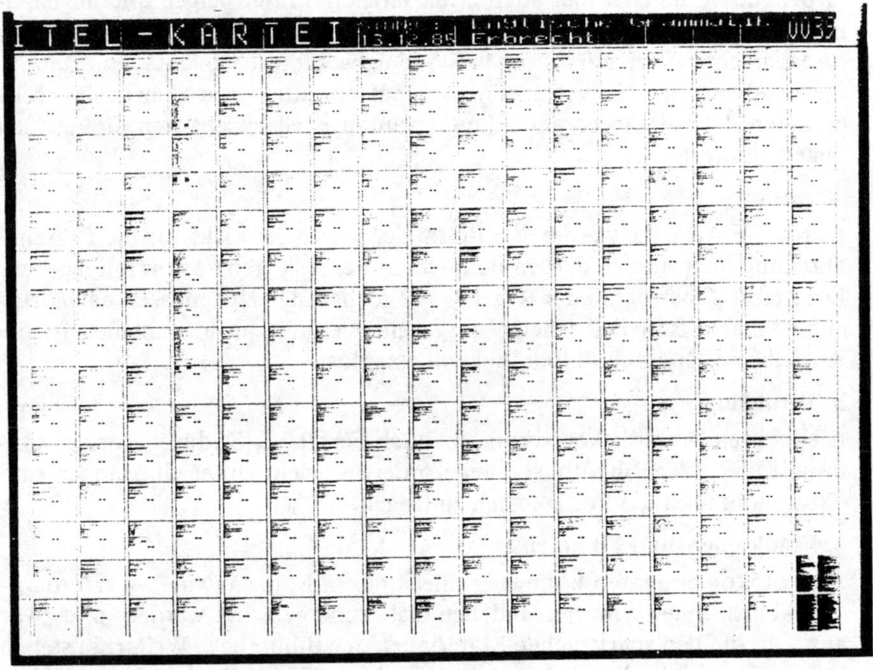

Abb. 53: Katalogsystem der Bibliotheken: Mikrofiche

Katalogbenutzung

Alle Bibliotheken ordnen ihre Bestände in Katalogen. In diesen sucht der Benutzer seine Literatur. Viele Bibliotheken stellen jedoch nach und nach ihre Karteikartenkataloge auf Mikrofiches um. Für den Benutzer ist dieses der modernen Technologie angepaßte Verfahren wesentlich einfacher. Für die Bibliothek selbst ist das System nicht nur zeitsparend, sondern auch raumsparend. Die Mikrofiches sind Planfilme in Karteikartengröße. Das internationale Bibliotheksformat hierfür ist 125 mm × 75 mm = DIN A 6.

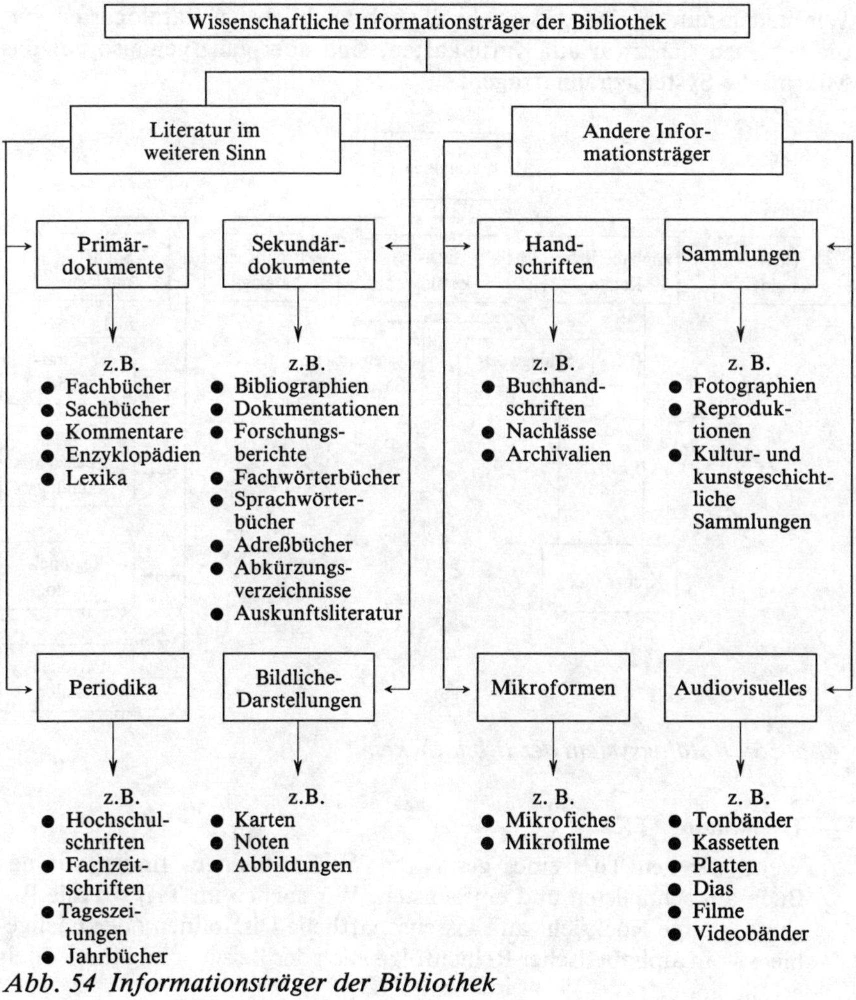

Abb. 54 Informationsträger der Bibliothek

Auf diesen Transparenten stehen die Titel der Materialien reihenweise neben- und untereinander. Auf einem einzigen Mikrofiche können bis zu 200 Seiten einer Textvorlage untergebracht werden. (Vgl. Abb. 53!) Der Titel muß dann auf einem Mikrofiche-Lesegerät gesucht werden.

Die Handhabung des Lesegeräts ist sehr einfach. An jedem Lesegerät befindet sich eine Benutzungsanleitung, die nur wenige Hinweise enthalten muß. Außerdem hilft das Aufsichtspersonal der Bibliothek auch sehr gerne, die erste Scheu vor dem Gerät zu verlieren.

Wir stellen nun in einer Übersicht die gebräuchlichsten Katalogarten vor. Sie beziehen sich zwar auf Karteikarten, sind aber ganz genauso auf das Mikrofiche-System zu übertragen.

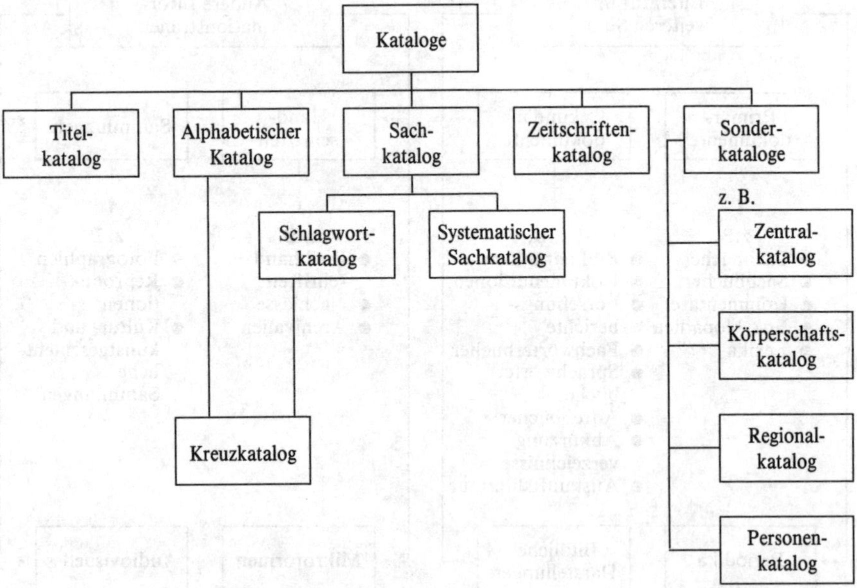

Abb. 55: Katalogsystem der Bibliotheken

— **Titelkatalog** (TK)

Wenn wir den Titel eines gesuchten Werkes kennen, finden wir das Buch am schnellsten und einfachsten. Wir suchen im TK, wo alle Bücher — ohne Rücksicht auf wissenschaftliche Disziplinen oder Fachgebiete — in alphabetischer Reihenfolge nach der Bezeichnung ihres Titels erfaßt sind.

— **Alphabetischer Katalog** (AK)

Der AK wird auch Verfasser- oder Autorenkatalog genannt. In ihm sind alle Bücher der Bibliothek in alphabetischer Reihenfolge nach dem Namen des Verfassers oder Herausgebers geordnet. Wir benutzen den AK, wenn wir ein Werk suchen, dessen Autor uns bekannt ist.

— **Sachkatalog** (SK)

Im SK sind die Bücher — ebenfalls in alphabetischer Reihenfolge — nach Sachgebieten geordnet. Wenn wir Literatur zu einem bestimmten Thema suchen und Autoren nicht bekannt sind, nehmen wir den Sachkatalog zu Hilfe. Er ist unterteilt in einen Schlagwortkatalog und einen systematischen Sachkatalog.

○ **Schlagwortkatalog** (SWK)
Der SWK ordnet — und zwar ohne Rücksicht auf wissenschaftliche Disziplinen oder Wissensbereiche — alle möglichen Sachbegriffe in alphabetischer Folge. Einziges Ordnungskriterium im SWK ist das Alphabet. Einen sachlichen Zusammenhang gibt es hier nicht. Seine Funktion besteht darin, nach der Methode eines Lexikons wichtige Begriffe alphabetisch aufzulisten.

Wenn uns weder ein Verfassernamen noch ein Titel bekannt ist, bleibt uns nichts anderes übrig, als im SWK zu suchen. Dabei kommt es darauf an, daß wir uns wesentliche „Schlüsselbegriffe" als Schlagwörter vornehmen. Der Nachteil des SWK besteht darin, daß wir u. U. auf eine große Zahl von Werken verwiesen werden, die dann erst einmal auf Relevanz zu unserem Thema geprüft werden müssen.

○ **Systematischer Sachkatalog** (SyK)
Der SyK enthält die Bestände der Bibliothek nach wissenschaftlichen Sachgebieten geordnet. Die Systematik und Ordnungsbezeichnungen sind jedoch nicht einheitlich für alle Bibliotheken und müssen im jeweiligen „Wegweiser" der betreffenden Einrichtung nachgesehen werden. Er enthält die Systembeschreibung, die dem Benutzer das Auffinden der gesuchten Literatur erleichtert.

Im SyK finden wir unter der betreffenden Ordnungsbezeichnung alle Schriften zu einem bestimmten Wissensgebiet. Wenn z. B. in einer Bibliothek für „Forschungsmethoden in der Erziehungswissenschaft" die Ordnungsbezeichnung „PAE 1/33" besteht, enthalten alle Bücher, die sich auf diesen Schwerpunkt beziehen, diese Kennzeichnung.

— **Kreuzkatalog** (KK)

Der KK ist eine Kombination aus AK und SWK. Hier sind die Verfassernamen und die Schlagwörter in einer einzigen alphabetischen Reihenfolge zusammengefaßt.

— **Zeitschriftenkatalog**

Im Zeitschriftenkatalog sind alle in der Bibliothek — in der Regel im Lesesaal — vorhandenen Zeitschriften alphabetisch nach dem Titel verzeichnet. U. U. sind sie nach wissenschaftlichen Disziplinen oder nach Wissensbereichen besonders zusammengefaßt.

— **Sonderkataloge**

Neben den aufgeführten „Standardkatalogen", die wir in fast jeder Bibliothek vorfinden, gibt es — je nach Größe und Art der Einrichtung — weitere Kataloge mit speziellen Funktionen.

○ **Zentralkatalog** (ZK)
Jede größere Bibliothek enthält einen ZK. Er faßt die Bestände mehrerer Bibliotheken zusammen. Die Bundesrepublik Deutschland ist z. B. in sieben Regionen aufgeteilt, deren jeweiliger Gesamtbestand aller Bibliotheken in einem ZK erfaßt ist:

Bayerischer Zentralkatalog für Bayern,
Berliner Gesamtkatalog,
Hessischer Zentralkatalog für Hessen und die Regierungsbezirke Rheinhessen, Koblenz und Montabaur des Landes Rheinland-Pfalz,
Niedersächsischer Zentralkatalog für Niedersachsen,
Norddeutscher Zentralkatalog für die Hansestädte und Schleswig-Holstein,
Zentralkatalog Baden-Württemberg mit Saarland und dem Regierungsbezirk Pfalz,
Zentralkatalog Nordrhein-Westfalen mit dem Regierungsbezirk Trier.

Grundsätzlich können Zentralkataloge national, regional oder fachlich begrenzt sein.

○ **Körperschaftskatalog**
Hier wird Literatur zusammengefaßt über Unternehmungen, Banken, Institute, Behörden und sonstige Vereinigungen.

○ **Regionalkatalog**
Er stellt die Literatur nach Erdteilen, Ländern, Staaten, Wirtschaftsgebieten oder sonstigen regionalen Kriterien zusammen.

- ○ **Personenkatalog**
  Unter dem Namen einer Person können wir in diesem Katalog alles finden, was von dieser veröffentlicht, herausgegeben oder über diese Person geschrieben ist.

7.2.2.4 Ordnungssysteme

Wir haben bereits erwähnt, daß die meisten Bibliotheken ihre Bestände nach eigenen Systemen und Ordnungsprinzipien registrieren. Auf zwei Klassifikationssysteme wollen wir jedoch noch besonders hinweisen, weil sie von überregionaler bzw. internationaler Bedeutung sind.

Die meisten nichtwissenschaftlichen Bibliotheken Deutschlands richten sich nach der „Allgemeinen Systematik für Büchereien" (ASB). Danach werden alle Wissensbereiche in 22 Hauptgruppen eingeteilt, die durch lateinische Großbuchstaben gekennzeichnet sind. Die Hauptgruppen gliedern sich in Untergruppen. Sie werden in Kleinbuchstaben und Ziffern ausgewiesen. Die ASB ist eine sehr grobe Klassifikation, die für Bibliotheken mit mehr als etwa 50000 Bänden ungeeignet ist.

Das System von internationaler Bedeutung ist die Dezimalklassifikation des Amerikaners Melville Dewey. Er hat 1876 alle Wissensgebiete der Menschheit nach Dezimalklassen aufgelistet. Dieses System hat sich international in großen Bibliotheken, vor allem im Hochschulbereich, durchgesetzt. Es wird vom Internationalen Verband für Dokumentation (Fédération Internationale de Documentation [FID]) gepflegt und weiterentwikkelt. Nach und nach werden Archive, Registraturen, Bibliotheken und sonstige Dokumentationsstellen von wissenschaftlicher Bedeutung nach der Methode des amerikanischen Bibliothekars Dewey angelegt.

Das System beruht auf einer Zehnerteilung, die das gesamte Wissen der Menschheit in 10 Hauptklassen ordnet und ihnen die Ziffern 0 bis 9 zuweist:

0 Allgemeines, Bibliographie, Bibliothekswesen
1 Philosophie
2 Religion
3 Sozialwissenschaften, Recht, Verwaltung
4 Sprachwissenschaften, Philologie
5 Naturwissenschaften, Mathematik
6 Angewandte Wissenschaften, Medizin, Technik
7 Kunst, Kunstgewerbe, Spiel, Sport, Musik
8 Literaturwissenschaft, Schöne Literatur
9 Geschichte, Geographie, Heimatkunde, Biographie

Jede Hauptklasse kann durch Anfügen weiterer Ziffern in Gruppen, diese wieder in Untergruppen usw. gegliedert werden. Zur besseren Übersicht werden die Ziffern in 3er Gruppen geschrieben, die durch Punkte voneinander getrennt werden. Dadurch kann ein Wissensgebiet beliebig fein gegliedert und auch das letzte Detail in die Klassifikation noch einbezogen werden.

Beispiel:

6	=	Angewandte Wissenschaften, Medizin, Technik
65	=	Handels- und Verkehrstechnik
656	=	Verkehrswesen, Postwesen
656.8	=	Postwesen, Postbetrieb
656.80	=	Allgemeine Postbetriebsfragen
656.801	=	Einrichtung des Postdienstes
656.801.1	=	Allgemeines
656.801.11	=	Dienstführung, Dienstaufnahme
656.801.31	=	Organisation des Dienstes nach der geographischen Lage
656.801.311	=	Inlandspostdienst
656.801.311.1	=	Ortspostdienst
656.801.311.45	=	abgelegene Wohnstätten

usw.

7.3 Archive

Im Gegensatz zu den Bibliotheken, die vor allem Bücher, Zeitschriften und neuerdings auch vielfältige audio-visuelle Medien sammeln und zur Verfügung stellen, konzentrieren sich Archive mehr auf Urkunden (die meist auch nur einmalig vorhanden sind), Akten von größerer Bedeutung, Karten und sogenannte Autographe (Briefe) und Manuskripte, die von dokumentarischem Wert sind. Solche Schriften, die im laufenden Geschäftsverkehr nicht mehr oder nur noch selten benötigt werden, sind in den Archiven besonders registriert und geordnet aufbewahrt.

In nahezu allen Behörden, Instituten und größeren Firmen führen und pflegen Archivare diese Dokumentationsstellen. Schon von der Entstehung der Materialien und ihrem Zweck her ist es verständlich, daß Archive in aller Regel sehr eng spezialisiert sind. Das kann besonders bei Studienarbeiten ein entscheidender Vorteil sein. Das bedeutendste Archiv in der Bundesrepublik Deutschland ist das Bundesarchiv in Koblenz.

Anschrift:
Bundesarchiv · Potsdamer Straße 1 · 5400 Koblenz · Tel.: 02 61 — 50 50

Das Bundesarchiv verwaltet das Schriftgut und die amtlichen Überlieferungen des ehemaligen Reiches und der Regierung der Bundesrepublik Deutschland.

Daneben gibt es in allen Bundesländern, Gemeinden und kirchlichen Einrichtungen Archive, die zwar jeweils spezielle Sachgebiete enthalten, aber gerade deshalb von überregionaler Bedeutung sind. Hier müssen wir auch die Archive alter deutscher Fürstenhäuser erwähnen mit ihren unschätzbaren Beständen.

Archive stehen grundsätzlich für Studium und Forschung zur Verfügung. Bei der Anfertigung entsprechender Fach- oder Studienarbeiten sollten sich Studenten nicht scheuen, sich unmittelbar an die entsprechenden Behörden, Verwaltungen, Kirchen, Verbände, Presseämter oder Firmen zu wenden.

7.4 Bildstellen

Informationsquellen besonderer Art, die von den Studenten viel zu wenig genutzt werden, sind die Bildstellen: Landesbildstellen, Kreisbildstellen oder auch kommunale Bildstellen. Sie halten audio-visuelle Medien, Bild- und Tonträger, zur Ausleihe bereit.

Es ist kaum bekannt, daß die Bildstellen nicht nur an Schulen oder Lehrer, von denen sie vor allem in Anspruch genommen werden, ihr Material ausleihen. Fast alle Bildstellen versenden auf Anforderung auch Verzeichnisse, aus denen das relevante Material ausgesucht werden kann. Es bietet nicht nur für Studien- oder Prüfungsarbeiten wertvolle Anregungen, sondern ist auch für das Lernen selbst oft unersetzliche Hilfe. Die meisten Einrichtungen erheben für die Ausleihe eine geringe Nutzungsgebühr.

7.5 Informations- und Dokumentationszentren

7.5.1 Funktion und Begriff

Infolge der immer schneller wachsenden Informationsflut gewinnen die Informations- und Dokumentationsstellen immer größere Bedeutung. Sie sind vor allem an Fachbibliotheken und Forschungsinstituten eingerichtet.

Unter Dokumentation verstehen wir in diesem Zusammenhang das Erfassen und Erschließen aller Dokumente eines bestimmten Wissensbereichs. Als Dokumente werden Bücher, auch unselbständige Schriften und Texte

(Aufsätze) aus Zeitschriften oder Sammelwerken bezeichnet. Hinzu kommen alle für die Forschung bedeutsamen Veröffentlichungen, auch wenn sie im Buchhandel nicht erhältlich sind, wie z. B. Forschungsberichte, Gutachten, Statistiken und dergleichen. In den Informationsspeichern werden auch Tonbänder, Filmaufzeichnungen und sonstiges audio-visuelles Material erfaßt. Die Dokumentationsstellen sind sehr darauf bedacht, die neu erschienene Literatur zu den entsprechenden Wissensgebieten so schnell wie möglich in die Verzeichnisse aufzunehmen.

Aufgabe der Informations- und Dokumentationsstellen ist es, zu sammeln, zu klassifizieren, auszuwerten und zur Verfügung zu stellen von Informationen zu speziellen Sachbereichen. Sie bedienen sich dabei modernster Speichertechniken, in zunehmendem Maße auch der Elektronik. Sie helfen also bei der Suche nach der neuesten Fachinformation. Für Studenten sind diese Quellen vor allem bei größeren Studienarbeiten, Diplomarbeiten oder Dissertationen oft unentbehrlich.

7.5.2 System

Die herkömmlichen Informationsquellen, wie Buchhandel, Verlage, Bibliotheken, Archive und andere, können eine alleinige aktuelle Information auf allen Spezialgebieten nicht mehr gewährleisten. Die Bundesregierung hat deshalb im Jahre 1974 ein Modell vorgestellt, das dieser Aufgabe besser gewachsen ist, weil sich danach

— Mittel und Kräfte auf fachliche Informationseinheiten konzentrieren,

— bei der Speicherung und Weitergabe von Informationen moderne Methoden und Techniken einsetzen und

— internationale Informationssysteme einbeziehen lassen.

Aus den unterschiedlichsten Konzeptionen entstanden schließlich 16 Fachinformationssysteme (FIS) und 4 Fachinformationszentren (FIZ). Alle FIS und FIZ sind je für unterschiedliche wissenschaftliche Fachgebiete — meistens auch für mehrere — zuständig. Für diese sammeln und registrieren sie die aktuellsten Informationen der in- und ausländischen Fachliteratur aus Fachbüchern, Fachzeitschriften, Forschungsprojekten, Kongressen, Gutachten und anderen Quellen.

FIS und FIZ unterscheiden sich lediglich in der Organisation. Die FIZ sind differenzierter organisiert, da in einem FIZ mehrere FIS zusammengeschlossen sind. Die Entwicklung zielt darauf ab, weitere FIS und FIZ zu konzentrieren bzw. zusammenzuschließen.

Außer den FIS und FIZ gibt es noch 4 Informationszentren (IZ). Dabei handelt es sich um institutionelle Dokumentationsstellen für spezifische Informationen. Die bekannteste ist vielleicht das Informationszentrum für technische Regeln (DITR) beim Deutschen Institut für Normgebung in Berlin.

Drei andere Institutionen sind auch für Studenten sehr wichtige Anlaufstellen bei der Informationssuche, und zwar deshalb, weil diese Einrichtungen Hilfen für die Informationssuche selbst anbieten:

1. Gesellschaft für Information und Dokumentation mbH (GID)
   Lyoner Straße 44—48
   Postfach 710370
   6000 Frankfurt 71 Tel.: 0 69 — 6 68 73 63

   Die GID erteilt Auskünfte besonders für die Informationswissenschaften. Dazu zählen auch Kommunikationswissenschaften, Linguistik, Publizistik.

2. Arbeitsgemeinschaft der Fachinformationszentren (AG-FIZ)
   Herriotstraße 5
   6000 Frankfurt 71 Tel.: 0 69 — 6 68 73 19

   Die AG-FIZ erteilt Auskunft, welches FIS im konkreten Fall für die gesuchte Information zuständig ist.

3. Arbeitsgemeinschaft IuD-Literaturversorgung (AG-IDL)
   Technische Informationsbibliothek Hannover
   Welfengarten 18
   3000 Hannover 1 Tel.: 05 11 — 7 62 22 68

   Die AG-IDL ist ein Zusammenschluß von Fachbibliotheken mit überregionalen Aufgaben. Sie ist zuständig für alle an den bundesdeutschen Hochschulen gelehrten wissenschaftlichen Disziplinen. Die Federführung liegt bei der Technischen Informationsbibliothek Hannover, die gleichzeitig im wesentlichen die Bereiche Chemie, Physik, Mathematik, Hüttenwesen, Metallverarbeitung, Bauwesen und weitere technische Disziplinen versorgt.

   Die übrigen wissenschaftlichen Bereiche werden von folgenden Instituten betreut:

   Geisteswissenschaften:

   Bayerische Staatsbibliothek
   Ludwigstraße 16
   8000 München 34 Tel.: 0 89 — 2 19 81

Wirtschaftswissenschaften:
Zentralbibliothek der Wirtschaftswissenschaften
Düsternbrooker Weg 120—122
2300 Kiel 1 Tel.: 04 31 — 88 41

Betriebswirtschaft und Sozialwissenschaften:
Universitäts- und Stadtbibliothek Köln
Universitätsstraße 33
5000 Köln 41 Tel.: 02 21 — 4 70-22 14

Rechtswissenschaft:
Staatsbibliothek Preußischer Kulturbesitz
Potsdamer Straße 33
1000 Berlin 30 Tel.: 0 30 — 26 61

Medizin:
Zentralbibliothek der Medizin
Josef-Stelzmann-Straße 9
5000 Köln 41 Tel.: 02 21 — 4 78-56 00

Biologie:
Senckenbergische Bibliothek
Bockenheimer Landstraße 134—138
6000 Frankfurt Tel.: 0 69 — 7 99-33 69

Ernährung, Land- und Forstwirtschaft:
Zentralbibliothek der Landesbauwissenschaft
Meckenheimer Allee 172
5300 Bonn Tel.: 02 28 — 73 28 96

Spezielle Umweltliteratur:
Bibliothek des Umweltbundesamtes
Bismarckplatz 1
1000 Berlin 33 Tel.: 0 30 — 8 90 31

Rohstoffgewinnung und Geowissenschaften:
Niedersächsische Staats- und Universitätsbibliothek Göttingen
Prinzenstraße 1
3400 Göttingen Tel.: 05 51 — 39 52 21

Patentschriften:
Bibliothek des deutschen Patentamtes
Zweibrückenstraße 12
8000 München 2 Tel.: 0 89 — 21 95 und 26 06

Den gegenwärtigen Stand der Informations- und Dokumentationsstellen zeigt die Abbildung 56 nochmals in der Übersicht.

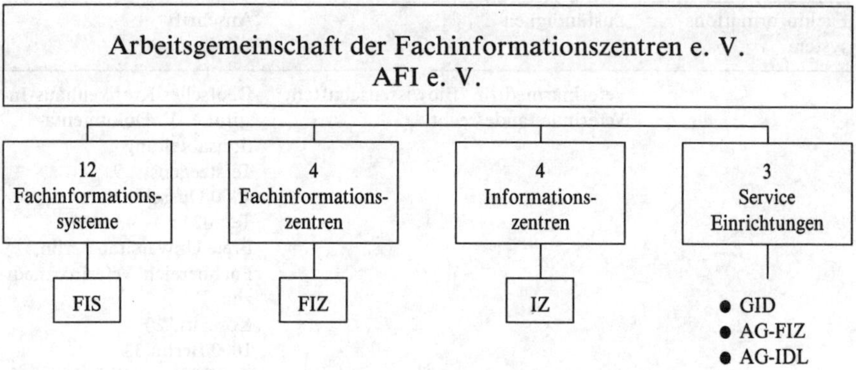

Abb. 56: Informations- und Dokumentationsstellen

In der folgenden Übersicht stellen wir die gegenwärtigen Informations- und Dokumentationsstellen mit ihren Bezeichnungen, wichtigsten Zuständigkeiten und Anschriften zusammen. Wir weisen in diesem Zusammenhang besonders auf das „Verzeichnis Deutscher Informations- und Dokumentationsstellen" hin, das von der Gesellschaft für Information und Dokumentation mbH (GID) herausgegeben wird und bei K. G. Saur, München erscheint. Dieses nahezu 600 Seiten umfassende Werk enthält sehr detaillierte Angaben über alle derzeitigen Informationssysteme, einschließlich eines Personenregisters, Ortsregisters, Sachregisters, Registers der Informationsdienste, Institutionenregisters und eines notwendigen einschlägigen Abkürzungsverzeichnisses.

Fachinformationssystem	Zuständigkeit	Anschrift
FIS 1: Gesundheitswesen, Medizin, Biologie, Sport	Gesamte Medizin, einschließlich Veterinärmedizin, Gesundheitswesen, Pharmakologie, Biologie, Biochemie, Verhaltensforschung, Biophysik, Umwelthygiene, Gerichtsmedizin, Psychologie, Soziologie, Erziehungswissenschaft, Gebiete der Gesellschafts- und Geisteswissenschaften mit besonderer Betonung der Sozialwissenschaften und Sozialmedizin; Naturwissenschaften, Technik und angewandte Wissenschaften	Deutsches Institut für medizinische Dokumentation und Information (DIMDI) Weißhausstraße 27 5000 Köln 47 Tel: 0221 — 4724-1 Die Universitätsbibliotheken in Bayreuth, Erlangen und Regensburg verfügen ebenfalls über DIMDI-Anschlüsse

Fachinformations-system	Zuständigkeit	Anschrift
	Veterinärmedizin, Biowissenschaften, Veterinärstandesrecht	Deutsches Krankenhaus-Institut e. V. Dokumentationsabteilung Tersteegenstr. 9 4000 Düsseldorf Tel: 0211 — 434422 Freie Universität Berlin, Fachbereich Veterinärmedizin Koserstr. 20 1000 Berlin 33 Tel: 030 — 838-3227
	Zoologie, Botanik, Mikrobiologie, Ökologie	Informationszentrum für Biologie, Forschungsinstitut Senckenberg Senckenberganlage 25 6000 Frankfurt 1 Tel.: 0 69 — 75 42-3 53
	Sozialmedizin, öffentlicher Gesundheitsdienst, Arbeitsmedizin, medizinische Rehabilitation, Sucht, Prävention	Institut für Dokumentation und Information über Sozialmedizin und öffentliches Gesundheitswesen (Idis) Westerfeldstr. 15—17 4800 Bielefeld 1 Tel: 05 21 — 8 60 33-35
	Krebsforschung, Krebsbehandlung	Institut für Dokumentation, Information und Statistik Abteilung Literaturdokumentation am Deutschen Krebsforschungszentrum Im Neuenheimer Feld 280 6900 Heidelberg Tel: 0 62 21 — 48-43 80, -43 91
	Krankenhausbau, Krankenhausplanung, Krankenhausversorgung, Gesundheitswesen	Technische Universität Berlin Institut für Krankenhausbau Dokumentation Krankenhauswesen Straße des 17. Juni 150 1000 Berlin 12 Tel: 030 — 314-3905, -4307

Fachinformations-system	Zuständigkeit	Anschrift
		Tierärztliche Hochschule Hannover Abteilung Dokumentation im Institut für Statistik und Biometrie Bischofsholer Damm 15 3000 Hannover 1 Tel.: 05 11 — 81 13-5 39
	Psychologie, Verhaltenswissenschaft, psychische Störungen, Psychotherapie	Zentralstelle für Psychologische Information und Dokumentation an der Universität Trier Schneidershof 5500 Trier Tel.: 06 51 — 7 16-2 21
	Literaturinformationen, sportmedizinische Datenbank. Das Bundesinstitut für Sportwissenschaft zieht schriftliche Anfragen vor. Bisher gibt es keine Gebühren.	Bundesinstitut für Sportwissenschaft Fachbereich Dokumentation und Information Hertzstr. 1 5000 Köln 40 Tel.: 0 22 34 — 7 60 11
FIS 2: Ernährung, Land- und Forstwirtschaft	Ländliche Soziologie, Entwicklung ländlicher Räume, Agrarökonomie	Zentralstelle für Agrardokumentation und -information (ZADI) Villichgasse 17 5300 Bonn-Bad Godesberg Tel.: 0228 — 357097 und 98
	Pflanzenkrankheiten, Pflanzenschutz, Phytomedizin, Vorratsschutz	Biologische Bundesanstalt für Land- und Forstwirtschaft Dokumentationsschwerpunkt Pflanzenkrankheiten, Pflanzenschutz Königin-Luise-Str. 19 1000 Berlin 33 Tel.: 0 30 — 83 04-2 15
	Ernährungswissenschaft, Lebensmitteltechnologie	Bundesforschungsanstalt für Ernährung Informationszentrum Engesserstr. 20 7500 Karlsruhe 1 Tel.: 07 21 — 6 01 14 und 15

Fachinformationssystem	Zuständigkeit	Anschrift
	Fischerei, Aquakultur, aquatische Biologie, Meeresforschung	Bundesforschungsanstalt für Fischerei Informations- und Dokumentationsstelle Palmallee 9 2000 Hamburg 50 Tel.: 0 40 — 38 16 01
	Bäckerei, Getreidechemie, Müllerei, Stärkechemie/Stärketechnologie	Bundesforschungsanstalt für Getreide- und Kartoffelverarbeitung Information/Dokumentation Schützenberg 9 4930 Detmold Tel.: 0 52 31 — 2 34 51
	Milchwissenschaft, Milchwirtschaft, Ernährungsforschung, Lebensmittelwirtschaft	Daten- und Informationszentrum der Bundesanstalt für Milchforschung Hermann-Weigmann-Str. 1/27, 2300 Kiel 1 Tel.: 04 31 — 6 09-3 23
	Weinbau, Rebenzüchtung, Önologie	Dokumentation der Weinbauforschung Bundesforschungsanstalt für Rebenzüchtung Geilweilerhof 6741 Siebeldingen Tel.: 0 63 45 — 4 45, 4 46
	Pflanzenernährung, Bodenkunde, Bodenerhaltung	Dokumentationsstelle Bodenkunde Bodenerhaltung und Pflanzenernährung in der Bundesforschungsanstalt für Landwirtschaft Bundesallee 50 3300 Braunschweig Tel: 05 31 — 59 66 16—7
	Landtechnik, landwirtschaftliches Bauwesen	Fachdokumentationsstelle für Landtechnik in der Bundesforschungsanstalt für Landwirtschaft Bundesallee 50 3300 Braunschweig Tel.: 05 31 — 59 62 36

Fachinformations-system	Zuständigkeit	Anschrift
FIS 3: Chemie	Gesamtgebiet der Chemie, Chemiewirtschaft, Biochemie, Pharmazie, Makromolekulare Chemie, Lebensmittel-, Agrikultur-, Analytische Chemie, Theoretische und Physikalische Chemie, Technische Chemie und Verfahrenstechnik, Chemiewirtschaft, Chemiegeschichte und -didaktik, Datenbanken mit Strukturformeln sowie chemische Datenverarbeitungsprogramme. (Chemie ist besonders forschungsintensiv. Der jährliche Neuzugang beim FIS Chemie liegt bei rund 600 000 Dokumentationseinheiten.)	Fachinformationszentrum Chemie GmbH Steinplatz 2 1000 Berlin 12 Tel.: 0 30 — 31 05 81
FIZ 4: Energie, Physik, Mathematik	Fragen der Energie, Kernforschung, Kerntechnik, Luft- und Raumfahrt, Weltraumforschung, Physik, Astronomie, Astrophysik, Mathematik, Informatik. Auch Faktenrecherchen sind möglich, die aber sehr teuer sind.	Fachinformationszentrum Energie, Physik, Mathematik GmbH Karlsruhe 7514 Eggenstein-Leopoldshafen 2 Tel.: 0 72 47 — 82-46 00, -46 01
FIZ 5: Werkstoffe	Metallische Werkstoffe mit den Grundlagen ihrer Eigenschaften, der Gewinnung, Herstellung, Verarbeitung, Behandlung und Verwendung einschließlich der Roh- und Hilfsstoffe; Stahl, Eisen, NE-Metalle, Fertigungsverfahren, Rheologie und Tribologie, Prüfung und Messen	Fachinformationszentrum Werkstoffe bei der Bundesanstalt für Materialprüfung Unter den Eichen 87 1000 Berlin 45 Tel: 030 — 8104-0050, -0051, -0059
FIZ 6: Rohstoffgewinnung und Geowissenschaften	Rohstoffgewinnung, Lagerstättenkunde, Bergbau, Torftechnik, Ingenieurgeologie, Hydrogeologie, Hydrologie, Klimatologie, Meteorologie, Geophysik, Geodäsie, Geologie, Geochemie, Mineralogie, Paläontologie, Marine Rohstoffgewinnung, Offshore-Konstruktionen, Tauchtechnik, Meerwasserentsalzung, Meeresforschungstechnik	GEOFIZ-Informationszentrum Am Klagesmarkt 14—17 3000 Hannover 1 Tel.: 05 11 — 1 06-73 68
FIS 7: Verkehr	Verkehrspolitik, -wirtschaft, -planung, -recht, Straßen- und Schienenverkehr, Schiffahrt, Luftverkehr, Personen- und Güterverkehr, Unfallforschung, Touristik, Verkehrswegebau, Betriebsfragen	(Über 130 einzelne Stellen: Firmen, Industrie- und Handelskammern, Bibliotheken) Kontaktadresse: Zentrale Informationsstelle für Verkehr (ZIV) in der

Fachinformations-system	Zuständigkeit	Anschrift
		Deutschen Verkehrswissenschaftlichen Gesellschaft Apostelnstr. 9 5000 Köln 1 Tel.: 02 21 — 24 11 93
FIS 8: Raumordnung, Bauwesen, Städtebau	Bauwesen, Baupolitik, -wirtschaft, -betriebswirtschaft, -forschung, -normung, -recht, -physik, -chemie, -biologie, -betrieb, -erhaltung, Architektur, Garten- und Landschaftsbau, Versorgung, Ingenieurgeologie, Ingenieurhoch- und Tiefbau, Brücken-, Wasser-, Straßen- und Bahnbau, Vermessung; politische, rechtliche soziale, kulturelle und wirtschaftliche Fragen zu den Bereichen Raumordnung, Städtebau und Wohnungswesen	Informationszentrum Raum und Bau der Fraunhofer-Gesellschaft (IRB) Nobelstraße 12 7000 Stuttgart 80 Tel.: 07 11 — 68 68 — 5 00 Telex 7255167
FIS 9: Verbrauchsgüter	Technische, wirtschaftliche und naturwissenschaftliche Fragen der Herstellung, Veredelung und Bearbeitung, Umweltaspekte, Analyse, Prüfung und Kontrolle; Holz, Papier, Druck, Textil, Bekleidung, Verbraucherinformation	titus-Textilinform Zentralstelle für Textildokumentation und -information (ZTDI) Schloß Cromford Cromforder Allee 22 4030 Ratingen Tel.: 0 21 02 — 2 70 51
		Zwei weitere Adressen: Deutsche Forschungsgesellschaft für Druck- und Reproduktionstechnik Streitfeldstr. 19 8000 München Tel.: 0 89 — 43 40 06
		Papiertechnische Stiftung Heßstr. 130a 8000 München Tel.: 0 89 — 19 54 04
FIS 10: Wirtschaft	Wirtschaftsinformationen aller Art	Hamburger Welt-Wirtschaftsarchiv Informationszentrum Neuer Jungfernstieg 21 2000 Hamburg 36 Tel.: 0 40 — 35 62-1

Fachinformations-system	Zuständigkeit	Anschrift
	Wirtschafts- und Sozialwissenschaften mit angrenzenden Gebieten	Institut für Weltwirtschaft an der Universität Kiel Bibliothek und Wirtschaftsarchiv Düsternbrooker Weg 120—122, 2300 Kiel 1 Tel: 04 31 — 88 43 83
	Betriebswirtschaft, Unternehmungsführung, Bürowirtschaft, Rationalisierung, Materialwirtschaft, Absatzwirtschaft, Fertigungswirtschaft, Finanz- und Rechnungswesen, Personalwesen	RKW-Rationalisierungskuratorium der deutschen Wirtschaft e.V. Abt. Betriebswirtschaft Düsseldorfer Straße 40 6236 Eschborn Tel.: 0 61 96 — 49 52 51
	Kreditwirtschaft, Volkswirtschaft, Betriebswirtschaft, Bankbetriebslehre, Recht	Dokumentationsring für Kreditwirtschaft Palmengartenstraße 5—9 6000 Frankfurt/Main Tel.: 06 11 — 74 31 25 41, 74 31 25 52
	Individualversicherung, Sozialversicherung einschließlich der Randgebiete	Gesamtverband der Deutschen Versicherungswirtschaft e.V. Archiv und Bibliothek Ebertplatz 1 5000 Köln 1 Tel.: 02 21 — 77 64—1 29
	Betriebswirtschaft	Dokumentation — Landesgewerbeamt Baden-Württemberg Kanzleistr. 18 7000 Stuttgart 1 Tel.: 07 11 — 2 02 07 37/ 7 38/7 39/5 41
	Alle außenwirtschaftlich orientierten Informationen, Tatbestände und Vorgänge	Bundesstelle für Außenhandelsinformation Blaubach 13 5000 Köln 1 Tel.: 02 21 — 20 57—2 45
	Statistik des In- und Auslands sowie internationaler Institutionen, Wirtschafts- und Sozialwissenschaften mit	Statistisches Bundesamt Bibliothek — Dokumentation — Archiv

Fachinformations-system	Zuständigkeit	Anschrift
	Nebengebieten, Bevölkerungswissenschaften (Demographie und Umweltschutz)	Gustav-Stresemann-Ring 1 6200 Wiesbaden 1 Tel.: 0 61 21 — 75 23 37
FIS 11: Recht	JURIS unterhält vier Datenbanken zur Rechtsprechung, rechtswissenschaftlichen Literatur, Verwaltungsvorschriften und Normen; Sozialrecht, Steuerrecht, Schadensersatzrecht. (Ausweichmöglichkeiten an die anderen FIS)	Juristisches Informationssystem (JURIS) Bundesministerium der Justiz Heinemannstr. 6 5300 Bonn 2 Tel.: 02 28 — 58 47 15, 58 47 18, 58 48 27
FIS 12: Bildung	Gesamter Bildungsbereich: Erziehungswissenschaft, Bildungsforschung, Bildungspolitik, Bildungsberatung, Kindergarten, Schule, Hochschule, Berufsbildung, Weiterbildung, Sozialpädagogik, Erziehungsberatung, Didaktik, Medien für Erziehung und Unterricht	Dokumentationsring Pädagogik (DOPAED) Leitstelle: Deutsches Jugendinstitut Postfach 40 04 25 Saarstraße 7 8000 München 40 Tel.: 0 89 — 38 18 31, 3 81 83—2 42
	Berufsbildungsforschung, Ausbildungsordnungsforschung, berufliche Aus- und Weiterbildung, Bildungsmedienforschung	Bundesinstitut für Berufsbildung BIBB — wissenschaftliche Dokumentation — Fehrbelliner Platz 3 1000 Berlin 31 Tel.: 0 30 — 86 83—3 31
	Kinderforschung, Jugendforschung, Familienpolitik, Sozialpädagogik	Deutsches Jugendinstitut Saarstr. 7 8000 München 40 Tel.: 0 89 — 38 18 31, 3 81 83 – 2 42
	Pädagogik	Pädagogisches Zentrum Berlin — Dokumentation — Uhlandstr. 97 1000 Berlin 31 Tel.: 0 30 — 8 67 81
		UNESCO-Institut für Pädagogik (UN) Feldbrunnenstr. 58 2000 Hamburg 13 Tel.: 0 40 — 44 78 43

Fachinformations-system	Zuständigkeit	Anschrift
FIS 13: Sozialwissenschaften	Soziologie, Sozialpsychologie, Publizistik, Kommunikationswissenschaft, Politische Wissenschaft, Politik, Arbeitsmarkt, Beruf, Sozialpolitik, Arbeitswissenschaft, Arbeitsschutz, Arbeitsmedizin; Randgebiete der Soziologie; Forschungs- und Entwicklungsarbeiten der Sozialwissenschaften; Institutionen mit sozialwissenschaftlichen Daten	Informationszentrum Sozialwissenschaften bei der Arbeitsgemeinschaft Sozialwissenschaftlicher Institute e.V. Lennéstr. 30 5300 Bonn 1 Tel.: 02 28 — 22 81—0
		Weitere Anschriften: Bundesanstalt für Arbeitsschutz und Unfallforschung Informationszentrum Arbeitswissenschaft und Arbeitsschutz Vogelpothsweg 50—52 4600 Dortmund 17 Tel.: 02 31 — 17 63 52 50
		Freie Universität Berlin Institut für Publizistik und Kommunikationswissenschaft — Dokumentation — Hagenstr. 56 1000 Berlin 33 Tel.: 0 30 — 8 26 30 06, App. 34
		Freie Universität Berlin Leitstelle Politische Dokumentation Paulinenstraße 22 1000 Berlin 45 Tel.: 0 30 — 8 33 70 27
	Arbeitsmarkt- und Berufsforschung	Institut für Arbeitsmarkt- und Berufsforschung der Bundesanstalt für Arbeit Arbeitsbereich Dokumentation und Information Regensburger Straße 104 8500 Nürnberg 30 Tel.: 09 11 — 17 30 16

Fachinformations-system	Zuständigkeit	Anschrift
FIS 14: Geisteswissenschaften	Archäologie, Museumskunde, Kunstwissenschaften, Geschichte (einschl. der historischen Hilfswissenschaften), Musik, Theater, Film, Funk, Fernsehen, Bildende Künste, Philosophie, Wissenschaftstheorie, Wissenschaftswissenschaft, Sprach- und Literaturwissenschaften, Theologie, Religionswissenschaft, Volks- und landeskundliche Wissenschaften	Universität des Saarlandes — Informationsstelle zum Fachinformationsbereich Geisteswissenschaften — Im Stadtwald 11 6600 Saarbrücken Tel.: 06 81 — 3 02—35 37
		Weitere Anschriften: Bayerische Staatsbibliothek Postfach 150 8000 München 34 Tel.: 0 89 — 21 98/ 2 82—2 80
		Philosophie-Dokumentation Philosophisches Institut der Universität Düsseldorf Universitätsstr. 1 4000 Düsseldorf 1 Tel.: 02 11 — 3 11—29 13
		Historische Forschungsdokumentation Arbeitsgemeinschaft außeruniversitärer historischer Forschungseinrichtungen in der Bundesrepublik Deutschland Marstallplatz 8 8000 München 22
		Romanistik – Bibliographie Dokumentationsstelle für romanische Philologie Nikolausberger Weg 23 3400 Göttingen
		Bibliographie Linguistischer Literatur Stadt- und Universitätsbibliothek Bockenheimer Landstr. 134 6000 Frankfurt 1 Tel.: 06 11 — 7 90 71

Fachinformations-system	Zuständigkeit	Anschrift
		Informationssystem Museumsobjekte Staatliche Museen preußischer Kulturbesitz Institut für Museumskunde In der Halde 1 1000 Berlin 33 Tel.: 0 30 — 8 32 70 36
		Dokumentations-Leitstelle moderner Orient Neuer Jungfernstieg 21 2000 Hamburg 36 Tel.: 0 40 — 3 56 25 70
		THEODOK Theologische Dokumentation Universitätsbibliothek Wilhelmstr. 32 7400 Tübingen 1 Tel.: 0 70 71 — 29 25 77
FIS 15: Staatskunde, Zwischenstaatliche und Internationale Beziehungen	Außenpolitik, Zusammenarbeit, Internationale Konflikte, Sicherheits- und Verteidigungspolitik, Internationale Organisationen, Internationales Wirtschaftssystem	Stiftung Wissenschaft und Politik Haus Eggenberg 8026 Ebenhausen Tel.: 0 81 78 — 40 26
	Länderkunde (Afrika, Asien, Vorderer Orient, Lateinamerika, Nordamerika, Osteuropa, Westeuropa); Internationale Beziehungen und Länderkunde	Deutsches Überseeinstitut Neuer Jungfernstieg 21 2000 Hamburg 36 Tel.: 0 40 — 35 62—5 93 oder 5 95
	Informationen zur Entwicklungspolitik (Forschung, Planung, Technologietransfer, Zusammenarbeit); Datenbank entwicklungspolitischer Literatur	Deutsche Stiftung für internationale Entwicklung Zentrale Dokumentation Hans-Böckler-Str. 5 5300 Bonn 3 Tel. 02 28 — 40 01—0
FIZ 16: Technik	Elektrotechnik, Feinwerktechnik, Maschinenbau, Fertigungsverfahren, Chemische Technik, Kunststoffe, Kautschuk, Fasern	Fachinformationszentrum Technik e.V. Ostbahnhofstr. 13 6000 Frankfurt 1 Tel.: 06 11 — 43 08-2 13

Fachinformations-system	Zuständigkeit	Anschrift
		Telefon bei Informationsanforderung zu Elektrotechnik -2 55 Medizinische Technik -2 50 Maschinenbau -2 27 Fertigungsverfahren -4 68
IZ 17: Patente	Patentinformationen auf dem gesamten Gebiet der Technik; zum Stand der Technik auf speziellen technischen Gebieten: Metallische Werkstoffe, Waschmittel, Glastechnologie, Laser und Maser, isolierte Kabel und Leitungen, Farbfernsehen, Rückschlagventile, Schichtstoffe, Steroide	Deutsches Patentamt Abteilung Information Zweibrückenstr. 12 8000 München 2 Tel.: 0 89 — 21 95-39 12
IZ 18: Forschung	Forschungsvorhaben und Statistische Querschnittsanalysen, Förderungsinstitutionen, Förderungsprogramme und Projektbeschreibungen	Hochschul-Informations-System GmbH (HIS) Goseriede 9 3000 Hannover Tel.: 05 11 — 19 20-1
IZ 19: Umwelt	Umweltinformationen sind bei mehreren FIS im Rahmen ihrer entsprechenden Gebiete dokumentiert. Das UMPLIS informiert insbesondere über Wasser, Abfall, Luft, Lärm, Erschütterungen, Abwärme, Strahlenschutz, Energie und Rohstoffe, Naturschutz und Landschaftspflege, Umweltchemikalien, Wirkungen und Belastungen durch Schadstoffe, Gesundheit und Arbeitsschutz, Ökologie, räumliche Entwicklung, Aus- und Fortbildung, Umweltpolitik und -planung, Umweltrecht.	Umweltbundesamt, Informations- und Dokumentationssystem Umwelt (UMPLIS) Bismarckplatz 1 1000 Berlin 33 Tel.: 0 30 — 89 03-1, 89 03-2 91
IZ 20: Technische Regeln	Technische Regeln und Normen, Richtlinien, Gesetze, Merkblätter, Arbeitsblätter, Verwaltungsvorschriften	Deutsches Informationszentrum für technische Regeln (DITR) im DIN Deutsches Institut für Normung e.V. Burggrafenstr. 4—10 1000 Berlin 30 Tel.: 0 30 — 26 01-600

7.5.3 Benutzung der Informationszentren

Aus der vorstehenden Übersicht können wir entnehmen, daß alle an den bundesdeutschen Hochschulen gelehrten Disziplinen in entsprechenden IuD-Stellen erfaßt sind. Die Zugriffsberechtigung und -methode ist einheitlich geregelt. Bei den Einrichtungen arbeiten ausgebildete Dokumentare und Fachwissenschaftler, die mit Rat und Tat zur Seite stehen. Computer und Datenbanken erleichtern den Rückgriff auf die Information.

Die Benutzung der Dokumentationszentren soll künftig auf folgende Art und Weise geregelt werden:

Der Zugang wird ermöglicht über
- das jeweilige FIS oder FIZ unmittelbar,
- Bibliotheken,
- Forschungseinrichtungen und öffentliche Verwaltungen,
- besondere Informationsvermittlungs- und Beratungsstellen sowie
- besondere Datenbanken der Fachinformationssysteme.

Auf diesen Wegen kommen die Informationssuchenden an die aktuellsten in- und ausländischen Veröffentlichungen aller wissenschaftlichen Fachgebiete. Dabei ist von besonderem Vorteil, daß in den Fachinformationssystemen durch die Fachzeitschriften, Berichte über Forschungsprojekte, Gutachten, Protokolle von Kongressen etc. immer der neueste Stand gesichert ist — was durch Fachbücher nicht gewährleistet werden kann.

Für Studenten gibt es derzeit grundsätzlich drei Möglichkeiten des Zugangs zur Fachinformation:

1. Der Student kann sich unmittelbar an die IuD-Einrichtung wenden. Bei vielen Einrichtungen ist aber dieser Weg nicht erwünscht, weil das notwendige Personal für die sofortige Bearbeitung der Informationssuche nicht zur Verfügung steht.
2. Der Student kann sich an Informationsvermittlungs- und Beratungsstellen wenden, die bei Behörden sowie Industrie- und Handelskammern eingerichtet sind. Dabei ist aber zu berücksichtigen, daß manche dieser Organisationen ihre gespeicherten Informationen nicht allgemein zugänglich halten und Daten nur an Angehörige der Institutionen selbst, an Mitglieder oder sonstige besonders berechtigte Personen weitergeben.
3. Der Student kann die gewünschte Information auch über die eigene oder nächstgelegene Hochschulbibliothek abrufen. Dieser Weg ist immer vorzuziehen. Er hat den Vorteil, daß der Informationssuchende in aller Regel von Anfang an durch das Fachpersonal der Bibliothek unterstützt

und beraten wird. Dabei können die Kriterien für die Auswahl der Literatur eingeengt oder ausgeweitet werden. Das ist deshalb von besonderer Bedeutung, weil bei wenig konzentrierter Auswahl der „Suchwörter" die IuD-Einrichtung ggf. mehrere hundert Literaturstellen nachweist. Eine solche Menge hilft dem Studenten im allgemeinen nicht weiter, weil diese Fülle an Material einfach nicht zu bewältigen ist und die Arbeit eher beeinträchtigt. Die für die Recherchen notwendigen Schlagwörter müssen deshalb sehr konkret bezeichnet werden und ihre Anzahl sollte sich in engen Grenzen halten.

Die Kosten für die Informationsdienste sind nicht einheitlich geregelt. Die einzelnen Bundesländer entscheiden selbst, ob und gegebenenfalls in welcher Höhe Gebühren erhoben werden. Manche IuD-Stellen vermitteln den Literaturnachweis auch kostenlos. Gewünschte Ablichtungen aus der Literatur werden jedoch immer in Rechnung gestellt. Bei umfangreicheren Auszügen ist es zweckmäßig, einen Kostenvoranschlag anzufordern, zumal die entstehenden Gebühren bei einigen hundert DM liegen können. Ein Studiennachweis ist meistens von Vorteil, da viele IuD-Stellen eine Studentenermäßigung gewähren.

Fassen wir zusammen:

- Zur leihweisen Beschaffung der für das Studium notwendigen Literatur stehen zur Verfügung:
  — Bibliotheken,
  — Archive,
  — Bildstellen,
  — Informations- und Dokumentationsstellen.
- Der im Jahre 1973 in der Bundesrepublik Deutschland erstellte Bibliotheksplan sieht für die Bibliotheken 4 Funktionsstufen vor.
- Wissenschaftliche Bibliotheken können Universal- oder Spezialbibliotheken sein.
- Ausleihbibliotheken können als Freihandbibliotheken oder als geschlossene Bibliotheken organisiert sein.
- Die Literatur einer Bibliothek besteht aus:
  — Primärdokumenten,
  — Sekundärdokumenten,
  — Periodika,
  — bildlichen Darstellungen,
  — Handschriften,

— Mikroformen,
— audiovisuellem Material und
— sonstigen Sammlungen.

- Die wichtigsten Katalogarten einer Bibliothek sind:

— Titelkatalog,
— alphabetischer Katalog,
— Sachkatalog,
— Zeitschriftenkatalog.

- Das international anerkannte Ordnungssystem für alle Wissensgebiete der Menschheit ist die Dezimalklassifikation des amerikanischen Bibliothekars Melville Dewey.
- In der Bundesrepublik Deutschland werden alle wissenschaftichen Fachgebiete in zusammen rund 20 Fachinformationssystemen und -zentren dokumentiert.
- Die Literatursuche bei den Informationszentren gewährleistet den aktuellen Stand der Wissenschaft.
- Studenten sollten Recherchen bei den Informationszentren über ihre Hochschulbibliothek veranlassen.

Prüfen Sie Ihren Lernerfolg!

1. Wodurch unterscheiden sich die Bestände in
   - Bibliotheken,
   - Archiven,
   - Bildstellen und
   - Informations- und Dokumentationszentren?
2. Welche Funktionen ordnet der Bibliotheksplan den vier Stufen der Bibliotheken zu?
3. Nennen Sie die Unterschiede zwischen wissenschaftlichen Universal- und wissenschaftlichen Spezialbibliotheken!
4. Erklären Sie die Begriffe
   - Freihandbibliothek und
   - geschlossene Bibliothek!
5. Welche Dienstleistungen bieten wissenschaftliche Bibliotheken im allgemeinen an?
6. Was verstehen Sie unter
   - Primärdokumenten,
   - Sekundärdokumenten,

- Periodika und
- audiovisuellem Material?

7. Erläutern Sie die einzelnen Katalogarten der Bibliotheken! Welche Sonderkataloge kennen Sie?
8. Erklären Sie die „Allgemeine Systematik für Büchereien“ und die internationale Dezimalklassifikation!
9. Welche Funktion kommt den Informations- und Dokumentationszentren zu? Wie sind sie organisiert?
10. Wie können Sie als Student diese Informationsstellen nutzen? Welche Methode ist vorzuziehen?

8 Prüfung und Prüfungsangst

Lernziele:

Sie sollen

— *den Begriff „Prüfung“ definieren,*
— *die Funktionen einer Prüfung erläutern,*
— *die Notwendigkeit von Prüfungen einsehen und ihre pädagogische und gesellschaftliche Relevanz begründen,*
— *Bewertungsverfahren von Lernleistungen problematisieren,*
— *erkennen, daß eine konzentrierte Prüfungsvorbereitung mit dem ersten Tag des Studiums beginnt,*
— *Prüfungsangst*
  - *in ihrem Wesen erklären,*
  - *Symptome beschreiben,*
  - *Auswirkungen nennen,*
— *Möglichkeiten des Abbaus von Prüfungsangst kennen und*
— *die eigene Prüfungsangst gezielt auf ein Minimum reduzieren können!*

8.1 Notwendigkeit von Prüfungen

8.1.1 Historische Beispiele

Aus der Kulturgeschichte Chinas wissen wir, daß unter den Dynastien Hias und Schangs im 3. und 2. Jahrtausend v. Chr. bereits öffentliche Prüfungen stattfanden, bei denen die Anwärter für den Staatsdienst „ausgelesen“ wurden. Durch die Öffentlichkeit der Selektion sollten persönliche Beziehungen und Vetternwirtschaft (Nepotismus) bei der Vergabe öffentlicher Ämter ausgeschaltet und statt dessen nur die Geeignetsten und Fähigsten bei der Stellenbesetzung berücksichtigt werden.

Ähnliche Verfahren finden wir bei allen Kulturvölkern. Wer z. B. ein bestimmtes Amt erreichen wollte, ob Krieger oder Priester, ob Bediensteter in der Verwaltung oder Lehrer, wer zu einer bestimmten Elite aufrükken wollte, mußte nicht nur eine entsprechende Ausbildung durchlaufen, sondern auch die notwendigen Qualifikationen in einer Prüfung nachweisen.

8.1.2 Begründungsansatz und Begriff

Die Diskussion um den Wert von Prüfungen hat in den letzten Jahren an Schärfe verloren und wieder an Sachlichkeit gewonnen. Weder fachkundige Bildungspolitiker noch verantwortungsbewußte Pädagogen bestreiten derzeit die grundsätzliche Notwendigkeit des Nachweises erforderlicher Qualifikationen, wenn Bewerber bestimmte Funktionen in unserer Gesellschaft ausüben wollen. Oder wer würde sich schon den Blinddarm von jemandem herausschneiden lassen, von dem er weiß, daß er sich nie einer ärztlichen Prüfung unterzogen hat? Wer würde sich nicht weigern, ein Flugzeug zu besteigen, wenn man ihm sagen würde, der Pilot habe den erforderlichen Qualifikationsnachweis für das Fliegen noch nicht erbracht? Auch wenn wir unseren Steuerbescheid erhalten, vertrauen wir darauf, daß die bearbeitenden Beamten eine angemessene Ausbildung absolviert und ihre Befähigung, die Steuer richtig zu berechnen, entsprechend nachgewiesen haben. Die Beispiele ließen sich beliebig fortsetzen.

Wenn wir im Hochschulbereich Bildung und Ausbildung ziel- und zweckfrei betreiben könnten, erschienen Prüfungen geradezu sinnlos. Wenn aber der Lernprozeß an diesen Bildungsstätten der Vorbereitung für ein Berufsfeld dient, das in Abhängigkeit zu unserer Gesellschaft steht und sehr komplexe Bezüge zu ihr hat — und welches Studium wäre nicht darauf angelegt? — dann kann Erfolg oder Mißerfolg dieser Ausbildung der Gesellschaft nicht gleichgültig sein, dann müssen die erforderlichen Qualifikationen nachgewiesen werden, bevor die entsprechende gesellschaftliche Berechtigung und ein spezifischer Status zuerkannt werden.

Die Prüfung im Hochschulbereich soll den Nachweis erbringen, daß während des Studiums Fähigkeiten, Fertigkeiten, Kenntnisse und Einstellungen erworben worden sind, die eine einschlägige ordnungsgemäße Berufstätigkeit prognostizieren lassen. Das Prüfungszeugnis dokumentiert Umfang und Intensität der Leistungskombination.

8.2 Fragwürdigkeit von Prüfungen

In der Prüfung sollen nach Möglichkeit Leistungen gemessen werden. Je komplexer aber die Leistungsanforderungen sind, desto schwieriger wird ein exaktes Messen, und schließlich kann gar nicht mehr gemessen, sondern nur noch bewertet werden. Daraus resultiert zweifellos eine Unsicherheit in der Prüfung — für Prüfer und Prüfling —, die das Prüfungsverfahren fragwürdig erscheinen läßt, besonders dann, wenn z. B. Stil, Kreativität,

Phantasie, Einfühlungsvermögen, Problemlösungsfähigkeit oder gar Einstellungen und ähnliche schwer faßbare Qualifikationen geprüft werden sollen. Diese sind nicht mehr operationabel, d. h. nicht mehr bis ins einzelne beschreibbar und entziehen sich dadurch weitgehend der objektiven Messung. Darüber wurde und wird noch viel geschrieben und diskutiert. Nach dem heutigen Kenntnisstand der Pädagogik und Prüfungsdidaktik ist dieses Problem jedoch nicht lösbar. Wir müssen es hinnehmen und eine Entscheidung der Prüfer auch in diesen Bereichen als „Fachurteil" akzeptieren.

Nach langjähriger Erfahrung läßt sich feststellen, daß aus der aufgezeigten Problematik die Bewertung, wenn also nicht mehr genau gemessen werden kann, dem Prüfling eher Vorteile als Nachteile entstehen. Prüfer sind in aller Regel wohlwollend und tendieren im Zweifelsfalle dann, wenn es ein Bewertungsverfahren erlaubt, häufiger zur Milde als zur Strenge. Ein solcher Spielraum ist beim „Messen" grundsätzlich nicht möglich.

Die Zuverlässigkeit (Reliabilität) des Prüfungsverfahrens und der Prüfungsaufgaben, die Gültigkeit (Validität) und Objektivität bringen Probleme für jede Prüfung. Unzulänglichkeiten können bei der notwendigen Sensibilität der Prüfer zwar minimiert werden, lassen sich jedoch nie voll ausschalten. Bundesweite Fortbildungsangebote für Prüfer zeigen, daß man sich der Schwierigkeiten durchaus bewußt ist. Da sich diese Fortbildungsmöglichkeiten eines sehr guten Zuspruchs erfreuen, dürfen wir gewiß sein, daß alle für das Prüfungswesen Verantwortlichen um korrekte und gerechte Durchführung der Prüfungen bemüht sind.

In diesem Kapitel wollen wir uns auf *die* Bereiche der Prüfung beschränken, die wir als Studenten selbst unmittelbar beeinflussen können. Neben einer gewissenhaften inhaltlichen Vorbereitung auf die Prüfung — Mittel und Wege hierfür sind im vorliegenden Handbuch aufgezeigt — ist das vor allem auch die Bekämpfung der Prüfungsangst.

8.3 Funktionen von Prüfungen

Wenn wir die Funktionen von Prüfungen kennen und akzeptieren, haben wir schon einen zweiten Schritt zur Bekämpfung der Prüfungsangst getan — der erste Schritt begann bereits am ersten Tag unseres Studiums mit der gewissenhaften Verarbeitung aller relevanten Lerninhalte.

Die Funktionsbereiche von Prüfungen werden von verschiedenen Autoren sehr unterschiedlich dargestellt und begründet. Es gibt aber Gemeinsamkeiten, die wir in der Abbildung 57 übersichtlich darstellen.

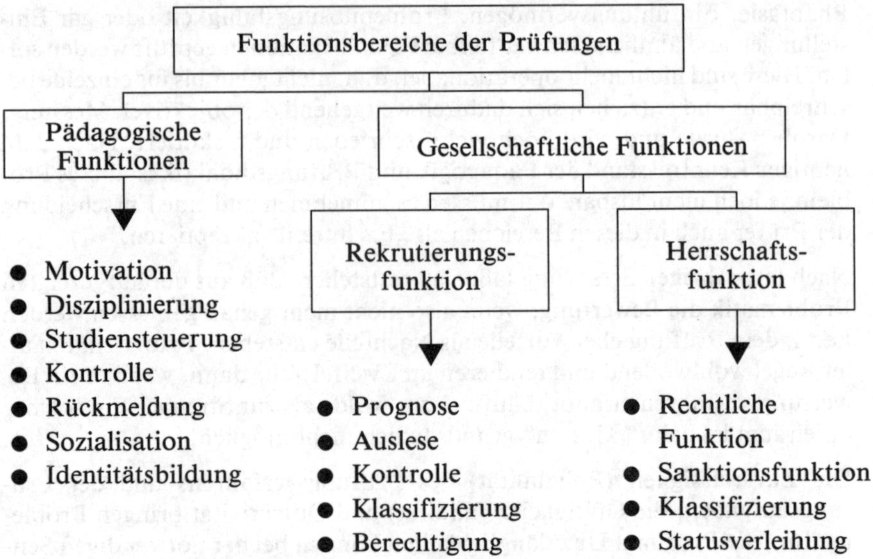

Abb. 57: Funktionsbereiche von Prüfungen

— Zu den pädagogischen Funktionsbereichen:

- Eine bevorstehende Prüfung soll dem Studenten Anreize bieten, ihn motivieren, sich mit den Studieninhalten auseinanderzusetzen.
- Das Wissen um die bevorstehende Prüfung wirkt gleichzeitig als innerer Zwang und diszipliniert das Studienverhalten.
- Jede Prüfung wird sowohl inhaltlich als auch formell durch eine Prüfungsordnung gesteuert. Daran hat sich nicht nur der Prüfer zu orientieren; sie zeigt auch dem Prüfling, was an Leistungen von ihm erwartet wird. Der Student wird sein Studium danach ausrichten und Sicherheit gewinnen.
- Prüfungen stellen Qualifikationen fest: Fähigkeiten, Fertigkeiten, Kenntnisse und in beschränktem Maße Einstellungen, die für den angestrebten Beruf erforderlich sind.
- Die Kontrolle vermittelt dem Studenten die Rückmeldung, seine Ausbildung erfolgreich durchlaufen und die Berufsfähigkeit — wohl kaum die Berufsfertigkeit — erlangt zu haben.

- Das Prüfungsverfahren ist gleichermaßen eine Kontrollstation für die „Aufnahme“ in eine ganz spezifische gesellschaftliche Gruppe. In der Prüfung wird ermittelt, ob die dafür notwendigen Leistungsnormen erfüllt werden. Sie hat somit Sozialisationsfunktion.
- Nach einer bestandenen Prüfung — wie auch immer der Schwierigkeitsgrad gewesen sein mag — wird ein Zertifikat ausgestellt, das eine Leistung bestätigt. Es ist ganz natürlich — und für das Persönlichkeitsbild jedes einzelnen notwendig —, daß der Prüfling sich nicht nur darüber freut, sondern auch Genugtuung und Stolz empfindet. Dieses Selbstverständnis ist Teil der eigenen Identität.

— Zu den gesellschaftlichen Funktionsbereichen:
Rekrutierungsfunktion:

- Eine große Verantwortung des Prüfers liegt in seiner Aussage darüber, ob der Prüfling für das angestrebte Berufsfeld geeignet ist. Die Prognose ist implizit im Prüfungsergebnis enthalten. Das Prüfungszeugnis dokumentiert, daß die erforderlichen Qualifikationen für die Übernahme von Berufsaufgaben vorhanden sind. Dabei wird sich immer wieder von neuem das Problem stellen, für welche Tätigkeiten innerhalb des Berufsspektrums der Kandidat unmittelbar nach der Prüfung sofort eingesetzt werden kann, und für welche die zusätzlichen Qualifikationen erst im Laufe des Berufslebens erworben werden müssen. Keine Ausbildung kann nämlich „Berufsfertigkeit“ vermitteln; Ausbildungsziel kann immer nur „Berufsfähigkeit“ sein.
- In der Prüfung werden die geeigneten Bewerber von den ungeeigneten „ausgelesen“. Dabei ist es durchaus möglich, daß mehr geeignete Anwärter vorhanden sind als Stellen besetzt werden können. In diesem Falle wird innerhalb der Anzahl der geeigneten nochmals klassifiziert, und nur die besten kommen zum Zuge.
- Durch das Bestehen der Prüfung erhält der Kandidat in aller Regel nicht nur die Berechtigung, einen bestimmten Beruf auszuüben, sondern auch eine entsprechende Berufsbezeichnung oder einen akademischen Titel oder Grad zu führen, was immer mit einem gesellschaftlichen Prestige verbunden ist.

Herrschaftsfunktion:

- Die Prüfungsentscheidung einer Prüfungsbehörde ist unstrittig auch eine rechtliche Angelegenheit und stellt einen Verwaltungsakt dar.

Die Rechtsprechung hierzu ist mittlerweile sehr umfangreich. Es herrscht jedoch weitgehend Übereinstimmung darüber, daß fachlich-pädagogische Entscheidungen eines Prüfers nur sehr begrenzt anfechtbar sind.

- Jede Prüfungsordnung hat den Charakter einer Rechtsvorschrift. Die Durchführung der Prüfung ist demnach auch Rechtsanwendung, die Sanktionierungsfunktion einschließt, so etwa die Zulassung oder Nichtzulassung zur Prüfung, das Bestehen oder Nichtbestehen der Prüfung, die Festlegung von Wiederholungsfristen u. a. m.
- Die Zuweisung von Noten klassifiziert den Prüfling nach dem Grad des Erreichens der Lernziele. Die besonderen Schwierigkeiten und Probleme bei der Notenfindung selbst, insbesondere beim Festlegen von Rangpunkten oder gar Leistungspunkten, müssen hier außer acht bleiben.
- Mit der Aushändigung des Prüfungszeugnisses wird dem Prüfling immer auch ein besonderer Status verliehen, auf den wir oben bereits hingewiesen haben. Er legitimiert das Mitglied einer bestimmten gesellschaftlichen Gruppe zu Privilegien, die eben nur nach einer solchen Prüfung erlangt werden können.

Die einzelnen Funktionen einer Prüfung werden sicher bei verschiedenen Prüfungen von den an der Prüfung Beteiligten — Prüfungsbehörde, Prüfer und Prüfling — unterschiedlich gewichtet. Entscheidend aber ist, daß sich alle der Komplexität dieser Funktionen bewußt sind und sie als „Leitfunktionen" akzeptieren.

8.4 Prüfungsvorbereitung

Wir haben in den ersten drei Abschnitten dieses Kapitels versucht, die Notwendigkeit von Prüfungen zu begründen und einzusehen. Ihre sehr unterschiedlichen Funktionen für uns selbst und unsere Gesellschaft lassen es nicht zu, auf sie zu verzichten. Bei sachgerechter Würdigung aller mit der Prüfung zusammenhängenden Faktoren wird auch kein umsichtig Studierender die Abschaffung von Prüfungen fordern.

Wenn wir einsehen, daß das Prüfungswesen unabänderlich und notwendig ist, fällt es uns auch leichter, uns konzentriert darauf vorzubereiten. Dieser Aspekt kann aber als besprochen angesehen werden; denn die Prüfungsvorbereitung beginnt — es kann gar nicht oft genug darauf hingewiesen werden — mit dem ersten Tag des Studiums. Die Art und Weise, wie wir studieren, die Intensität, mit der wir uns in den Lernstoff vertiefen, sind die Meßlatte einer gewissenhaften Vorbereitung. Insofern behandelt dieses Fachbuch nichts anderes als gezielte Prüfungsvorbereitung und könnte auch mit einem anderen Titel versehen sein, etwa „Der Weg zur erfolgreichen Prüfung".

Jedoch, auch die beste Prüfungsvorbereitung, das gewissenhafteste Studium können nicht ausschließen, daß sich — je näher die Prüfungstage rükken — nach und nach eine Prüfungsangst einstellt, die wir meistern müssen — und auch meistern können.

8.5 Prüfungsangst

8.5.1 Wesen der Prüfungsangst

Wer kennt nicht aus eigener Erfahrung das Gefühl der Prüfungsangst? Druck im Kopf — Leere im Kopf; Prickeln in den Händen, in der ganzen Blutbahn; Schwitzen und Frieren; Stottern; das Gefühl, völlig zu versagen. Wir dürfen annehmen, daß niemand, der „normal" veranlagt ist, völlig davon verschont wird.

Durch die Prüfungsangst entstehen „Reibungsverluste". Sie kosten Kraft und Zeit. Sie kann die eigentliche Prüfungsvorbereitung sehr nachteilig beeinflussen oder gar verhindern. Das Prüfungsergebnis wird im Vergleich zum tatsächlichen Leistungsvermögen verfälscht, weil die Angst das „normale" Ausmaß überschreitet. Deshalb wollen und müssen wir diese Begleiterscheinung einer jeden Prüfung etwas analysieren und unvoreingenommen betrachten. Wir werden sehen, daß sie uns dann gar nicht mehr so viel anhaben kann.

Das Phänomen „Angst" ist von den Psychoanalytikern vielfach untersucht worden. Für unseren Zweck erscheint die Differenzierung von Sigmund Freud zwischen Realangst und neurotischer Angst sehr angebracht, weil sich in der Prüfungsangst Ursachen beider Arten von Angst wiederfinden. Die Abbildung 58 zeigt das im Zusammenhang auf.

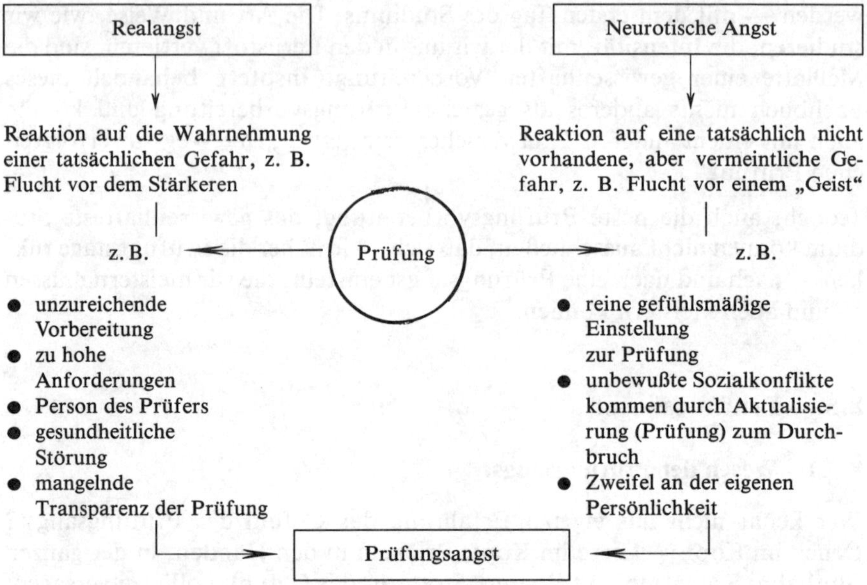

Abb. 58: Wesen der Prüfungsangst

Während sich die realen Prüfungsängste auf ganz reale Gründe zurückführen lassen und somit auch verständlich sind, deuten neurotische Ängste eher auf eine labile Persönlichkeitsstruktur hin. Eine neurotische Veranlagung kann natürlich eine real begründbare Prüfungsangst erheblich verstärken. Grundsätzlich sind auch die Art der Prüfung, ihr Schwierigkeitsgrad, die Lösbarkeit und die situativen Umstände nicht ohne Einfluß auf die Prüfungsangst. Sie wird bei einer Diplomarbeit oder bei einer Laufbahnprüfung höher sein als bei einer Klausur.

Untersuchungen belegen hinreichend, daß nach einem Ausbildungssystem mit vielen Klausuren weniger Angst vor der Prüfung besteht als nach einer Ausbildung ohne Klausuren. Auch begünstigen moderne Lernverfahren, die auf Einsicht und Neugier bauen, das spätere Prüfungsverhalten der Kandidaten, während traditionelle Lernmethoden wie Auswendiglernen und mechanisches Lernen eher geeignet sind, Prüfungsangst zu erzeugen.

Für das Ausmaß der Prüfungsangst ist auch die subjektive Einschätzung der Prüfung entscheidend: Je schwieriger die Prüfung angesehen wird, desto größer die Angst, besonders bei den Leistungsängstlichen.

8.5.2 Symptome der Prüfungsangst

8.5.2.1 Hormonale Veränderungen

Die Prüfungssituation ist eine Ausnahmesituation, die in aller Regel mit Streßerscheinungen verbunden ist. Wir haben im Abschnitt 4.3.1.3 bei der affektiven Lernhemmung bereits kurz erwähnt, daß unser Gedächtnis in Streßsituationen u. U. blockiert wird. Der Teil unseres vegetativen (= vom Willen nicht beeinflußbaren) Nervensystems, der den Körper in Aktionsbereitschaft setzt, wird über bestimmte Gehirnbahnen aktiviert. Die Nebenniere erhält Impulse, Adrenalin und Noradrenalin zu produzieren und diese Hormone unverzüglich an die Blutbahn abzugeben. Die Hypophyse (Hirnanhangdrüse) selbst produziert ebenfalls ein Hormon (ACTH), das über die Blutbahn in die Nebenniere gelangt und zur Ausschüttung weiterer Hormone führt. Sie gelangen sofort in den ganzen Körper, auch in das Gehirn, blockieren die „Schaltstellen“ (Synapsen) und führen darüber hinaus zu äußerlich sehr deutlich wahrnehmbaren Veränderungen, die wir im nächsten Abschnitt beschreiben.

In der Prüfung ist die Streßsituation für den Körper zunächst einmal eindeutig negativ. Der Streß bedroht unser Wohlbefinden. Das Ausmaß der Wirkung hängt aber nicht nur von den „primären Stressoren“ (Prüfer, Prüfungssituation usw.) und deren unmittelbaren biologischen Folgen im Organismus ab, sondern auch von den „sekundären Stressoren“, also von unserer bewußten und unbewußten kognitiven Verarbeitung. Unterbewußtsein und Bewußtsein wirken zusammen.

Wir sind der Streßsituation der Prüfung jedoch nicht passiv ausgeliefert. Wir können unser physisches, psychisches und geistiges Verhalten durch bewußte Interpretation dieses Ausnahmezustandes lenken und sowohl negativ als auch positiv steuern. Gleichzeitig wirkt aber das Unterbewußtsein, das sich unserem Willen entzieht. Aus dieser Quelle kann nur ausströmen, was wir früher — bewußt und unbewußt — eingegeben haben: Wenn wir z. B. gelernt haben, positiv zu denken, uns zu entspannen, haben wir dadurch ebenso das Unterbewußtsein geprägt. Der Wille zur Bewältigung einer außergewöhnlichen Situation wird dann unwillkürlich eher durch Ruhe und Entspannung unterstützt. Eine negative und pessimistische Grundeinstellung jedoch ist im Unterbewußtsein genauso manifest, so daß wir in diesem Fall von daher auch keine „Hilfe“ bekommen können.

8.5.2.2 Äußere Erscheinungsbilder

Die Prüfungsangst ist ein unangenehmer psychisch-physischer Spannungszustand, der auf den ganzen Organismus belastend wirkt. Wenn wir sie nicht rational bekämpfen, kann sie zu dauernder „manifester“ Angst führen.

Schon eine harmlose Angst kann sich bemerkbar machen in
- Unlust,
- Gereiztheit und
- allgemeiner Nervosität.

Größere Angst hat schließlich physische und psychische Fehlleistungen zur Folge. Unser Arbeitsrhythmus wird gestört. Sie kann zur Existenzkrise führen und gar noch schlimmere Folgen haben.

Die häufigsten meist äußerlich zu beobachtenden Symptome sind:
- Hohles Gefühl in der Magengegend
- Starkes Herzklopfen
- Weiche Knie
- Trockene Kehle
- Angstträume
- Erhöhter Blutdruck, erhöhte Pulsfrequenz
- Herzrhythmusstörungen
- Magen- und Darmbeschwerden, Übelkeit, Durchfall, Erbrechen
- Erhöhung der Körpertemperatur
- Schweißausbrüche
- Zittern der Hände
- Konzentrationsschwäche, Gedächtnisverlust, Denkblokade
- Depressive Stimmung, negative Selbsteinschätzung
- Flucht in die Krankheit

Diese psycho-physischen Auffälligkeiten sind keineswegs vollständig aufgelistet. Die Zahl der Symptome ließe sich fortsetzen. Es ist ganz natürlich, daß unter solchen Belastungen die real mögliche Leistung nicht gezeigt werden kann.

8.5.3 Auswirkungen der Prüfungsangst

8.5.3.1 Negative Folgen

Wenn wir an Prüfungsangst denken, werden uns zunächst einmal die negativen Folgen bewußt — und grundsätzlich ist Prüfungsangst eher nachteilig als vorteilhaft. Die oben aufgezeigten Symptome, die durch einen neuronalen Prozeß, wie wir gesehen haben, gesteuert werden, haben auch wieder Rückwirkungen auf unser Gehirn und damit also auf unsere Denkleistungen. Untersuchungen hierüber haben zu folgenden Erkenntnissen geführt[43]:

43 Vgl. Beiner, S. 116.

Von den Versuchspersonen klagten
75 % über Konzentrationsschwächen,
63 % über Denkblockaden,
64 % über mangelnden geistigen Überblick,
63 % über Neigung zu Zweifeln,
55 % über leichte Vergeßlichkeit und
55 % über „automatisches" Denken (Gefühl, als ob man selbst nicht daran beteiligt wäre).

Diese Ergebnisse lassen Zweifel darüber aufkommen, inwieweit die Prüfungsergebnisse der tatsächlichen Leistungsfähigkeit entsprechen.

Die außergewöhnliche Situation der Prüfungsangst mit ihren außergewöhnlichen physischen und psychischen Befunden kann darüber hinaus auch zu folgenden Verhaltensweisen führen, die sich dem Willen des Prüflings weitgehend entziehen:

- Der Prüfling wird unfrei und zeigt ein Verhalten, das für ihn atypisch ist, er wird z. B. unsozial oder unaufrichtig.
- Die sprachliche Kompetenz ist beeinträchtigt, so daß der Prüfling nicht nur stottert, sondern nur noch einfachste oder stümperhafte (restringierte) Formulierungen zustande bringt, weil er über seinen tatsächlichen Sprachfundus überhaupt nicht mehr verfügen kann.
- Das Selbstwertgefühl schwindet bis zur Infragestellung der eigenen Persönlichkeit.

8.5.3.2 Positive Folgen

Die Streßsituation der Prüfung kann andererseits sehr positive Auswirkungen haben, wie oben schon angedeutet wurde. Zwar wird eine Prüfung nicht unbedingt als Quelle der Freude gesucht und gesehen; die außergewöhnliche Anspannung ist aber auch dazu geeignet, den Prüfling zu Höchstleistungen anzuspornen. Die Prüfungsangst kann „extrinsisch" motivieren und dadurch ein besonderer Leistungsanreiz sein. Ebenso kann die „Furcht vor dem Mißerfolg" u. U. die letzten Leistungsreserven mobilisieren. Besonders im psychomotorischen Bereich können wir durch die Streßhormone ungeahnte Kräfte freisetzen.

Aus der Prüfungsangst erwachsen selbst mittelbare positive Folgen, die nicht übersehen werden dürfen:

- Das Bewältigen von Angst ist ein wesentlicher Faktor auf dem Weg zur emotionalen Reife.
- Die Wechselwirkung von Fühlen (Angst), Denken und Handeln ist von großer Bedeutung für die Persönlichkeitsentwicklung.

8.5.4 Abbau der Prüfungsangst

Wir haben immer wieder betont, daß jede Prüfung eine Ausnahmesituation darstellt. Nervosität in Ausnahmesituationen ist etwas Normales. Dessen sollten wir uns bewußt sein. Eine solche Einstellung reduziert schon die Angst auf ein normales Maß.

Zu einer übertriebenen Prüfungsangst kann es erst gar nicht kommen, wenn wir in den letzten Wochen vor den Prüfungstagen unseren gewohnten Lebensrhythmus weiterleben. Dann brauchen wir auch nicht unmittelbar vor der Prüfung noch zu „pauken", was ohnehin mehr schadet als nützt: Durch das Phänomen der „ekphorischen Hemmung" (vgl. 4.3.1.4) blockieren neu gelernte Informationen bereits im Gedächtnis gespeicherte, die deshalb vorübergehend nicht abgerufen werden können.

8.5.4.1 Strategien im Vorfeld

Die entscheidenden Maßnahmen zum Abbau von Prüfungsangst müssen bereits im Vorfeld getroffen werden. Dabei kommt dem gewissenhaften Studium eine Schlüsselrolle zu. Die Technik unserer geistigen Arbeit, die wir uns während der Ausbildung angeeignet und mit Erfolg eingesetzt haben, hilft uns auch in der Prüfung. Entspannungsmöglichkeiten, z. B. autogenes Training, sind dabei ebenfalls von besonderer Bedeutung.

Im Vorfeld konzentrieren wir uns auf die Ausbildung und bereiten uns gezielt vor, indem wir uns am Studienplan und an der Prüfungsordnung orientieren. Es ist sehr wichtig, daß wir genau Bescheid wissen über die Prüfungsfächer und die Themenbereiche.

Die unmittelbare Vorbereitung erfordert

- Begrenzung des noch zu verarbeitenden Stoffes,
- genaue Analyse unseres Kenntnisstandes,
- Beschaffen der notwendigen Unterlagen und
- exakte Zeitplanung, die eine nochmalige Gesamtwiederholung einschließen muß.

Eine gesunde Lebensführung ist — wie schon während der gesamten Studienzeit — Voraussetzung, die Mühen durchzustehen. Es ist sehr wichtig, daß unser Tagesverlauf sich ganz normal vollzieht bis zum letzten Tage vor der Prüfung. Hektik und gar Panik dürfen wir auf keinen Fall aufkommen lassen. Ausreichender Schlaf, vernünftige Essensgewohnheiten, ausgeglichener Wechsel zwischen Arbeitszeiten und Pausen verhindern Überforderung und außergewöhnliche Nervosität und damit die Angst, mit unserer Vorbereitung nicht fertig zu werden.

Psychopharmaka und alle möglichen Arten von Aufputschmitteln — dazu gehören auch hoher Kaffee- und Teekonsum sowie starkes Rauchen — sind unbedingt zu vermeiden. Bei geregelter Lebensführung sind sie auch nicht notwendig und schaden mehr als sie nützen. Auf Alkohol sollte insbesondere kurz vor der Prüfung völlig verzichtet werden. Selbst phosphorhaltige Spezialmittel, Glutaminsäure oder besondere Vitaminpräparate sind nur in Ausnahmefällen notwendig und dürfen dann ausschließlich unter ärztlicher Kontrolle eingenommen werden, um gesundheitliche Schäden zu vermeiden.

Wer eher prüfungsängstlich veranlagt ist, sollte keine Prüfungsgespräche mit anderen prüfungsängstlichen Kommilitonen führen. Daraus entsteht meistens ein gegenseitiges Aufputschen und Verunsichern. Die Schaffenskraft wird erheblich beeinträchtigt. Die negativen Einflüsse setzen sich in unserem Unterbewußtsein fest (vgl. oben 8.5.2.1) und sind somit auch ursächlich für unser Verhalten in der Prüfung. Positives Denken, positive Lebensauffassung und zuversichtliches Arbeiten sind deshalb Persönlichkeitsmerkmale, um die wir uns unablässig bemühen müssen.

8.5.4.2 Prüfungstraining

In den letzten Monaten oder Wochen vor der Prüfung können wir uns sehr gezielt auf das Examen vorbereiten durch ein sogenanntes Prüfungstraining. Dafür bieten sich hauptsächlich folgende Möglichkeiten an:

— An vielen Hochschulen sind die Prüfungen öffentlich. Studenten, die selbst kurz vor dem Examen stehen, können als Zuhörer mündlichen Prüfungen beiwohnen. Wo diese Gelegenheit geboten wird, sollte sie unbedingt genutzt werden. Wir lernen das Prüferverhalten kennen, und das Verfahren wird für uns transparenter. „Eine erkannte Gefahr ist nur noch eine halbe Gefahr." Die Prüfungsangst kann dadurch wesentlich gemindert werden, zumal sich in der Beobachtung auch Prüfungsschwerpunkte ausmachen lassen.

— Mehr und mehr setzt sich an Hochschulen auch die Methode der „Probeprüfung" durch. Prüfer bieten den Examenskandidaten an, die mündliche Prüfung vor der „Realsituation" einmal „durchzuspielen" — selbstverständlich nicht mit den Prüfungsfragen des Ernstfalles. Dieses Verfahren ist eine ganz entscheidende Hilfe zum Abbau von Prüfungsangst und ermöglicht dann auch eine objektivere Leistungsmessung.

— Es gibt noch eine andere Methode, sich sehr konzentriert auf die mündliche Prüfung vorzubereiten. Sie hat nicht nur den Vorteil eines „psychologischen" Trainings, sondern schließt gleichzeitig den inhaltlichen

Aspekt mit ein. Außerdem ist sie eine Methode, die von den Studenten allein abhängig ist: Im Rollenspiel mit Kommilitonen wird die mündliche Prüfung simuliert. Einige Studenten spielen die Prüfer, andere die Prüflinge; anschließend wird gewechselt. Auf diese Art und Weise können alle Prüfungsfächer in ihren Schwerpunkten wiederholt werden. Bei der Simulation ist es sehr wichtig, daß das Rollenspiel auf beiden Seiten ernst genommen wird und nicht in ein Schauspiel ausartet. „Prüfer“ und „Prüfling“ müssen genau so reagieren, wie sie in der späteren Prüfung das Verhalten der Prüfer erwarten bzw. wie sie selbst reagieren würden.

8.5.4.3 Gespräche

Es ist ganz natürlich, daß sich Examenskandidaten bei ihren Vorgängern über die abgelaufenen Prüfungen informieren. Aussagen über Verlauf, Inhalt und situative Bedingungen sowie über die Eigenarten der Prüfer können wertvolle Hilfen sein. Trotzdem ist zu bedenken, daß entsprechende Schilderungen immer aus ganz persönlicher Wahrnehmung resultieren.

Wo es möglich ist, sollten persönliche Gespräche mit den Prüfern geführt werden. U. U. lassen sich Spezialgebiete festlegen oder Prüfungsfächer eingrenzen. Auch über die Prüfungsangst kann mit dem Prüfer vor der Prüfung gesprochen werden. Besonders hilfreich sind solche Vorgespräche, wenn der Prüfling den Prüfer überhaupt noch nicht kennt.

8.5.4.4 Angst während der Prüfung

Die Angst unmittelbar vor und bei der mündlichen Prüfung ist meistens größer als die bei der schriftlichen und läßt sich auch nicht so leicht bewältigen. Der Prüfling sieht sich unmittelbar mit dem Prüfer konfrontiert. Die „Gefahr“ spürt er „persönlicher“. Er ist sich gar nicht bewußt, daß diese Situation überhaupt nicht mit einer Gefahr verbunden ist. Um dieses Bewußtsein zu erreichen, gibt es eine Reihe bewährter Hilfen unmittelbar beim schriftlichen und mündlichen Teil. Bei der schriftlichen Prüfung sollten Sie vor allem folgende Regeln beachten:

- Versuchen, sich von der Prüfungssituation zu lösen und sich auf die Aufgaben zu konzentrieren!
- Erst ruhig überlegen, dann anfangen zu schreiben!
- Themenstellung immer wieder sorgfältig lesen!
- Alle Gedanken sofort auf Konzeptpapier festhalten! Erst später entscheiden, ob sie tatsächlich verwertbar sind!

- Implizite Hilfen nicht übersehen, auch bei der mündlichen Prüfung!
- Gewichtung der Aufgaben oder Bewertungsschlüssel beachten!
- Die Zeit entsprechend der Gewichtung der Einzelaufgaben einteilen! (Wenn eine Aufgabe nur 1/5 der Gesamtbewertung ausmacht, darf sie auch nicht mehr als 1/5 der Gesamtzeit in Anspruch nehmen!)
- Die Reihenfolge der Aufgaben festlegen! Von den leichteren zu den schwierigeren! Gelöste Aufgaben — auch leichte — motivieren. Deshalb ist die Reihenfolge sehr wichtig.
- Platz lassen für Nachträge!
- Die zur Verfügung stehende Zeit voll nutzen!
- Ordentlich und sauber schreiben! Auch das gibt Zuversicht! (Die Schrift ist nicht immer ohne Einfluß auf den Korrektor!)
- Eine Wissenslücke ist kein Grund zur Panik! (Der Prüfer weiß auch nicht alles!)

Der Verlauf der mündlichen Prüfung wird entscheidend beeinflußt durch das Kommunikationsverhalten des Prüflings — und das können wir doch mitsteuern! Mündliche Prüfung ist mündliche Kommunikation. Je natürlicher diese Kommunikation abläuft, desto weniger Streß, desto weniger Angst! Zwar hängt das Kommunikationsverhalten wesentlich vom Prüfer ab, er wird darin aber auch wieder beeinflußt vom Prüfling. Deshalb müssen wir unseren Anteil dazu beitragen! Die folgenden Empfehlungen helfen uns dabei und reduzieren bei ihrer Beachtung die Prüfungsangst ganz erheblich[44].

- Laut denken! Die mündliche Prüfung ist Gespräch. Sie sollen nicht nur die „fertigen“ Ergebnisse vortragen! Den Prüfer interessiert auch, wie Sie dazu gekommen sind. Ggf. kann er Ihnen Hilfen anbieten.
- Auf Fragen sofort reagieren, aber nicht durch Wiederholen der Frage! Wenn die Gedankengänge nur langsam zustande kommen, genügt schon ein Nicken als Zeichen für den Prüfer, daß die Frage verstanden ist. Der Prüfer läßt Ihnen Zeit zum Überlegen.
- Nicht resignieren! Nachfragen, wenn ein Problem nicht erkannt oder die Frage nicht verstanden ist!
- Auf die Reaktionen des Prüfers achten! Gesten, Mimik und Gebärden lassen erkennen, wie eine Antwort ankam.

---

44 Vgl. Kugemann, Kopfarbeit . . . S. 238 ff.

- Nicht krampfhaft nach komplizierten Formulierungen suchen! Einfache und klare Sprache gibt dem Prüfling mehr Sicherheit und dem Prüfer eindeutigere Bewertungskriterien.
- Den Prüfer nicht „für dumm verkaufen“! In aller Regel hat er Prüfungssituationen schon öfters durchgestanden und hinreichende Erfahrung sammeln können. Der Prüfling sitzt auch insofern am kürzeren Hebel.
- Prüfungsangst ist eine ganz natürliche Sache und deshalb normal. Der Prüfer weiß das. Er ist auch Mensch. Sie brauchen also Ihre Nervosität nicht krampfhaft zu unterdrücken — wodurch sie nur noch stärker wird. Sie sollten aber auch nicht versuchen, dadurch besonderes Wohlwollen oder gar einen Bonus zu ergattern! Das könnte ins Auge gehen!

Zum Schluß unseres Kapitels über die Prüfungsangst möchte ich Ihnen in Anlehnung an Kugemann[45] 10 „goldene Regeln“ für solche „Spannungsliebhaber“ vorstellen, die ohne Prüfungsangst nicht leben können und darin einen besonderen Höhepunkt ihres Studiums sehen:

1. Nimm jede Prüfung dreimal so wichtig, wie sie ist!
2. Träume immer davon, daß Du die Prüfung nicht bestehst!
3. Erzähle allen, daß Du es nicht schaffst und glaube es selbst!
4. Erzähle jedem, der Dir über den Weg läuft, von Deiner Prüfung! Deine Mitmenschen haben ein Anrecht, an Deinem Seelenleben teilzuhaben.
5. Glaube nur denen, die Prüfungen verteufeln, weil sie überflüssig, schwer und vor allen Dingen ungerecht seien!
6. Beginne spätestens im letzten Semester damit, mit Deiner Leidensmine das bevorstehende Martyrium anzukündigen!
7. Beginne frühestens drei Tage vor der Prüfung mit dem Lernen! Man vergißt ja ohnehin wieder alles.
8. Gewöhne Dich rechtzeitig an das Kettenrauchen, damit Du kurz vor der Prüfung auch mindestens 50 Zigaretten am Tage schaffst!
9. Trinke spätestens 4 Wochen vor der Prüfung täglich 20 Tassen Kaffee und vergiß nicht die Beruhigungspillen!
10. Wenn Du trotzdem noch Sorgen hast, spüle sie mit Alkohol hinweg! Er wirkt Wunder!

Wenn wir diese letzten 10 Ratschläge befolgen, stehen wir mit Sicherheit im Mittelpunkt, wo immer wir uns aufhalten. Wir können nicht nur unsere Fa-

45 Vgl. Kugemann, Kopfarbeit . . . S. 220 f.

milie in Aufregung halten und durcheinander bringen. Für Wochen sind wir der Held, der Märtyrer — der Tyrann! Je mehr Aufregung wir mit unserer Prüfung verursachen, desto mehr strapazieren wir nicht nur die Nerven unserer Mitmenschen, sondern auch unsere eigenen.

Wir brauchen nicht mehr besonders zu betonen, daß Prüfungszeiten erhebliche Belastungen mit sich bringen können. Wir haben versucht zu begründen, daß sie aus pädagogischen und gesellschaftlichen Gründen unverzichtbar sind. Darüber hinaus müssen wir uns bewußt sein, daß in der Prüfung nicht nur unsere Intelligenz getestet wird, sondern unsere gesamte Persönlichkeit: die Fähigkeit zur Selbstkontrolle und Selbstbeherrschung, die Fähigkeit zur Eigenständigkeit und Aufrichtigkeit und vor allem die Fähigkeit zur außergewöhnlichen Belastung und der Wille zur Leistung.

Fassen wir zusammen:

- Soweit wir in der Kulturgeschichte zurückblicken können, lassen sich Prüfungen nachweisen.
- Je schwieriger und differenzierter ein Berufsfeld, desto notwendiger ist ein entsprechender Qualifikationsnachweis zur Berechtigung der Berufsausübung.
- Eine Prüfung soll den Nachweis erbringen, daß während der Ausbildung Kenntnisse, Fähigkeiten und Fertigkeiten sowie ggf. Einstellungen erworben worden sind, die für eine weitergehende Ausbildung oder eine bestimmte Tätigkeit gebraucht werden.
- Prüfungsergebnisse lassen sich nicht immer exakt messen oder bewerten. Subjektive Einflüsse können auch nicht völlig ausgeschlossen werden.
- Prüfungen haben vielfältige pädagogische und gesellschaftliche Funktionen.
- Die Prüfungsvorbereitung an der Hochschule beginnt mit dem ersten Tag des Studiums.
- Trotz intensiver und gewissenhafter Vorbereitung lassen sich Prüfungsängste nicht ausschließen.
- Prüfungsangst hat in der Regel sowohl reale als auch neurotische Gründe.
- Die Streßsituation der Prüfung verursacht hormonale Veränderungen im Organismus.
- Die hormonalen Veränderungen des Organismus führen zu sichtbaren körperlichen Symptomen.

- Prüfungsangst hat eher negative als positive Folgen.
- Prüfungsangst wird am sichersten minimiert durch ein konzentriertes Studium.
- Aufputschmittel, Psychopharmaka u. ä. schaden mehr als sie nützen.
- Prüfungssituationen lassen sich trainieren, wodurch die Prüfungsangst erheblich reduziert werden kann.
- Gespräche über die Prüfungsangst können zu ihrem Abbau beitragen.
- Sowohl während der schriftlichen als auch während der mündlichen Prüfung kann die strikte Beachtung einiger Regeln die Angst verringern und dadurch Leistungsreserven freisetzen.
- Prüfungsangst ist natürlich. Wir brauchen uns ihrer weder zu schämen noch dürfen wir mit ihr kokettieren!

Prüfen Sie Ihren Lernerfolg!

1. Definieren Sie den Begriff „Prüfung"!
2. Begründen Sie die Notwendigkeit von Prüfungen mit
   — berufspolitischem und
   — gesellschaftspolitischem Ansatz!
3. Welche Argumente lassen sich gegen Prüfungen anführen?
4. Nennen und erläutern Sie wesentliche
   — pädagogische und
   — gesellschaftliche Funktionen von Prüfungen!
5. Welche Methode können Sie für eine gute fachliche Prüfungsvorbereitung empfehlen?
6. Erklären Sie die Begriffe „Realangst" und „neurotische Angst" als Ursachen für die Prüfungsangst!
7. Wie lassen sich die hormonalen Veränderungen des Organismus durch Prüfungsangst erklären?
8. Nennen Sie Symptome der Prüfungsangst!
9. Welche Folgen kann eine Prüfungsangst auslösen?
10. Erläutern Sie Strategien zur Bekämpfung der Angst im Vorfeld der Prüfung!
11. Was verstehen Sie unter „Prüfungstraining"?
12. Durch welche Art von Gesprächen läßt sich Prüfungsangst reduzieren?
13. Wie können Sie Prüfungsangst während des
    — schriftlichen und
    — mündlichen Teils der Prüfung abbauen?

9 Schlußgedanke

Dieses Handbuch wurde geschrieben in der Überzeugung, daß es vielen Studierenden ein treuer Studienbegleiter sein wird, der ihnen jederzeit — sofern sie ihn genau kennen — ehrlichen Rat und wertvolle Hilfe anbieten kann. Er will das Studium nicht nur erleichtern, sondern vor allem effektiver gestalten und immer wieder von neuem für die Arbeit motivieren.

Die Ausführungen fassen Wesentliches zusammen, was an methodischen Erkenntnissen für geistiges Arbeiten vorliegt und schließen langjährige eigene Erfahrungen des Autors mit ein. Die redaktionelle, lernpsychologische und didaktische Gestaltung war als Arbeitsprogramm gedacht. Am Ende einzelner Kapitel oder Abschnitte stehen deshalb Zusammenfassungen und Lernerfolgskontrollen. Auf eine Gesamtzusammenfassung wird der Leser deshalb gerne verzichten. Statt dessen möchte der Verfasser sein Werk mit einem Zitat beenden[46].

„Glaube an dich selber! Habe Vertrauen in Deine Fähigkeiten! Ohne ein bescheidenes, aber vernünftiges Maß an Vertrauen in unsere eigene Kraft können wir weder erfolgreich noch glücklich werden. Selbstvertrauen bringt Erfolg. Jedes Gefühl der Minderwertigkeit vermindert die Kraft unserer Hoffnung und lähmt unsere Tatkraft; Selbstvertrauen aber führt zur Selbstverwirklichung und zur erfolgreichen Vollendung unserer Aufgaben. (. . .)

‚Einstellungen sind wichtiger als Tatsachen.' Dieser Grundsatz ist so wichtig, daß es sich lohnt, ihn so lange zu wiederholen, bis er uns in Fleisch und Blut übergegangen ist. Keine Tatsache, die sich uns entgegenstellt, ist je so wichtig wie die Einstellung, die wir zu ihr haben. Eine Tatsache kann uns einschüchtern, ja sogar niederwerfen, bevor wir überhaupt etwas gegen sie unternommen haben — allein aufgrund unserer geistigen Einstellung. Andererseits können vertrauende, optimistische Gedanken jede Schwierigkeit vermindern und überwinden."

46 Peale, S. 11 und 29.

Literaturverzeichnis

Angermeier, W. F.: Kontrolle des Verhaltens. Das Lernen am Erfolg. Zweite, neubearbeitete Aufl. Berlin, Heidelberg, New York: 1976.

Angermeier, W. F.: Praktische Lerntips für Studierende aller Fachrichtungen. Berlin, Heidelberg, New York: 1976.

Angermeier, Wilhelm F.; Bednorz, Peter; Schuster, Martin: Lernpsychologie. Mit 44 Abbildungen und 11 Tabellen. München: 1984. (= UTB 1305)

Arnold, Wilhelm; Eysenck, Hans Jürgen; Meili, Richard (Hrsg.): Lexikon der Psychologie. 3. Aufl. 6 Bde. Freiburg: 1977.

Asanger, Roland: Wenniger, Gerd: Handwörterbuch der Psychologie. 3. Aufl. Weinheim und Basel: 1983 (Herderbücher 581—586).

Ausubel, David P.; Novak, Joseph D.; Hanesian Helen: Psychologie des Unterrichts. 2., völlig überarbeitete Aufl. 2 Bde. Weinheim und Basel: 1980/81.

Beelich, Karl Heinz; Schwede, Hans-Hermann: Denken Planen Handeln. Grundtechniken für zweckmäßiges Lernen und Arbeiten mit vielen Erläuterungen und Anwendungsbeispielen. 3., überarbeitete Aufl. Würzburg: 1983.

Beiner, Friedhelm; unter Mitarbeit von Niermann, Jochen: Prüfungsdidaktik und Prüfungspsychologie. Leistungsmessung und Leistungsbewertung in der öffentlichen Verwaltung sowie in der beruflichen und allgemeinen Bildung. Köln, Bonn: 1982. (= Verwaltung und Fortbildung. Schriften der Bundesakademie für öffentliche Verwaltung. Sonderheft 7)

Bergius, Rudolf: Psychologie des Lernens. Einführung in die moderne Forschung. 2. unveränderte Aufl. Stuttgart u. a.: 1972. (= Urban 141)

Birkel, Peter: Mündliche Prüfungen. Zur Objektivität und Validität der Leistungsbeurteilung. 1. Aufl. Bochum: 1978.

Bocheński, I. M.: Die zeitgenössischen Denkmethoden. Achte Aufl. Bern: 1980. (= UTB 6)

Bono, Edward de: Das spielerische Denken. Übertragung aus dem Englischen von Maria Steininger. 5. Aufl. Bern und München: 1971.

Brandenburg, A. Günter: Der Lernerfolg im Erwachsenenalter. Ergebnisse psychologischer, soziologischer und didaktischer Forschung. Göttingen: 1974. (= Kommission für wirtschaftlichen und sozialen Wandel 7)

Breuer, Franz u. a.: Psychologie des wissenschaftlichen Lernens. Münster: 1975. (= Arbeiten zur sozialwissenschaftlichen Psychologie 4)

Dahmer, Hella; Dahmer, Jürgen: Effektives Lernen. Didaktische Anleitung zum Selbststudium und zur Gruppenarbeit. 2. Aufl. Stuttgart, New York: 1979. (= UTB 635)

Dauenhauer, Erich: Wissenschaftstheorie, Wirtschaftspädagogik, Arbeitslehre. Bad Homburg: 1973.

Dickopp, Karl-Heinz: Lehrbuch der systematischen Pädagogik. 1. Aufl. Düsseldorf: 1983.

Dittrich, Karl-Heinz: Staatsrecht. Ein Leitfaden für den mittleren Verwaltungsdienst. Heidelberg: R. v. Decker's 1985. (= R. v. Deckers's Fachbücherei „Verwaltungs- und Büropraxis")

Eysenck, Hans Jürgen: Intelligenztest. Aus dem Englischen übertragen von Edelgard Stör. Ungekürzte Ausgabe. Reinbek: 1976 (= rororo 6878).

Feldmann, Paul: Lerntraining. Ein Übungsprogramm zur Entwicklung der Aufnahme- und Erinnerungsfähigkeit. 3. Aufl. München: 1976. (= Kompaktwissen 29)

Fuchs, Rainer: Einführung in die Lernpsychologie. Ein Überblick über den gegenwärtigen Stand der Forschung. Darmstadt: 1980.

Gage, Nathaniel L.; Berliner, David C.: Pädagogische Psychologie. Grundlagen, Konzepte, Ergebnisse. 3. Aufl. 2 Bde. Übersetzt und herausgegeben von Gerhard Bach. Weinheim und Basel: 1983.

Gagné, Robert M.: Die Bedingungen des menschlichen Lernens. Aus dem Amerikanischen übersetzt von Helmut Skowronek. 4. unveränderte Aufl. 1975 nach der 2. amerikanischen Aufl. Hannover: 1975.

Gerhards, Gerhard: Seminar-, Diplom- und Doktorarbeit. Empfehlungen und Muster zur Gestaltung von rechts- und wirtschaftswissenschaftlichen Prüfungsarbeiten. 4. Aufl. Bern und Stuttgart: 1982. (= UTB 217)

Gesellschaft für Information und Dokumentation mbH (GID) (Hrsg.): Verzeichnis Deutscher Informations- und Dokumentationsstellen. Bundesrepublik Deutschland und Berlin (West). Ausgabe 4 — 1982/83. München u. a.: 1982. (= Informationsdienste 5)

Gonschorrek, Ulrich; Schimmelpfennig, Adam: Angwandte Sozialwissenschaften in der Verwaltung. Verwaltungspädagogik und Führungslehre. Heidelberg, Hamburg: 1981. (= R. v. Decker's Fachbücherei „Wirtschaft und Verwaltung")

Hammer, Gerhard: Erfolgreich studieren. Praxis des wissenschaftlichen Arbeitens im Studium der Erziehungs- und Sozialwissenschaften. Freiburg, Basel, Wien: 1977.

Heldmann, Werner: Studierfähigkeit, Ergebnisse einer Umfrage. Thesen zur Studierfähigkeit und zum Hochschulzugang. Göttingen: 1984.

Heller, Kurt; Nickel, Horst; Neubauer, Walter (Hrsg.): Psychologie in der Erziehungswissenschaft. Ein Studienprogramm. 3., unveränderte Aufl. Bd. I-IV. Stuttgart: 1980.

Herrmann, Ingrid: Richtig studieren. Ein Handbuch. Alles über: Studienstrategie, wissenschaftliches Arbeiten, Projekt- und Zeitplanung, Lernsystematik, Studienorganisation, Konzentration/Motivation, Prüfungsvorbereitung. 1. Aufl. München: 1982.

Herrmann, Theo u. a. (Hrsg.): Handbuch psychologischer Grundbegriffe. München: Kösel 1977.

Hilgard, Ernest R.; Bower, Gordon H.: Theorien des Lernens I und II. In deutscher Sprache herausgegeben von Hans Aebli und Hans-Eberhard Zahn. 4. Aufl. Stuttgart: 1975.

Höhn, Reinhard: Examen ohne Angst. 2., unveränderte Aufl. Bad Harzburg: 1984.

Holl, Oskar: Wissenschaftskunde. 2 Bde. 2. unveränderte Aufl. München: 1976, (= UTB 286, 287)

Horney, Walter; Ruppert, Johann Peter; Schultze, Walter: Pädagogisches Lexikon in zwei Bänden. Gütersloh, Berlin, München: 1970.

Huber, Günter L.: Lernen. Psychologie für Grundstufe und Sekundarstufe II. Donauwörth: 1979.

Hülshoff, Friedhelm; Kaldewey, Rüdiger: Mit Erfolg studieren. Studienorganisation und Arbeitstechniken. Zweite, aktualisierte Aufl. München: 1984.

Jaspers, Karl: Was ist Erziehung? Ein Lesebuch. Unveränderte Ausgabe. München: 1981. (= dtv 1617)

Kirst, Werner; Diekmeyer, Ulrich: Intelligenztraining. Stuttgart: 1970.

Klaus, Georg; Buhr, Manfred (Hrsg.): Philosophisches Wörterbuch. 12., gegenüber der 10. neubearbeiteten, durchgesehene Aufl. 2 Bde. Westberlin: 1976.

Knörzer, Wolfgang: Lernmotivation. Ein interdisziplinärer Ansatz zur Theorie der Lernmotivation. Weinheim und Basel: 1976.

Korff, Ernst; Reineke, Wolfgang: Arbeitstechnik für Vielbeschäftigte. Taktik — Technik — Verhalten. 4.; neubearb. und erw. Aufl. Heidelberg: 1978.

Kugemann, Walter F.: Kopfarbeit mit Köpfchen. Moderne Lerntechnik. 12. verbesserte und ergänzte Aufl. München: 1977.

Kugemann, Walter F.: Lerntechniken für Erwachsene. Überarbeitete Ausgabe. Reinbek: 1978. (= rororo 7123)

Kunz, Armin: Das Fachwort in den Unterrichtsblättern. In: Unterrichtsblätter der Deutschen Bundespost, Ausgabe A. Heft 19. Darmstadt: 1976.

Kunz, Armin: Kann man das Lernen lernen? In: Unterrichtsblätter der Deutschen Bundespost, Ausgabe A. Heft 22. Darmstadt: 1975.

Kunz, Armin: Lernen und Lerntypen. Biologische Vorgänge und Bedingungen beim Lernen. In: DB Deine Bahn. Zeitschrift für das Bildungswesen der Deutschen Bundesbahn. Heft 8 und 9. Heidelberg: 1982.

Laudien, Helmut: Physiologie des Gedächtnisses. Heidelberg: 1977. (= UTB 707)

Lauster, Peter: Begabungstests. Wo liegen Ihre Fähigkeiten und Talente? Stuttgart: 1971.

Lauster, Peter: Der Persönlichkeitstest. Ein Test- und Beratungsprogramm zur Entfaltung Ihrer Persönlichkeit. 2. Aufl. München: 1979. (= Goldmann Ratgeber 10739)

Lefrancois, Guy R.: Psychologie des Lernens. Report von Kongor dem Androneaner. Übersetzt und bearbeitet von W. F. Angermeier, P. Leppmann und Th. Thiekötter. Berlin, Heidelberg, New York: 1976.

Leitner, Sebastian: So lernt man lernen. 10. Aufl. Freiburg: 1980.

Mandler, George: Denken und Fühlen. Zur Psychologie emotionaler und kognitiver Prozesse. Paderborn: 1979. (= Reihe Innovative Psychotherapie und Humanwissenschaften Bd. 6)

Meister, Hans: Lehrmethoden, Lernerfolge und Lernvoraussetzungen bei Studenten. Experimentelle Bedingungsanalyse eines hochschuldidaktischen Projektes zur problemorientierten Einführung in die Pädagogische Psychologie. Düsseldorf: 1974. (= Studien zur Lehrforschung Bd. 7)

Meixner, Hanns-Eberhard: Aus- und Fortbildung in der öffentlichen Verwaltung. Konzeptionen, Verfahren und Instrumente des Mitarbeitertrainings. Köln u. a.: 1984. (= Training Aus- und Weiterbildung in Wirtschaft, öffentlicher Verwaltung und Schule Bd. 1)

Möller, Christine: Technik der Lernplanung. Weinheim: 1973.

Naef, Regula D.: Rationeller Lernen lernen. Ratschläge und Übungen für alle Wißbegierigen. 9. Aufl. Weinheim und Basel: 1977.

Oediger, Peter: Die offene Prüfungsplanung. Ein Modell zur Gestaltung erwachsenengerechter Prüfungen. Pfaffenweiler: 1985. (= Reihe Sozialwissenschaften Bd. 6)

Oerter, Rolf: Psychologie des Denkens. 6. Aufl. Donauwörth: 1980.

Oerter, Rolf; Weber, Erich (Hrsg.): Der Aspekt des Emotionalen in Unterricht und Erziehung. 2. Aufl. Donauwörth: 1975.

Ostrander, Sheila und Nancy; Schroeder, Lynn: Leichter lernen ohne Streß. Superlearning. Die revolutionäre Losanow-Methode zur Steigerung von Wissen und Gedächtnis durch müheloses Lernen. Einzig berechtigte Übersetzung aus dem Amerikanischen von Susanne Schaup. 5. Aufl. Bern und München: 1982.

Ott, Ernst: Optimales Lesen. Schneller lesen — mehr behalten. Ein 25-Tage-Programm. Ungekürzte Ausgabe. Reinbek: 1973. (= rororo 6783)

Peale, Norman Vincent: Die Kraft positiven Denkens. Einzig autorisierte Übersetzung durch Ernst Steiger, Thalwil: (Original 1952).

Poenicke, Klaus; Wodke-Repplinger, Ilse: Wie verfaßt man wissenschaftliche Arbeiten? Systematische Materialsammlung — Bücherbenutzung — Manuskriptgestaltung. Mannheim, Wien, Zürich: 1977. (= Duden Taschenbücher Bd. 21)

Prahl, Hans-Werner: Prüfungsangst. Symptome Formen Ursachen. Ungekürzte, vom Autor durchgesehene und ergänzte Ausgabe. Frankfurt am Main: 1979. (= Fischer Taschenbuch 6706)

Prohaska, Leopold (Hrsg.): Pädgogik der Reife. Freiburg, Basel, Wien: 1966.

Reischmann, Jost: Leichter lernen — leicht gemacht. Arbeitstechniken für Schule und Studium, Fortbildung und Examensvorbereitung. 2. Aufl. Freiburg: 1980. (= Herderbücherei Bd. 659)

Roth, Erwin; Oswald, W. D.; Daumenlang, K.: Intelligenz. Aspekte — Probleme — Perspektiven. 4. veränderte Aufl. Stuttgart u. a.: 1980. (= Urban 144)

Roth, Heinrich (Hrsg.): Begabung und Lernen. Deutscher Bildungsrat. Gutachten und Studien der Bildungskommission. 11. Aufl. Stuttgart: 1977.

Rückriem, Georg; Stary, Joachim; Franck, Norbert: Die Technik wissenschaftlichen Arbeitens. Praktische Anleitung zum Erlernen wissenschaftlicher Techniken am Beispiel der Pädagogik — unter besonderer Berücksichtigung gesellschaftlicher und psychischer Aspekte des Lernens. 2., erw. und bearb. Aufl. Paderborn u. a.: 1980. (= UTB 724)

Scheilke, Christoph Th. u. a.: Lerntheorie — Lernpraxis. Lernkonzepte und alternative Lernmöglichkeiten. Argumente und Beispiele. Reinbek: 1982. (= rororo 7246)

Schimmelpfennig, Adam H.: Personalsteuerung in der Verwaltung. Einstellung, Beurteilung, Teamarbeit und Konfliktlösung. Heidelberg, Hamburg: 1982. (= R. v. Decker's Fachbücherei „Wirtschaft und Verwaltung“)

Schlink-Arnold, Hadwig; Ronellenfitsch, Michael: Methoden und Techniken geistiger Arbeit in der Verwaltung. Regensburg: 1980. (= Verwaltungsstudium in Grundrissen Bd. 8)

Schräder-Naef, Regula D.: Schüler lernen Lernen. Vermittlung von Lern- und Arbeitstechniken in der Schule. 2. Aufl. Weinheim und Basel: 1978.

Schultz, I. H.: Übungsheft für das autogene Trainung. Konzentrative Selbstentspannung. 13., verbesserte Aufl. Stuttgart: 1967.

Seiffert, Helmut: Einführung in die Wissenschaftstheorie. Bd. 1, 2 und 3. 9., unveränderte, 7., unveränderte bzw. 1. Ausg. München: 1980, 1977 bzw. 1985. (= Beck'sche Schwarze Reihe 60, 61, 270)

Spandl, Oskar Peter: Die Organisation der wissenschaftlichen Arbeit. 2. Aufl. Braunschweig, Wiesbaden: 1980.

Speck, Josef (Hrsg.): Handbuch wissenschaftstheoretischer Begriffe. Göttingen: 1980. (= UTB 966-968)

Standop, Ewald: Die Form der wissenschaftlichen Arbeit. 7., durchgesehene Aufl. Heidelberg: 1977. (= UTB 272)

Stoll, François (Hrsg.): Arbeit und Beruf. 2 Bde. In: Kindlers „Psychologie des 20. Jahrhunderts". Weinheim: 1983.

Strauch, Hans-Joachim: Staatliche und akademische Prüfungsordnungen. Verfassungsrechtliche Analyse eines Steuerungsinstruments. Heidelberg, Hamburg: 1978.

Ströker, Elisabeth: Einführung in die Wissenschaftstheorie. 2. Aufl. Darmstadt: 1977.

Tepperwein, Kurt: Die „Kunst" mühelosen Lernens. Genf: 1983.

Thurner, Franz: Lehren — Lernen — Beurteilen. Einführung in die Pädagogische Psychologie. Königstein/Ts.: 1981. (= AT 3023)

Tietgens, Hans: Lernen mit Erwachsenen. Von den Arbeitsweisen der Erwachsenenbildung. Braunschweig: 1967.

Tonkonogaja, E. P. (Hrsg.): Unterricht mit Erwachsenen. Übersetzt von Erdmann, Harke und Enders, Ursula. Berlin: 1978.

Vester, Frederic: Denken Lernen Vergessen. Was geht in unserem Kopf vor, wie lernt das Gehirn, und wann läßt es uns im Stich? 2. Aufl. München: 1978. (= dtv 1327)

Vester, Frederic: Phänomen Streß. Wo liegt sein Ursprung, warum ist er lebenswichtig, wodurch ist er entartet? 3. Aufl. München: 1981. (= dtv 1396)

Werneck, Tom; Ullmann, Frank: Dynamisches Lesen. Das Lehr-, Lese- und Trainingsbuch der bewährten Methode. 6. Aufl. München: 1975. (= kompaktwissen 1)

Werneck, Tom; Ullmann, Frank: Moderne Arbeitsmethodik. Voraussetzungen kreativer Arbeit und erfolgreichen Handelns. Ein Handbuch für Studium und Beruf. 3., erweiterte Aufl. München: 1977. (= kompaktwissen 21)

Werneck, Tom; Ullmann, Frank: Konzentrationstraining. Praktische Übungen zur Verbesserung des Erinnerungsvermögens und der Beobachtungsfähigkeit sowie zur Intensivierung der Konzentration. 7. Aufl. München: 1976. (= kompaktwissen 6)

Wewetzer, Karl-Hermann: Intelligenz und Intelligenzmessung. Ein kritischer Überblick über Theorie und Methodik. 2., unveränderte Aufl. Darmstadt: 1984.

Zeier, Hans (Hrsg.): Lernen und Verhalten. 2 Bde. In: Kindlers „Psychologie des 20. Jahrhunderts". Weinheim und Basel: 1984.

Zielke, Wolfgang: Besser — schneller — rationeller lesen. Techniken des effektiven Lesens. 2. Aufl. München: 1973. (= mi 401)

Zielke, Wolfgang: Geistiges Fitness-Trainung. Durch Schulung der Aufmerksamkeit zu besseren Denkleistungen. München: 1978. (= mi 422)

Zielke, Wolfgang: Leichter lernen — mehr behalten. 5. Überarbeitete Aufl. München: 1972.

Zielke, Wolfgang: Lesetechniken. 2., neubearbeitete Aufl. Düsseldorf: 1980.

Zielke, Wolfgang: Merken, Behalten, Erinnern. 3. Aufl. Düsseldorf: 1982.

DIN Deutsches Institut für Normung e. V. (Hrsg.): Gliederung und Benummerung in Texten. Abschnitte, Absätze, Aufzählungen. Berlin, Köln: 1983. (= DIN 1421)

DIN Deutsches Institut für Normung e. V. (Hrsg.): Veröffentlichungen aus Wissenschaft, Technik, Wirtschaft und Verwaltung. Gestaltung von Manuskripten und Typoskripten. Berlin, Köln: 1983. (= DIN 1422 Teil 1)

DIN Deutsches Institut für Normung e. V. (Hrsg.): Veröffentlichungen aus Wissenschaft, Technik, Wirtschaft und Verwaltung. Gestaltung von Reprotexten (Reinschriften). Berlin, Köln: 1982. (= Entwurf DIN 1422 Teil 2)

DIN Deutsches Institut für Normung e. V. (Hrsg.): Titelangaben von Schrifttum. Berlin, Köln: 1978. (= Entwurf DIN 1505)

DIN Deutsches Institut für Normung e. V. (Hrsg.): Regeln für Maschinenschreiben. Berlin, Köln: 1975. (= DIN 5008)

Dudenredaktion (Hrsg.): Rechtschreibung der deutschen Sprache und der Fremdwörter. 18., neu bearbeitete und erweiterte Aufl. Mannheim, Wien, Zürich: 1980.

Glossar

affektiv	Bezeichnung für das gefühlsmäßige Erleben und Handeln; die innere Einstellung betreffend (emotional)
apperzipieren	etwas aktiv in das Bewußtsein aufnehmen
assoziieren	vereinigen, verknüpfen, verbinden; Informationen so miteinander verbinden, daß das Auftreten der einen Information das der anderen nach sich zieht
Autograph	handgeschriebenes Schriftstück bekannter Persönlichkeiten, erste Fassung, Urschrift; früher auch der in Gegenwart des Autors hergestellte Erstdruck
Brain-storming	„Gehirnsturm-Gedankenwirbel"; Konferenzmethode, bei der die Teilnehmer sofort nach Aufgabenstellung ihre Ideen äußern; diese werden zunächst ohne Begründung und Kritik festgehalten; sie werden erst später geprüft, ob sie brauchbar sind
ekphorische Hemmung	Hemmung beim Erinnern; eine im Langzeitgedächtnis gespeicherte Information kann nicht abgerufen werden, weil sie von einer soeben aufgenommenen Information blockiert wird
Ellipse	Ersparung von Satzteilen; Auslassen von Satzteilen innerhalb eines Zitats
epistemische Neugier	wissenschaftliche Neugier (Epistemologie = Wissenslehre, Erkenntnistheorie)
explizit	ausführlich dargestellt (auch: explizite), ausdrücklich, deutlich erklärt
extrinsisch	von außen kommend, nicht in der Sache selbst begründet (z. B. extrinsische Motivation)
exzerpieren	auslesen, herausklauben; Auszüge fertigen
Falsifizierung	wissenschaftlicher Nachweis, daß eine Aussage nicht zutrifft
Freihandbibliothek	Bibliothek, in der der Benutzer unmittelbar Zugang zu den Büchern (Regalen) hat, im Gegensatz zur geschlossenen Bibliothek, in der die Magazine nicht öffentlich zugänglich sind
Habitus	Erscheinung, Aussehen, Haltung; das „So-Sein" eines Menschen
Hodegetik	praktische Anleitung zum Studium
hypothetisches Modell	ein nur denkbares Modell, das in der Realität nicht vorkommt
implizit	inbegriffen, eingeschlossen; mitenthalten, ohne daß es wörtlich erwähnt ist (auch implizite)

Intelligenzquotient	Maßeinheit, die den Abstand der in einem standardisierten Verfahren gezeigten Leistung von der Durchschnittsleistung (100) angibt
Interaktion	wechselseitiges soziales Handeln zwischen Personen, wobei jeder Interaktionspartner sich daran orientiert, daß der andere sich auf das Handeln des ersteren bezieht
interdependent	voneinander abhängig und sich gegenseitig beeinflussend
internalisieren	verinnerlichen, zum Wesensmerkmal eines Menschen werdend
Interpolation	Einschiebung, Ergänzung (z. B. im Zitat)
intrinsisch	von Innen heraus, in der Sache selbst begründet
Item	Aufgabe bzw. Frage in einem Test
kognitiv	das Denken, die Erkenntnis betreffend
Kommunikation	sprachliche und nichtsprachliche Übermittlung von Informationen
Methodologie	Lehre von den Forschungsmethoden; Lehre von der wissenschaftlichen Arbeit
Plagiat	Diebstahl geistigen Eigentums
Population	Gesamtmenge, die für Beobachtungsdaten und Meßwerte zur Verfügung steht (Untersuchung, Experiment)
Prädikator	Bezeichnung für eine Sache oder einen Sachverhalt (z. B. Pferd, grün); vgl. auch „Terminus"
Propädeutik	Einführung in die Vorkenntnisse zu einem wissenschaftlichen Studium
RNS	Ribonukleinsäure; chemische Trägersubstanz der Information im Kurzzeitgedächtnis, die nach 20 Minuten bis ein Tag wieder zerfällt
Redundanz	Üppigkeit, Überfluß; in der Kommunikationstheorie überflüssige Elemente einer Nachricht ohne Informationsgehalt, die lediglich die neue Information mitträgt
Reflexion	„Rückstrahlung"; prüfendes und vergleichendes Denken, Vertiefung in einen Gedankengang
Regression	Rückschritt; beim unkonzentrierten Lesen das Wiederholen gelesener Zeilen
restringiert	zusammengezogen, eingeschränkt; im Sprachverhalten vereinfachte bzw. unterentwickelte Grammatik, Syntax und reduzierter Sprachschatz
rezeptiv	aufnehmend; im Lernverhalten überwiegend passives Aufnehmen der Informationen, ohne geistige Verarbeitung
sakkadische Bewegung	kurz abgesetzte Bewegung (aus der Medizin)
Sanskrit	altindische Literatur- und Gelehrtensprache

sensorische Register	Bezeichnung für die Sinne; die von ihnen aufgenommenen Umweltreize werden an die „Sensorien" (Gebiete der Großhirnrinde) weitergeleitet, wo sie bewußt werden
Stressor	unmittelbarer Verursacher von Streß
Subvokalisation	inneres Mitsprechen beim Lesen
Suggestologie	Wissenschaft von der Beeinflussung des Denkens, Fühlens, Wollens und Handelns des Menschen unter Umgehung der rationalen Verhaltensweisen des Beeinflußten
Suggestopädie	Geisteskontakt zwischen Lehrer und Schüler, der auf Yogatechnik basiert
Terminus	wissenschaftliches Fachwort (= normierter Prädikator)
Variable	beobachtbares und beschreibbares Merkmal, das unterschiedlich ausgeprägt sein kann
Verifizierung	wissenschaftlicher Nachweis, daß eine Aussage wahr ist

Stichwortverzeichnis

Abkürzungen 62
Absätze 151
Abschnittsnummern 150
Ähnlichkeitshemmung 115
ästhetische Aspekte 41
affektive Hemmung 114
affektive Variable 5, 22
akademische Lernveranstaltungen 59
aktive Lernmethode (durch Mitschrift) 62
Aktivierungsintensität 29
aktuelle Motivation 29
allgemeine Systematik für Büchereien 197
alphabetischer Katalog 195
alphanumerische Gliederung 154
Anfangsschwierigkeiten 85
angelsächsische Zitierweise 169
Angst 24, 225
Anmerkungen 149, 156
Anmerkungsapparat 166
Anschaffungsplan für Bücher 56
Anspruchsniveau 24, 32
Arbeitsgemeinschaften 59, 65
Arbeitshaltung 24
Arbeitsmaterial 46
Arbeitsmittel 46
Arbeitsplan 84
Arbeitsplatz 39, 44
Arbeitsraum 40
Arbeitsrhythmus 88, 109
Arbeitsstimmung 30
Arbeitsstufen 173
Arbeitstechnik 2
arbeitstechnische Bedingungen 39
arbeitstechnische Variable 5
Arbeitszimmer 40
Archive 198
assoziative Hemmung 115
auditiver Lerntyp 96
Aufputschmittel 231
Aufwärm-Effekt 110
Aufzählungen 151
Aufzeichnungen während der Vorlesungen 62
Augenabstand beim Lesen 44
Auslassungen im Zitat 159
Ausleihbibliothek 190
Ausleihe von Büchern 191
Auswendiglernen 105
Auswirkung des Lernens (horizontal — vertikal) 8
autogenes Training 77, 230
Autographe 198
Autorenkatalog 195
Autosuggestion 23, 31

Begabung 14, 18
Behaltenswerte durch unterschiedliche Eingangskanäle 12
Belegen 156
Beleuchtung 41
Belohnung 93
bewußtseinserweiternde Methoden 78
Bezugspersonen 38
Bibliographie 165
Bibliothek, eigene 55, 139
Bibliothekstypen 188
Bibliotheksbenutzung 192
Bildstellen 199
Brain-storming-Methode 177
Buchstabieren, beim Lesen 127
Bücher 187
Bücherkartei 52
Bücherregale 44
Bücherschränke 44
Bundesarchiv 198

Chrie 1

Denkfähigkeit 14
Denkoperationen 1, 4
Deutsche Bibliothek 190
Dezimalklassifikation 197
diagonales Lesen 136
dialektischer Ansatz bei Studienarbeiten 175
disfunktionale Rollen in der Gruppe 67
Dokumentationszentren 199

Ebbinghaus-Gesetz 99, 101
Ebbinghaus-Kurve 101
Einflußfaktoren auf das Studienverhalten 4
Einflußfaktoren auf intellektuelle Leistungsfähigkeit 20
Einleitung der wissenschaftlichen Arbeit 182
Einstellung 24
Einstieg in die wissenschaftliche Arbeit 173
Eiweißmoleküle 7
ekphorische Hemmung 115, 230
elektrische Wellen/Potentiale (im Gehirn) 11, 79
Ellipse im Zitat 159
Emotionalität 23
Endfassung einer Studienarbeit 181
Entwurf 180
epistemische Neugier 24, 97
erfolgsmotiviert 34
erfolgsorientiert 34
Erfolgswahrscheinlichkeit 34
Ergänzungen im Zitat 159
erinnern 12, 111
Erinnerungsfähigkeit 117
Erinnerungshemmung 12
Ernährung 72
Etappenziele 35, 82
Eulen (Spätaufsteher) 74
extrinsische Motivation 28
exzerpieren 179

Fachbücher 55
Fachgespräch (Kolloquium) 64
Fachinformationssysteme 203
Fachliteratur (Anschaffung) 55
Fachwörter 145
Fachwortkartei 53
Fachzeitschriften 187
Feinplanung 87
Fernleihe 189, 191
Fixation 130
Fluchtlinien 151
Formalien für die Darstellung wissenschaftlicher Arbeiten 146
Forschungsseminar 65
Fotokopier-Filmdienst 191
Freihandbibliothek 190
Fremdwörter 145
Frühstück 73
Fünf-Stufen-Plan bei Studienarbeiten 176
funktionale Rollen in der Gruppe 67
Fußnoten 150, 162

Ganzheitsmethode 128
Gedächtnis 6
Gedächtnisforschung 9
Gedächtnishemmungen 111
Gedächtnisleistungen 12, 105
Gedächtnismodelle 9
Gedächtnisschema 8
Gedächtnisspanne 119
Gefühle 23
gemeinsames Lernen 66
Geräuschkulisse 42
Gesamtpersönlichkeit 24
geschlossene Bibliothek 191
gesellschaftliche Bindungen 5, 37
gesellschaftliches Umfeld 37
Gliederungstechnik 150, 177
Grammatik 144
graphische Strukturen 108
Grobgliederung bei der wissenschaftlichen Arbeit 176
Grobplanung (Lernplanung) 87
Gruppenarbeit 65
Gruppenzugehörigkeit 38

habituelle Motivation 29
Habitus 29
Handschriften 193
haptisches Lernen 63, 96
Hauptseminar 65
Hauptteil der wissenschaftlichen Arbeit 183
Hemmung (beim Erinnern) 111
Hervorhebungen im Zitat 160
Hodegetik XI
horizontale Auswirkung des Lernens 7
Hypnose 12

Ideenkartei (Brain-storming) 53
Imitationslernen 37
Informationsflut 122
Informationsstellen 187, 199
Informationsstruktur 11, 105
Inhaltsverzeichnis 153
inneres Gleichgewicht 23, 77
Intellektuelle Leistungsfähigkeit 20
intellektuelles Potential 17
Intelligenz 13
Intelligenzquotient 13
Intelligenztest 14
Intelligenzverteilung 15
Intensitätsfunktion der Motivation 27, 29
Interdependenz der Einflußfaktoren auf das Studienverhalten 5, 20
Interesse 27
Interferenz 11, 104
Interpolation 159
intrinsische Motivation 28
Item 14

Joga 78
Joga des Westens 77

Kaffeepause 110
Karteien 48
Katalogsystem 193
körperliche Voraussetzung 71
Körperschaftskatalog 196
Kognitionstheorien 94
kognitive Variable 5
kognitives Verarbeiten 94
Kolloquium 59, 64
Kommunikation 62, 67
Konditionieren, klassisches 92
Konditionieren, operantes 93
Konflikte 38
Konzentrationsübungen 76
Konzentrative Selbstentspannung 77
Kreuzkatalog 196
kursorisches Lesen 136
Kurzzeitgedächtnis 9

Langzeitgedächtnis 9
Leistungsabfall 88
Leistungsbedürfnis 36
Leistungsbereitschaft 29, 88
Leistungsergebnisse 18
Leistungsfähigkeit 18, 35
Leistungsforderung 33
Leistungsmotivation 32
Leistungsziele 35
Lerchen (Frühaufsteher) 74
Lernarten 91
Lernatmosphäre 39
Lernbarriere 24, 27, 70
Lernblöcke 85, 107
Lernen in Gruppen 66
Lernfähigkeit Erwachsener 96
Lernhemmung 105, 111
Lernkartei 49
Lernkurve 100
Lernmethoden 91
Lernökonomie 99
Lernorganisationen 58
Lernort 40
Lernplanung 84
Lernplateau 99
Lernprozeß 12
Lernschwierigkeiten 70
Lernselbständigkeit 65
Lernstrategie 71
Lerntechnik 70, 99
Lerntempo 97

Lerntypen 95
Lernumwelt 39
Lernveranstaltungen 58
Lernvergangenheit 5
Lernverhalten 91
Lernzuwachs 99
Lesegeschwindigkeit 126
Lesegewohnheiten 127
Leseleistung 126
Lesesäle 191
Lesetechnik 122
Lesetraining 130
Leseübung 124
Literaturnachweis 161
Literaturverzeichnis 162
Losanow-Methode 79

Mahlzeiten 73
Mantra 78
Markieren beim Lesen 139
massiertes Lernen 118
Materialsuche 174
Materialverarbeitung 179
Maturitäts-Degenerations-Hypothese 97
Meditation 76
mentale Erregung 117
Methode 1, 3
Methodenlehre 2, 3
methodisches Vorgehen 2
Methodologie 2
Minipause 110
Mißerfolgserlebnis 33
mißerfolgsmotiviert 34
mißerfolgsorientiert 34
Mitschrift 62
Mitsprechen beim Lesen 128
Mittagessen 73
Modell-Lernen 37
Motiv 26
Motivation 8, 26
Motivationsproblem 27
Motivierbarkeit 29
Musik 42, 79

Nachtarbeiter 74
Nervenstärkemittel 73, 231

Objektivität von Prüfungen 221
optimale Leistungsmotivation 34
Ordnung 44
Ordnungssysteme in Bibliotheken 197
organisatorische Aspekte 41
Orthographie 144

Pausen 109
peripheres Sehen 130
Persönlichkeit 23, 25
Persönlichkeitsformung 30
Personenkatalog 197
physiologische Aspekte 41, 72
physiologische Leistungskurve 88
Plagiat 157
Planorientierung 71, 84
pluralis modestiae 144
positive Lebenseinstellung 24, 237
postmentale Erregung 118
Prädikator 145
Präsenzbibliothek 190
Primärdokumente 193
Primärmotivation 28
Primärquellen 156
Primärzitat 156
proaktive Hemmung 113
Propädeutik XI
Prosemeniar 65
Proteine 7, 11
Proteinsynthese 12
Protokollgruppe 63
Prüfung 219
Prüfungsangst 225
Prüfungsfunktion 221
Prüfungstraining 231
Prüfungsvorbereitung 224
psychische Bedingungen 75
Psychopharmaka 231
psychosomatische Einheit 75

Quellenkartei 52

Ranschburgsche Hemmung 115
Rechtschreibung 144
Redundanz 135
reflektierendes Lernen XI
Regionalkatalog 196
Regression beim Lesen 129, 135
Reinschrift der Studienarbeiten 181
Reiz-Reaktions-Lernen 92
Reliabilität von Prüfungen 221
retroaktive Hemmung 112
rezeptives Lernen XI, 7
Ribonukleinsäure (RNS) 11
Richtungsfunktion der Motivation 27
Rohentwurf 180
Rückmeldungen 93

Sachkatalog 195
sakkadische Bewegung 130
Satzlehre 144
Schlaf 72, 74, 104
Schlagwortkatalog 195
Schluß der wissenschaftlichen Arbeit 184
Schneeballsystem 175
Schock 11
Schreibregeln, maschinenschriftliche 147
Schreibtisch 44
Schwierigkeitsgrad 34
Sechser-Schritt-Methode 177
seelische Belastungen 31
seelisches Gleichgewicht 77
Seitenbenummerung 148
Sekundärdokumente 193
Sekundärmotivation 28
Sekundärquellen 156
Sekundärzitat 156
Selbstbeeinflussung 23
Selbsthypnose 77
Selbststudium 60
Self-fulfilling-prophecy 23
Seminar 59, 64
sensorische Register 10
Sich-selbst-erfüllende-Prophezeihung 23
Signalfunktion 92
simultane Hemmung 116
situative Bedingungen 31
somatisch 75
Sonderkataloge 196
soziale Bedingungen 37
soziale Variable 5, 37
sozialer Anschluß 38
soziales Umfeld 37
Spannungen 38
Spezialbibliothek 189
Sprachstil 143
SQ3R — Methode 136
Stimmungsmacher 31
Stoffsammlung 175
Stoffstruktur 94, 105
Streß (bei Prüfungen) 227
Strukturieren 105
Studienerfolg 17, 70
Studienverhalten und Einflußfaktoren 4
Studieren 3
Studierfähigkeit 19
Subvokalisation 128
Suggestion 76
Suggestopädie 79
Synapsen 114, 227
Syntax 144
systematischer Sachkatalog 195

Tagarbeiter 74
Tageskurve der Leistungsbereitschaft 88
Tagesplanung 89
Temperament 17
Temperatur 41
Terminus 145
Terminologie 146
Textbeginn, Gradeinstellung 149
Titelangabe 155
Titelkatalog 194
Transfer 95
Transferqualifikation 8
transzendentale Meditation 78
Tutorium 59, 65

Überlagerung 104
Überschriften 151
Übung (als Lernveranstaltung) 59, 64
Ultrakurzzeitgedächtnis 9
Umwelteinflüsse 18, 37
Universalbibliothek 189
Unterricht 58
Unterteilungen (bei Gliederungen) 151

Valenz (positive, negative) 20
Validität von Prüfungen 221
Veranlagung 14, 18
Verfassen wissenschaftlicher Arbeiten 142
Verfasserkatalog 195
Vergessen 111
Vergessenskurve 101, 116
Verhaltensbereitschaft (Motivation) 28
Verschmelzungen im Zitat 161
Verstärker (Belohnung) 31
Versuch-und-Irrtum-Lernen 93
verteiltes Lernen 118
vertikale Auswirkung des Lernens 7
visueller Lerntyp 95
Vorlesung 59
Vorschlaflernen 104
Vorwissen 7

Wiederholung 102
wissenschaftliche Arbeiten, äußere Form 146
wissenschaftliche Arbeiten, sprachliche Darstellung 143
wissenschaftliche Arbeiten verfassen 142
Wissenschaftstheorie 2
Wochenplanung 87, 90

Yoga 78

Zeichensetzung 144
Zeiteinteilung 86
Zeitschriften 140, 163
Zeitschriftenkatalog 196
Zeitungen 140, 164
Zen 78
Zentralkatalog 196
Zielklarheit 71, 81
Zitat im Zitat 161
Zitation 155
Zitieren 155
Zuhören 61